职业技能提高实战演练丛书

U0857695

# PowerMILL数控造型与编程

PowerMILL SHUKONG ZAOXING YU BIANCHENG

主　编：罗　涛
副主编：肖学东　宋延良
参　编：吕家鹏　周兴蒽　于雪梅　刘维芳
　　　　潘　强　王校春　王　颖　董志松
　　　　于　萍　梁潇文
主　审：岳明君

中国劳动社会保障出版社

**图书在版编目(CIP)数据**

PowerMILL 数控造型与编程/人力资源和社会保障部教材办公室组织编写. —北京：中国劳动社会保障出版社，2016

(职业技能提高实战演练丛书)

ISBN 978 - 7 - 5167 - 2535 - 1

Ⅰ.①P… Ⅱ.①人… Ⅲ.①数控机床-加工-计算机辅助设计-应用教材-技术培训-教材 Ⅳ.①TG659 - 39

中国版本图书馆 CIP 数据核字(2016)第 118104 号

**中国劳动社会保障出版社出版发行**

(北京市惠新东街 1 号 邮政编码：100029)

*

三河市华骏印务包装有限公司印刷装订 新华书店经销

787 毫米×1092 毫米 16 开本 11.75 印张 272 千字

2016 年 7 月第 1 版 2016 年 7 月第 1 次印刷

**定价：28.00 元**

读者服务部电话：(010) 64929211/64921644/84626437

营销部电话：(010) 64961894

出版社网址：http://www.class.com.cn

# 内容简介

本书根据中等职业院校教学计划和教学大纲，由从事多年数控理论及实训教学的资深教师编写，集 PowerMILL 软件数控造型与编程理论知识和操作技能于一体，针对性、实用性较强，并加入了大量的加工实例，通过 PowerMILL 高速粗加工策略、PowerMILL 高速高精加工策略、刀具路径的优化等模块的学习，使学生在每一个模块完成过程中学习相关知识与技能，掌握 PowerMILL 数控造型与编程相关知识和技能。

本书适用于中等职业院校 PowerMILL 数控实训教学。本书采用模块式结构，突破了传统教材在内容上的局限性，突出了系统性、实践性和综合性等特点。

由于时间仓促，加上编者水平有限，书中不妥之处望读者批评指正。

# 前　言

为了切实解决目前中职院校中机械设计制造类专业（含数控类专业）教材不能满足院校教学改革和培养技术应用型人才需要的问题，人力资源和社会保障部教材办公室组织一批学术水平高、教学经验丰富、实践能力强的老师与行业、企业一线专家，在充分调研的基础上，共同研究、编写了机械设计制造类专业（含数控类专业）相关课程的教材，共16种。

在教材的编写过程中，我们贯彻了以下编写原则：

一是充分汲取中等职业院校在探索培养技术应用型人才方面取得的成功经验和教学成果，从职业（岗位）分析入手，构建培养计划，确定相关课程的教学目标；

二是以国家职业技能标准为依据，使内容分别涵盖数控车工、数控铣工、加工中心操作工、车工、工具钳工、制图员等国家职业技能标准的相关要求；

三是贯彻先进的教学理念，以技能训练为主线、相关知识为支撑，较好地处理了理论教学与技能训练的关系，切实落实“管用、够用、适用”的教学指导思想；

四是突出教材的先进性，较多地编入新技术、新设备、新材料、新工艺的内容，以期缩短学校教育与企业需要的距离，更好地满足企业用人的需要；

五是以实际案例为切入点，并尽量采用以图代文的编写形式，降低学习难度，提高学生的学习兴趣。

本书由烟台工程职业技术学院罗涛任主编，肖学东、宋延良任副主编，烟台工程职业技术学院吕家鹏、山东商务职业学院周兴蒽、烟台船舶工业学校于雪梅、英国达尔康山东区域刘维芳、烟台市禧辰软件有限公司潘强、山东技师学院王校春、烟台职业学院王颖、烟台机电工业学校董志松、烟台工贸技师学院于萍和梁潇文参与编写，山东大学岳明君教授主审。

在上述教材的编写过程中，教材的诸位主编、参编、主审等做了大量的工作，在此我们表示衷心的感谢！同时，恳切希望广大读者对教材提出宝贵的意见和建议，以便修订时加以完善。

**人力资源和社会保障部教材办公室**

# 目 录

《职业技能提高实战演练丛书》 CONTENTS

# 模块一

# PowerMILL数控编程基础知识

## 项目一　使用入门

**项目目标**

1. 认识 PowerMILL 软件，熟悉其工作界面。

2. 总体了解 PowerMILL 软件的使用步骤。

**项目描述**

PowerMILL 软件可通过输入的零件模型数据快速生成无过切的刀具路径，支持由 Delcam 公司其他产品产生的线框、三角形、曲面和实体模型，也可通过调用同属于 Delcam 公司的数据交换模块 Exchange 输入 PowerMILL 中，如 IGES、STEP、Parasolid、Pro/E、CATIA、UG、IDEAS、SolidWorks、SolidEdge、Cimatron、AutoCAD 等数据。本项目主要通过一个简单的案例来了解 PowerMILL 软件的基本操作方法。

**项目实施**

1. 启动 PowerMILL2015 软件，出现如图 1—1—1 所示的软件界面。在 PowerMILL 软件中，默认设置并没有调出全部工具栏，用户可通过菜单栏中的【查看】｜【工具栏】，或者在工具栏空白处右击，勾选菜单中所需要的工具条。

（1）菜单栏

点击菜单栏（见图 1—1—2）中的某个菜单名称（如文件），打开相关的下拉菜单列表以及子菜单命令。菜单文本右边如果有一个小箭头，表示该菜单下包含子菜单，如文件—新近项目 >。将鼠标置干该箭头旁，屏幕上即弹出该了菜单中所包含的命令/名称，如将鼠标置于文件—新近项目旁，将显示出新近打开过的项目文件，点击这些文件可直接打开这些项目。

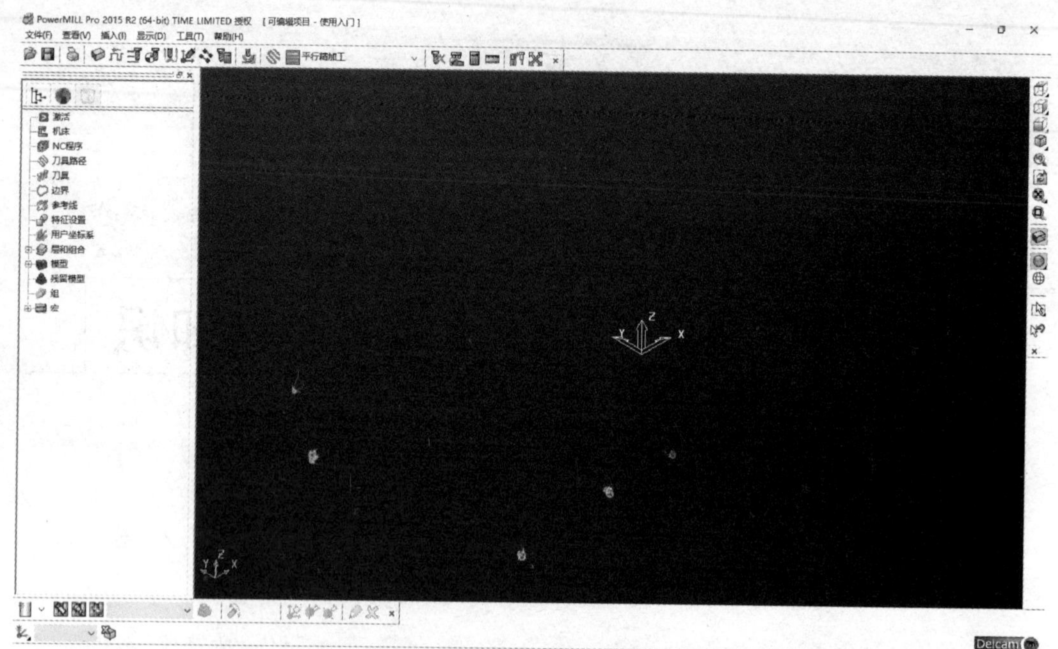


图 1—1—1　软件界面

文件(F)　查看(V)　插入(I)　显示(D)　工具(T)　帮助(H)

图 1—1—2　菜单栏

（2）主工具栏

在主工具栏里可以快速访问 PowerMILL 软件中最常用的一些命令，如图 1—1—3 所示。

平行精加工

图 1—1—3　主工具栏

（3）资源管理器

在资源管理器里提供控制选项和用来保存 PowerMILL 运行过程中产生的元素，如图 1—1—4所示。

（4）图形视窗

图形视窗是资源管理器右边一个大的用于直观显示和工作的区域（参看图 1—1—1 的软件界面）。

（5）查看工具栏（注：由于版面有限，现将工具栏旋转 90°）

通过查看工具栏可以快速访问标准查看及 PowerMILL 的阴影选项，如图 1—1—5 所示。

（6）信息工具栏

信息工具栏提供了一些激活设置选项的信息，如图 1—1—6 所示。

图 1—1—4　资源管理器

图 1—1—5　查看工具栏

图 1—1—6　信息工具栏

(7) 刀具工具栏

通过刀具工具栏可以快速生成刀具，如图 1—1—7 所示。

图 1—1—7　刀具工具栏

除以上系统缺省工具栏外，PowerMILL 还提供了一些其他非缺省工具栏，这些工具栏在 PowerMILL 启动后不会显示在屏幕上。使用查看—工具栏下的相应选项可显示这些工具栏。例如，选取查看—工具栏—刀具路径即可显示刀具路径工具栏，如图 1—1—8 所示。

选取【工具】|【自定义颜色】|【查看背景】，可以改变背景颜色。该操作可分别改变顶部和底部的背景颜色或是使用恢复缺省选项，将背景重设为缺省的背景颜色，如图 1—1—9 所示。

PowerMILL 软件可以记住运行过程中所选取使用的工具栏和颜色，并在下一次运行时使用它们。例如，当退出某个运行时刀具路径工具栏是打开的，那么下一次打开 PowerMILL 时刀具路径工具栏也将被打开。

2. 鼠标键的操作

三个鼠标按键在 PowerMILL 中分别具有不同的动态操作功能。

(1) 鼠标键 1：点取和选取，如图 1—1—10 所示深色部分。

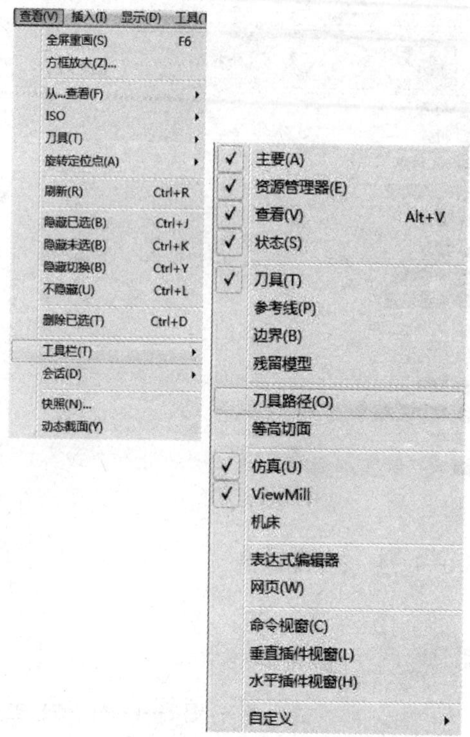


图 1—1—8　刀具路径工具栏

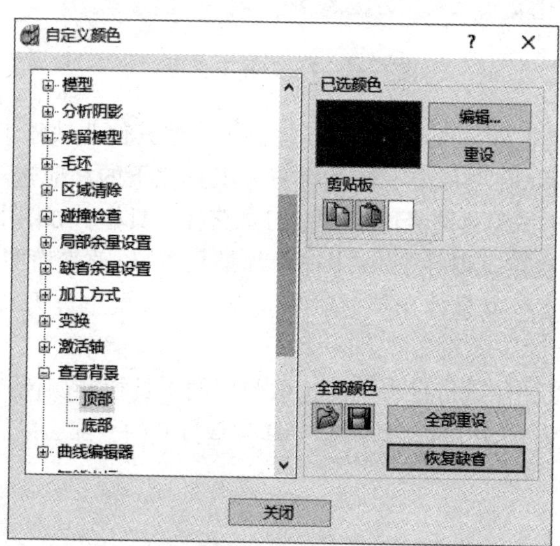


图 1—1—9　自定义颜色

使用此按键可以从下拉菜单和表格中选取选项，在图形视窗中选取几何元素。

选取方式由查看工具栏中的两个选项图标控制，缺省设置是方框选取。

1）方框选取方法。将光标置于某个元素上，如曲面模型上的某个位置，按下鼠标左键后，该几何元素被选取。此时如果点取另一曲面，则另一曲面被选取，而全部当前选项将不再被选取。

图 1—1—10　鼠标键 1

按下 Shift 键的同时使用鼠标左键选取，则原始选项和新选项将同时被选取。

按下 Ctrl 键的同时点击曲面，则该曲面将从已选选项中移去。

2）拖放光标选取方法。选取此选项后，拖放光标，则拖放光标所覆盖的区域均将被选取，这种方法尤其适用于在模型中快速选取包含多张曲面的区域。按下 Ctrl 键的同时进行拖放，则可取消拖放区域的几何元素选取。

（2）鼠标键 2：如图 1—1—11 所示深色部分。

动态放大和缩小：同时按下 Ctrl 键和鼠标键 2，上下移动鼠标可放大或缩小视图。

平移模型：同时按下 Shift 键和鼠标键 2，移动鼠标可将模型按鼠标移动方向平移。

方框放大：同时按下 Ctrl 和 Shift 键以及鼠标键 2，拖放出一个方框，可以放大方框所包含的区域。

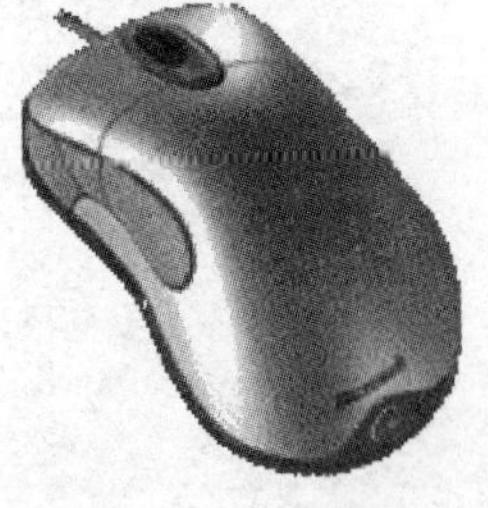

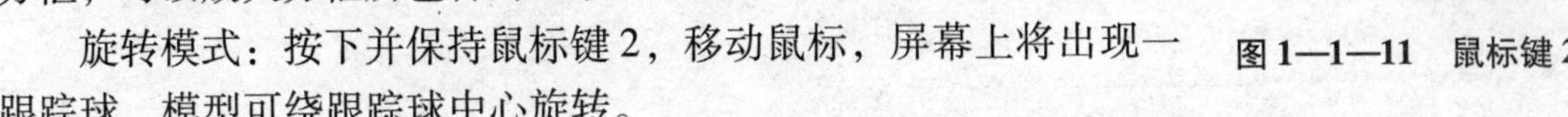

旋转模式：按下并保持鼠标键 2，移动鼠标，屏幕上将出现一跟踪球，模型可绕跟踪球中心旋转。

图 1—1—11　鼠标键 2

旋转查看：旋转查看并快速释放鼠标键即可进行动态旋转查看。鼠标键的移动速度越快，旋转速度就越快。此功能的缺省设置为关。

选取【工具】|【选项】|【查看】|【三维图形】，然后点击旋转查看选项，如图 1—1—12 所示。

（3）鼠标键 3：特殊菜单和 PowerMILL 资源管理器选项，如图 1—1—13 所示深色部分为鼠标键 3。

按下此键将调出一个相应菜单，菜单的内容取决于光标所处位置，如 PowerMILL 资源管理器中一个几何元素名称或图形区域中的某个物理元素。如果光标下无几何元素，则调出查看菜单。

3. 简单 PowerMILL 范例

通过此范例可以快速对 PowerMILL 软件有一个初步了解。在此，将针对一个手机模型来进行加工编程，产生几个简单的刀具路径并输出这些刀具路径。为简化编程，范例中将尽可能使用系统的缺省设置。

基本操作步骤如下：

启动 PowerMILL；

输入模型；

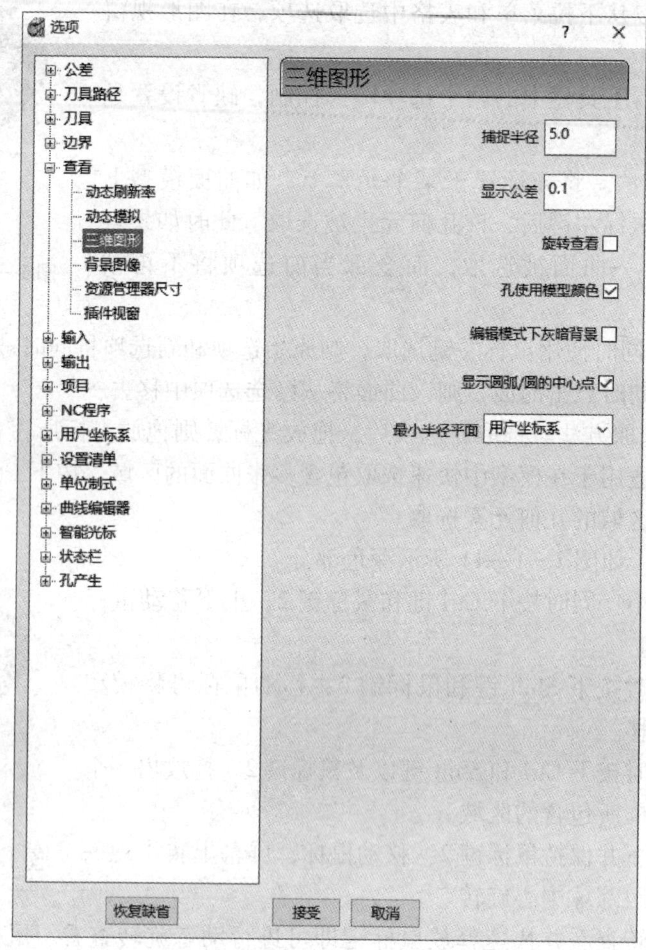


图 1—1—12　旋转查看选项

图 1—1—13　鼠标键 3

通过零件定义毛坯；

选取将要使用的切削刀具；

定义设置选项（快进高度、开始点和结束点）；

产生粗加工策略；

产生精加工策略；

模拟并仿真产生的刀具路径；

产生 NC 程序并输出为后处理 NC 数据文件；

保存 PowerMILL 项目到某个外部目录。

（1）双击桌面 PowerMILL2015 快捷方式图标。

（2）输入模型

1）从主下拉菜单中选取【文件】｜【输入模型】并选取以下位置的模型文件：D：\ Program Files \ Delcam \ PowerMILL 19. 0. 10 \ file \ examples \ Phone. dgk，如图 1—1—14 所示为输入的 phone 模型。

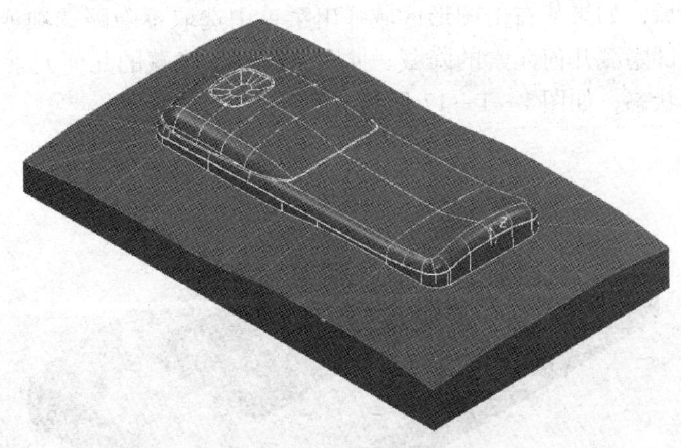

图 1—1—14 phone 模型

2）模型元素的隐藏与显示。隐藏模型元素功能可以使用户快速、方便地控制屏幕上显示的模型元素。

选取图 1—1—15a 所示的两张曲面，右击图形区域，如果从弹出的模型菜单中选取隐藏已选选项或使用 Ctrl + J 快捷键，可以暂时将所选曲面从图形视窗中移去，如图 1—1—15b 所示。

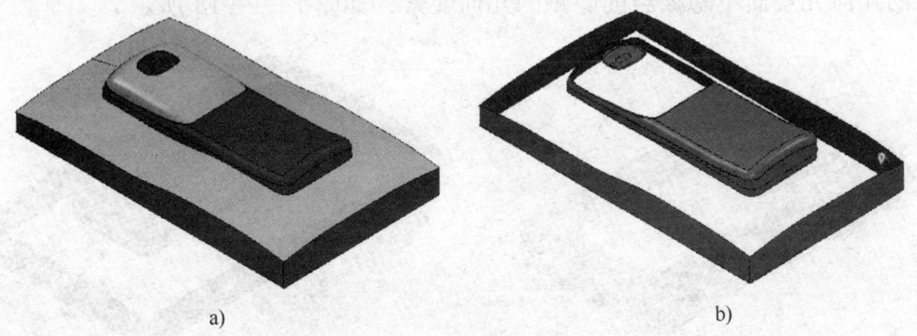

a)　　b)

图 1—1—15 隐藏模型元素

如果从右击弹出菜单中选取隐藏未选选项或使用 Ctrl + K 快捷键，则可以将除所选曲面之外的其他全部几何元素从图形视窗中暂时移去。以下两个被选取的几何元素为淡蓝色，如图 1—1—16 所示。

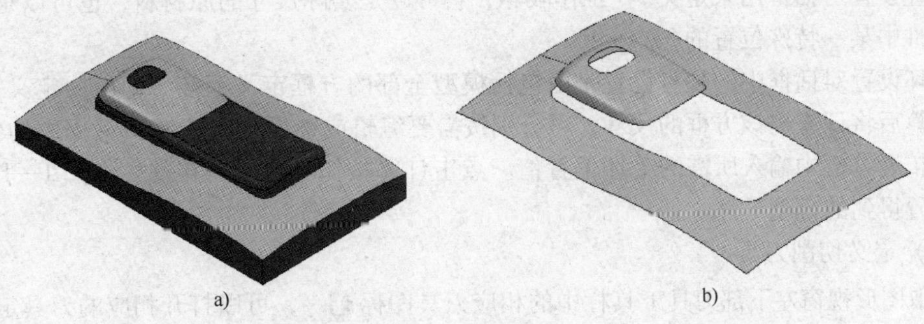

a)　　b)

图 1—1—16 反隐藏模型元素

隐藏几何元素后，如果从右击图形区域弹出菜单中选取不隐藏选项或使用 Ctrl + L 快捷键，则可以取消全部隐藏几何元素的隐藏。此时，那些被隐藏的几何元素又重新出现在图形视窗并重新呈被选状态，如图 1—1—17 所示。

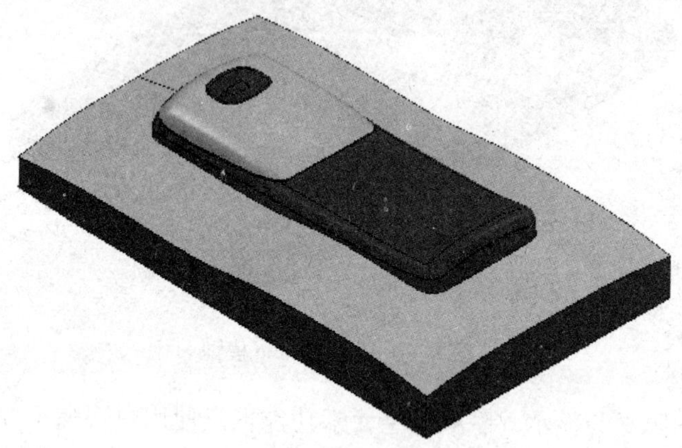

**图 1—1—17　不隐藏模型元素**

右击弹出的菜单中还提供了隐藏切换选项（快捷键 Ctrl + Y），选取该选项后可隐藏当前未隐藏的几何元素而不隐藏当前隐藏的几何元素，如图 1—1—18 所示。

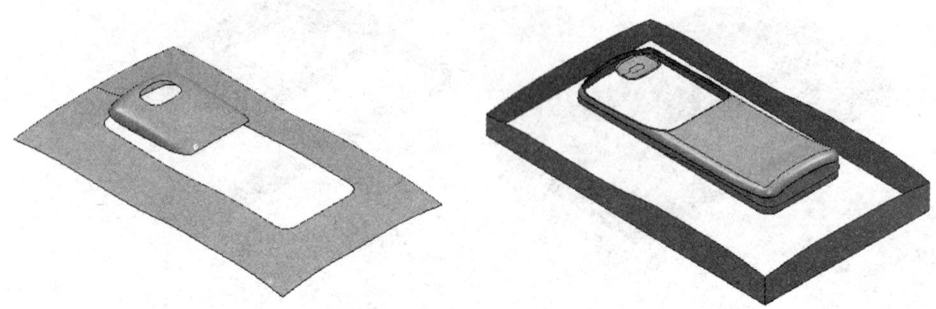

**图 1—1—18　隐藏切换**

（3）定义毛坯

点击顶部工具栏中的毛坯图标，弹出毛坯设置对话框，如图 1—1—19 所示。

毛坯设置对话框用来定义 3D 工作限界，它可以是实际尺寸的原材料，也可以是用户定义的零件中某一特殊位置的 3D 体积。

毛坯设置对话框中的缺省设置是由包括模型全部的方框定义毛坯，即由…定义—方框，点击计算后将计算出该方框的尺寸。可分别按需要编辑或锁住（灰化）对话框中的各个值，也可在扩展方框中输入所需的毛坯偏置值。点击计算按钮后再点击接受，如图 1—1—20 所示为设置得到的模型毛坯。

（4）定义切削刀具

点取图形视窗左下部刀具工具栏中的相应刀具图标，可以打开相应的刀具定义对话框。在此实例中将定义两把刀具，一把刀尖圆角端铣刀用于粗加工，一把球头刀用于精加工。

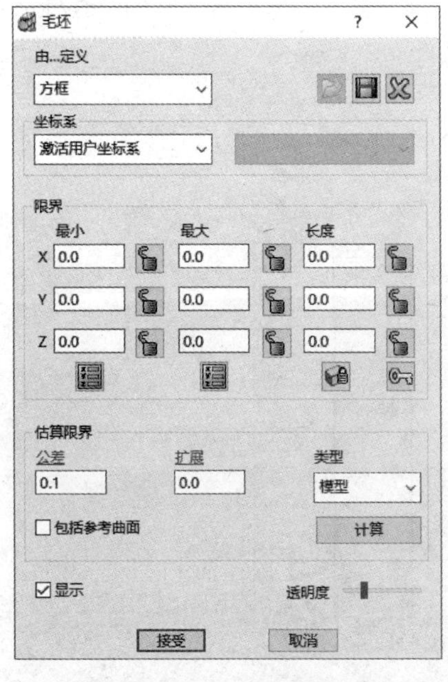


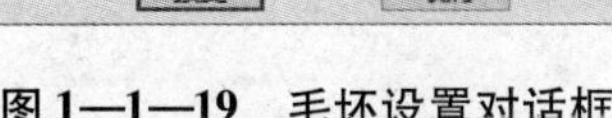
图 1—1—19 毛坯设置对话框

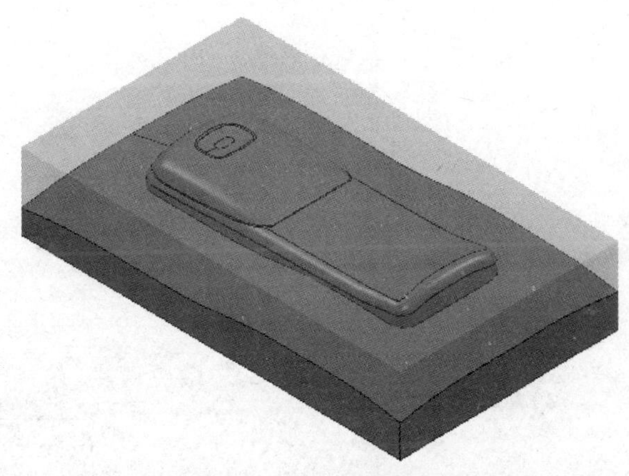

图 1—1—20 模型毛坯

1）点取下拉箭头，点击刀尖圆角端铣刀图标，在图 1—1—21 所示对话框中设置刀尖圆角端铣刀。

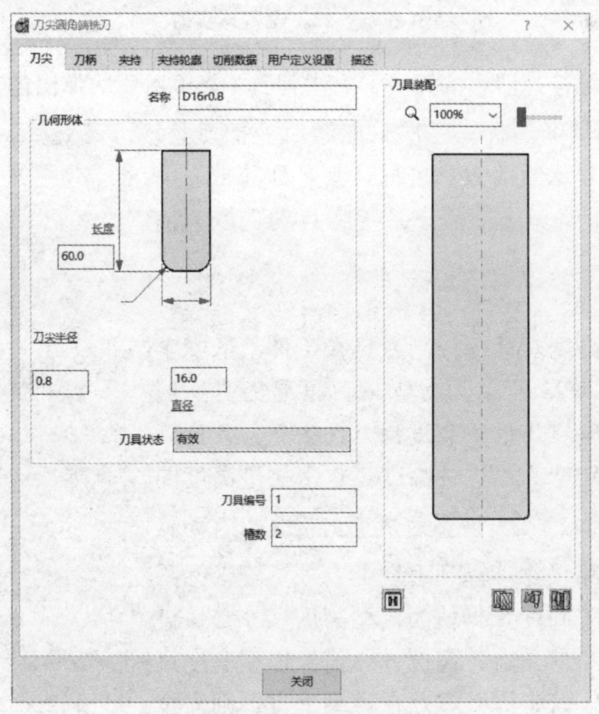


图 1—1—21 设置刀尖圆角端铣刀

2）定义第二把刀具，点取下拉箭头，点击球头刀图标，在图 1—1—22 所示对话框中设置球头刀。

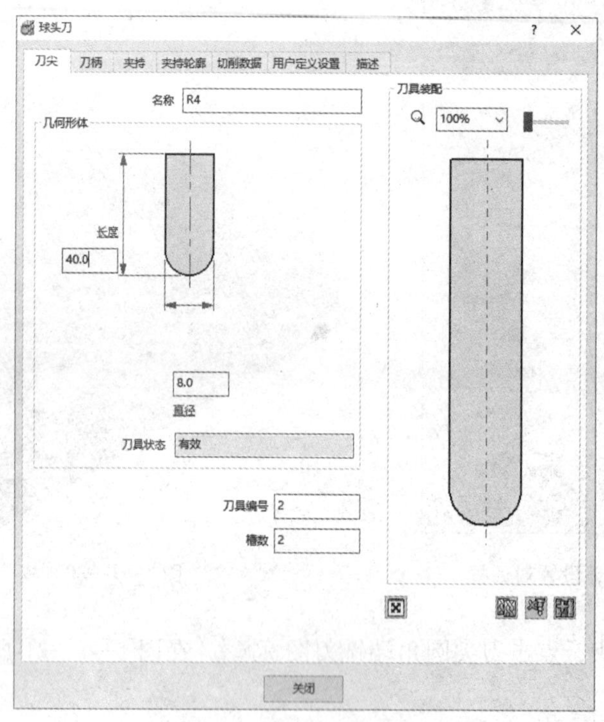


图 1—1—22　设置球头刀

打开屏幕左侧资源管理器中的刀具，右击刀具 D16r0.8，从弹出的菜单中选取激活选项或者双击要选择的刀具的图标。一次只能激活一把刀具，资源管理器中将突出显示激活刀具名称且其名称前带一前缀“>”。打开加工策略对话框后，系统将自动选取当前激活的刀具。

(5）快进高度

用户可使用快进高度对话框控制刀具在工件上的安全快速移动，如图 1—1—23 所示。安全 Z 高度是刀具撤回后在工件上快进的高度。开始 Z 高度是刀具从安全 Z 高度向下移动一定的值，转变为工进的高度。点击快进高度图标，按照缺省值设置，点击计算后再点击接受，自动将刀具根据表格中的间隙尺寸计算到毛坯上方处。若坐标系零点在底部，则安全 Z 高度计算值为模型高度尺寸与快进间隙和下切间隙值之和，开始 Z 高度计算值为模型高度尺寸与下切间隙值之和。若坐标系零点在模型上方，则安全 Z 高度计算值为快进间隙和下切间隙值之和，开始 Z 高度

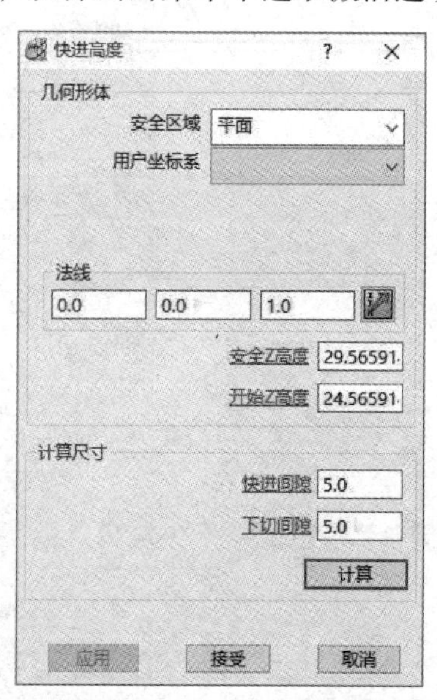


图 1—1—23　设置快进高度

计算值为下切间隙值。

（6）开始点和结束点

用户可使用开始点和结束点对话框定义加工策略的刀具路径开始点和结束点的位置。刀具开始点位置的缺省设置为毛坯中心安全高度，而结束点的缺省设置为最后一点安全高度。如果需要一个不同的位置，则可以从对话框的方法域中选取不同的选项。这些选项包括毛坯中心安全高度、第一/最后一点安全、第一/最后一点和绝对。点击刀具开始点和结束点图标，按照缺省值设置，点击接受，如图 1—1—24 所示为刀具开始点默认位置，在毛坯中心处。

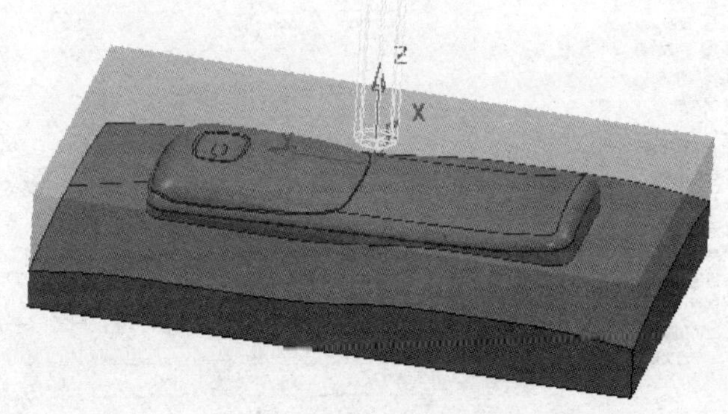


**图 1—1—24　设置开始点和结束点**

现在刀具 D16r0. 8 即位于毛坯中心安全位置，用户可以开始产生第一条刀具路径。

（7）产生粗加工策略

从主工具栏选取刀具路径策略图标，弹出策略选取器对话框，选择【三维区域清除】|【模型区域清除】，点击接受，打开模型区域清除表格，编辑余量值为 0. 3 mm，这是加工后工件上留下的材料。设置行距（切削宽度）为 10 mm。设置下切步距（切削深度）为 1 mm，如图 1—1—25 所示。点击计算，生成粗加工刀具轨迹，如图 1—1—26 所示。

（8）产生精加工策略

在资源管理器中激活 R4 球头刀，从主工具栏选取刀具路径策略图标，弹出策略选取器对话框，选择【精加工】|【平行精加工】，点击接受，打开平行精加工表格，主参数表格按照图 1—1—27 所示设置，其他选项卡按缺省值设置，点击计算，生成精加工刀具轨迹，如图 1—1—28 所示。

平行精加工参考线根据刀具几何形状和加工设置，沿 *Z* 轴向下将参考线投影到部件上。

注：为了更清晰地显示刀具路径，行距设置得较大，用户可根据实际情况进行设定，另外，此刀具轨迹没有显示刀具路径间的连接移动。

（9）刀具路径模拟和 ViewMILL 仿真

PowerMill 软件提供了两种主要的刀具路径仿真手段，一个是刀具路径模拟仿真，它显示刀具的刀尖沿刀具路径的运动轨迹；另一个是 ViewMILL 仿真，它可以提供切削过程中沿刀具路径毛坯材料被切削的阴影图像仿真。

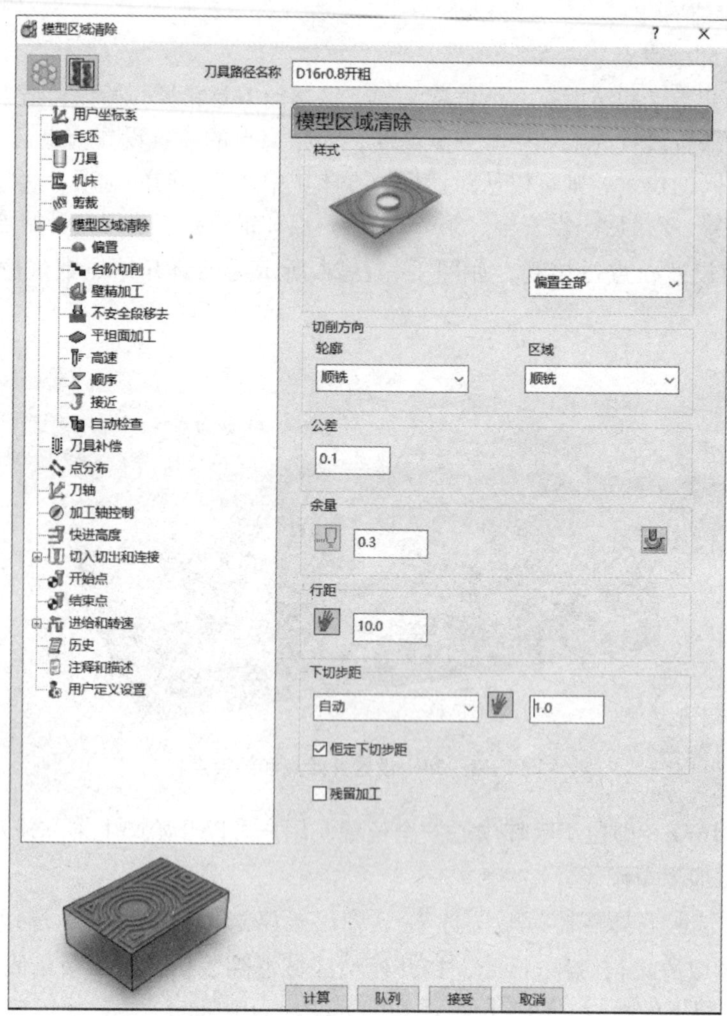


图 1—1—25　设置模型区域清除

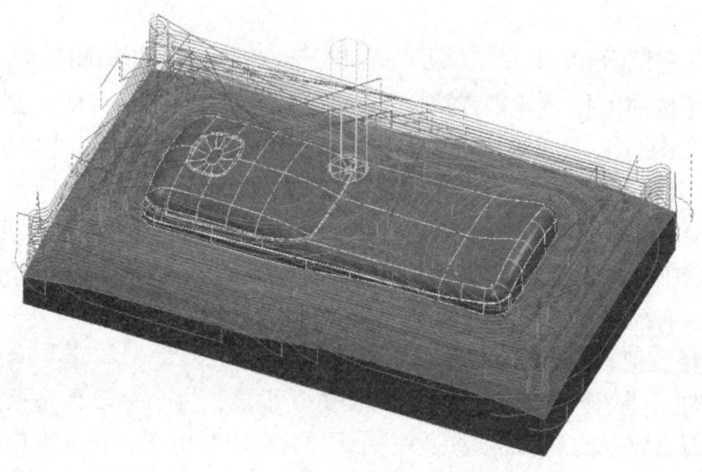

图 1—1—26　粗加工刀具轨迹

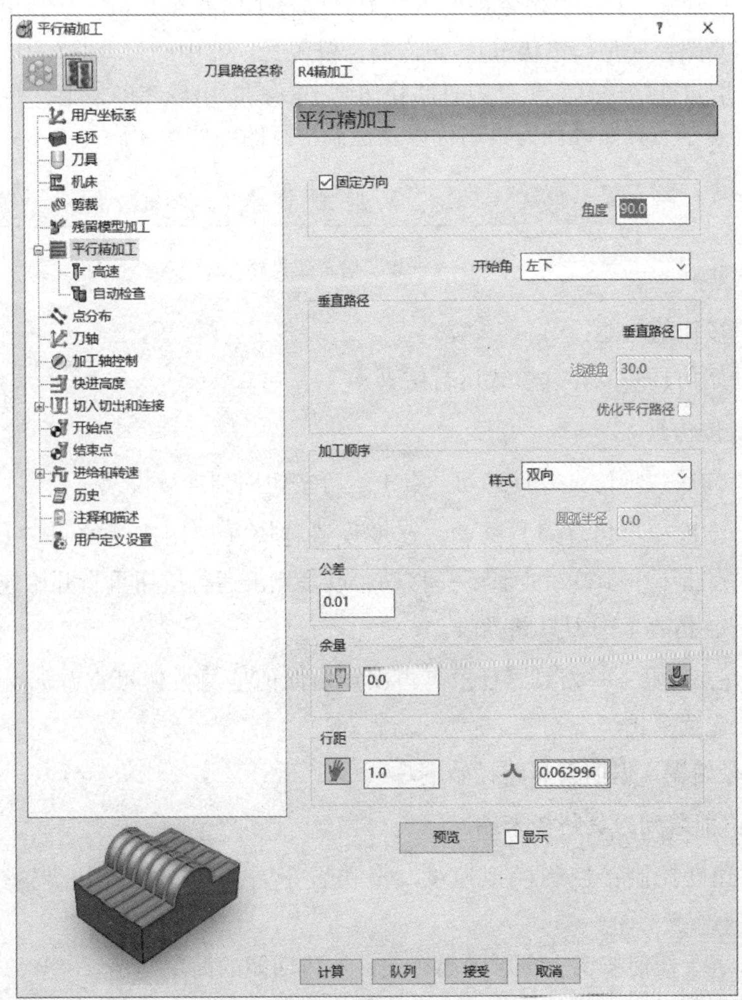


图 1—1—27　设置平行精加工

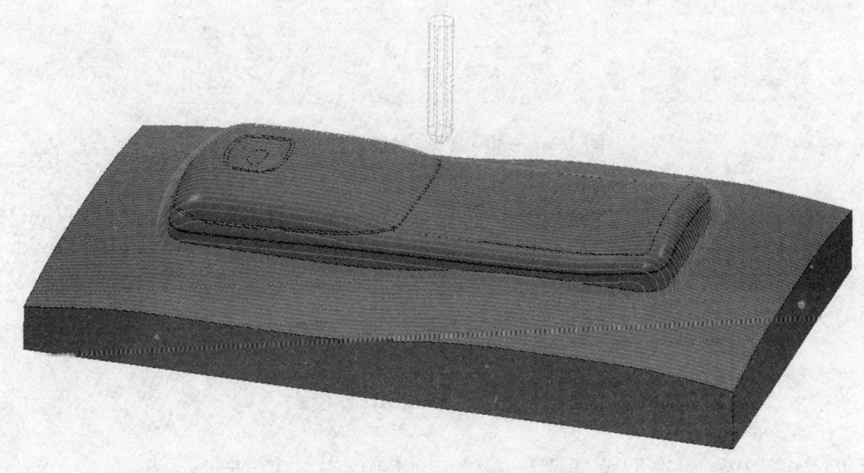

图 1—1—28　精加工刀具轨迹

1）刀具路径模拟。右击资源管理器中的刀具路径 D16r0.8 开粗，从弹出的菜单中点击激活，激活该刀具路径（呈勾选状态）。再次右击资源管理器中的刀具路径 D16r0.8 开粗，从弹出的菜单中选取自开始仿真，于是刀具路径仿真工具栏即出现在屏幕上，如图 1—1—29 所示。工具栏中显示了刀具路径和刀具名称以及控制仿真的一些按钮。

D16r0.8开粗 D16r0.8

图 1—1—29　仿真工具栏

以下是各个按钮的功能：

运行：开始仿真并以连续模式运行仿真。

暂停：暂停仿真。

上一步：向后一步仿真刀具移动。点击运行按钮回到连续模式。

下一步：向前一步仿真刀具移动。速度设置越快（使用速度控制 定义），步距越大。再次点击下一步按钮查看下一移动，或是点击运行按钮重新开始连续模式仿真。

向后搜寻：仿真上一刀具路径段。

向前搜寻：仿真下一刀具路径段。再次点击向前搜寻按钮可查看下一部件，或是点击运行按钮回到连续模式。

回到路径始端：返回刀具路径始端。

到末端：前移到刀具路径末端。

速度控制：控制模拟速度。滑块置于右边时速度最快，置于左边时速度最慢。

注：将光标置于任何按钮上也可弹出有关该按钮功能的简单提示。

使用上面的控制按钮模拟刀具路径。激活精加工刀具路径 R4 精加工，重复模拟过程。

2）ViewMILL 模拟。从顶部菜单中选取【查看】｜【工具栏】｜【ViewMILL】，打开 ViewMILL 工具栏，如图 1—1—30 所示。

图 1—1—30　ViewMILL 工具栏

点击第一个按钮，切换 ViewMILL 视窗，进入 ViewMILL 模式，于是 ViewMILL 即被高亮显示，如图 1—1—31 所示。

图 1—1—31　ViewMILL 模式

点击第四个按钮，选取普通阴影图像，如图 1—1—32 所示。

图 1—1—32 普通阴影图像

点击仿真工具栏中当前路径处的下拉箭头，选择 D16r0. 8 开粗刀具路径，然后调节仿真的速度，点击运行按钮进行仿真，图 1—1—33 所示为仿真过程中 ViewMILL 材料去除过程的显示。

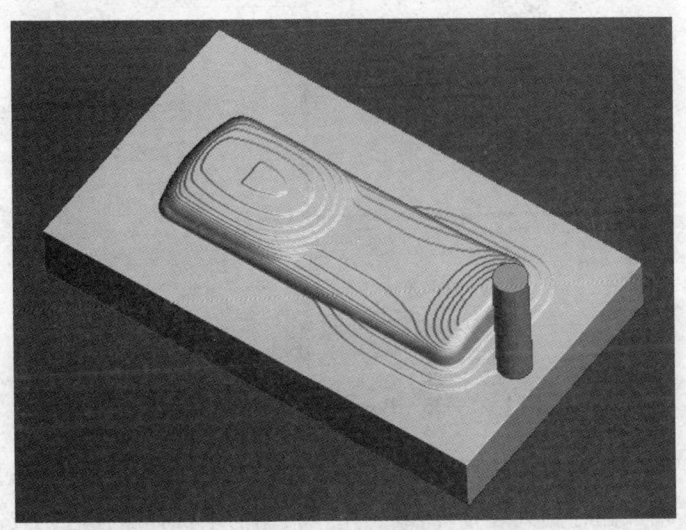

图 1—1—33 ViewMILL 材料去除过程仿真显示

完成上述仿真后，在仿真工具栏中选取精加工刀具路径 R4 精加工，继续点击运行按钮，查看由精加工刀具路径切除材料情况，如图 1—1—34 所示。

选取仿真工具栏中的 ViewMILL 退出图标，退出 ViewMILL 模块。

（10）NC 程序（后处理并输出 NC 数据）

从主下拉菜单选取【工具】｜【自定义路径】选项，打开 PowerMILL 路径对话框，如图 1—1—35 所示。

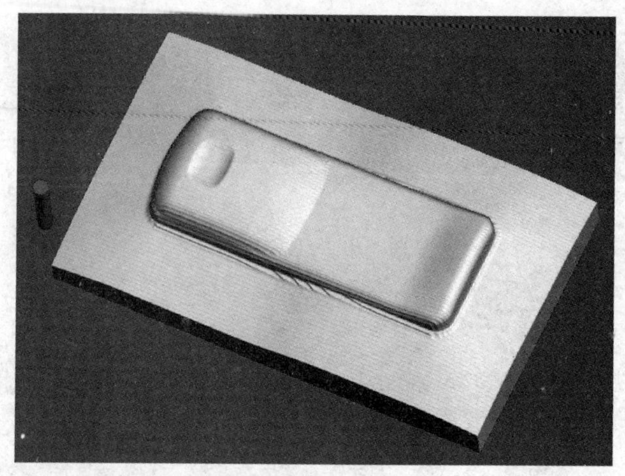

图 1—1—34　仿真结束



图 1—1—35　PowerMILL 路径对话框

在 PowerMILL 路径对话框中选取 NC 程序输出选项，在此指定后处理过的 NC 数据文件的输出位置，点击增加路径到列表顶部，用户根据需求选择路径后，点击关闭。

右击资源管理器中的【NC 程序】｜【参数选择】，弹出 NC 参数选择对话框，如图 1—1—36所示。输出目录（文件夹）的缺省位置已通过【工具】｜【自定义路径】定义。

在上面的对话框中点击机床选项文件图标，在打开的对话框中选取适合的机床选项文件，然后点击打开，回到 NC 参数选择对话框，其他选项按缺省值设置，最后点击关闭。分别右击资源管理器中的两条刀具路径，从弹出的菜单中选取产生独立的 NC 程序，此时两条刀具路径出现在 NC 程序中，其图标为蓝色显示，如图 1—1—37 所示。

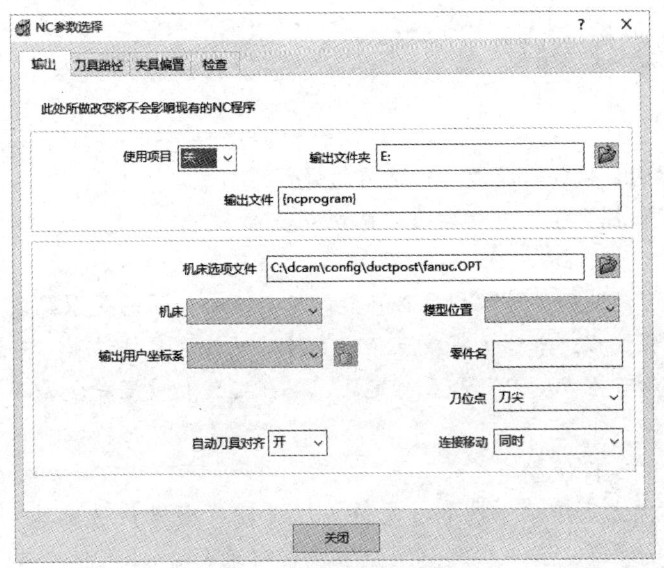


图 1—1—36 NC 参数选择对话框

分别右击 NC 程序中两条刀具路径的写入按钮，后处理以上两个刀具路径。处理完毕，屏幕上将出现如图 1—1—38 所示的信息窗口，该窗口为用户提供了处理进程信息及确认处理完毕等信息。

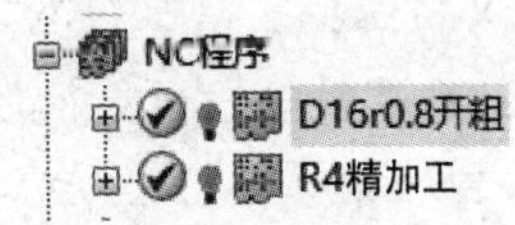


图 1—1—37 NC 程序图标显示蓝色

关闭信息窗口，可以看到资源管理器中已处理结束的 NC 程序的图标为绿色显示，如图 1—1—39 所示。打开 NC 程序的保存路径可以看到已生成的 NC 程序。

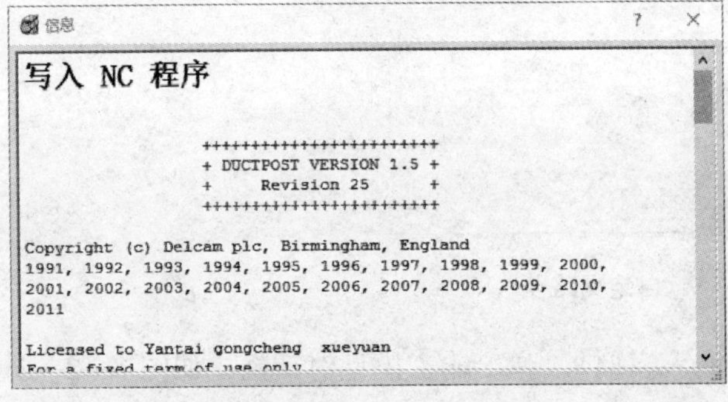


图 1—1—38 信息窗口

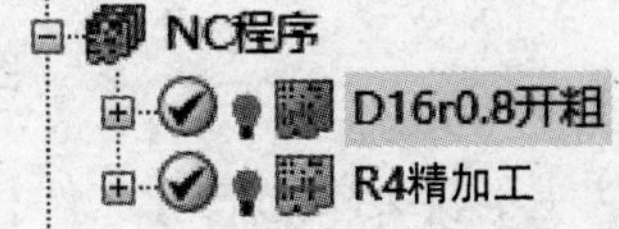


图 1—1—39 NC 程序图标显示绿色

（11）保存项目

点击主工具栏中的保存项目图标，打开保存项目对话框，设置保存路径和文件名。如果前面已经保存项目，系统将直接更新项目而不打开保存项目对话框。

# 项目二　加工设置

**项目目标**

1. 掌握 PowerMILL 软件生成刀具轨迹前的操作。
2. 掌握 PowerMILL 软件加工参数的设置方法。

**项目描述**

在项目一产生刀具路径的过程中，在可能的情况下都使用的是系统缺省设置值。下面更详细地介绍加工编程过程，本项目将重点介绍直接访问常用文件设置、查看模型、定义用户坐标系、模型特征细节检查、刀具和夹持定义、毛坯定义、设置安全 Z 高度等参数。

**项目实施**

1. 直接访问常用文件位置

（1）可通过从顶部下拉菜单选取【文件】｜【输入模型】选项输入模型。PowerMILL 软件提供了多个实例模型，这些实例模型位于缺省目录 Examples 中，通过输入模型表格中的图标可以访问该目录。另外，也可以进行自定义路径，从主下拉菜单选取【工具】｜【自定义路径】｜【文件对话按钮 1】，如图 1—2—1 所示，点击选取增加路径到列表顶部图标，选择用户的目录，如图 1—2—2 所示，点击确定，然后关闭即可。根据用户需求，重复此操作步骤，设定文件对话按钮 2 的路径。

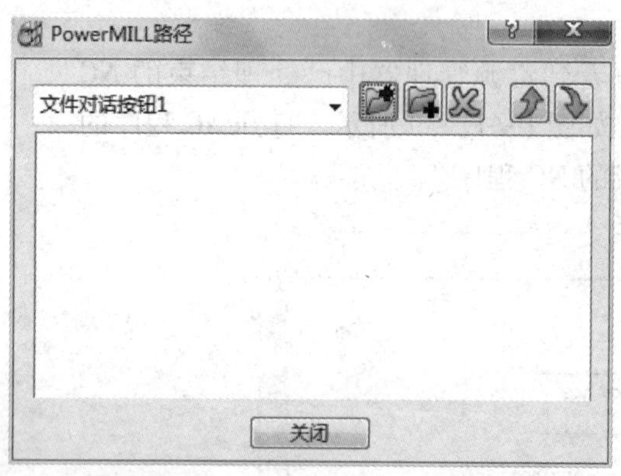


图 1—2—1　自定义路径

（2）从主下拉菜单选取【文件】｜【输入模型】，弹出输入模型对话框，如图 1—2—3 所示，点击按钮 1 图标，可快速打开用户设置的目录。

注：PowerMILL 软件可接受多种类型的模型。点取对话视窗中的文件类型下拉列表，可将所需类型的文件显示在对话视窗中。

2. 查看模型

（1）视图查看

选择菜单栏【文件】｜【输入模型】命令，系统弹出输入模型对话框，打开【模型】｜【cavity 模型】，从图形视窗右手边的查看工具栏中点击从顶部查看图标，然后点击全屏重画图标，如图 1—2—4 所示。

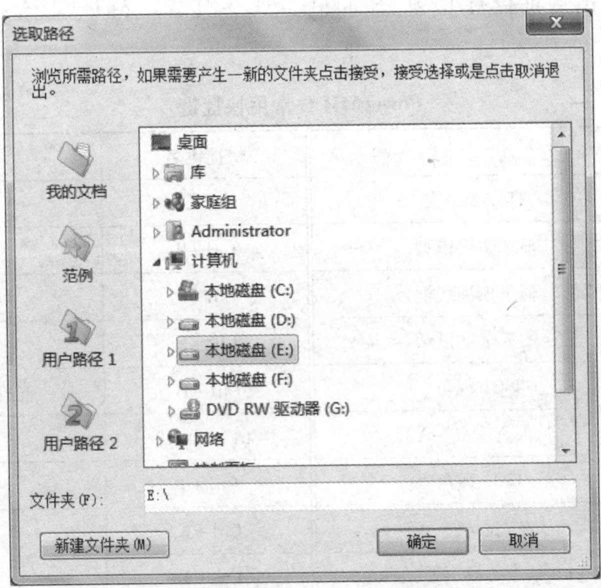


图 1—2—2 选取路径

图 1—2—3 输入模型对话框

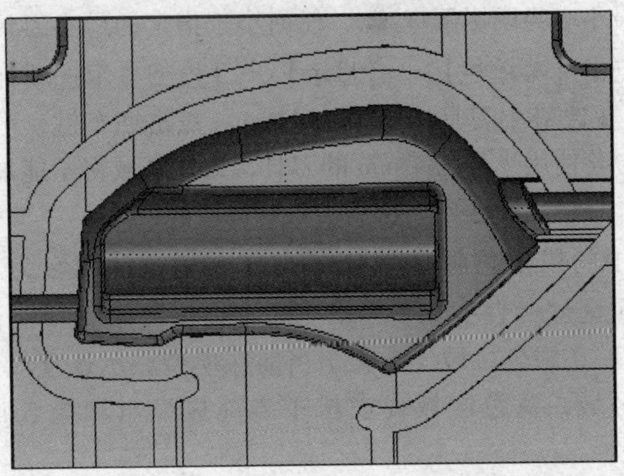

图 1—2—4 cavity 模型

打开模型后最好从各个不同的角度查看模型，这样可对模型有一清楚的了解，知道其尺寸和特征。例如，点击等轴查看 ISO1 图标，观察模型。表 1—2—1 列出了 PowerMILL 常用快捷键。

表 1—2—1　　PowerMILL 常用快捷键

| 快捷键名 | 功　能 | 快捷键名 | 功　能 |
|---|---|---|---|
| F1 | 打开帮助表 | Ctrl +8 | 从后查看（Y） |
| F3 | 显示阴影模型 | Ctrl +9 | ISO4 视角 |
| F4 | 显示模型线框 | Ctrl +0 | 从下查看（-Z） |
| F6 | 图素全屏显示 | Ctrl + S | 保存项目 |
| Ctrl +1 | ISO1 视角 | Ctrl + H | 光标显示十字形式开关 |
| Ctrl +2 | 从前查看（-Y） | Ctrl + Alt + B | 毛坯显示开关 |
| Ctrl +3 | ISO2 视角 | Ctrl + J | 隐藏已选元素 |
| Ctrl +4 | 从左查看（-X） | Ctrl + K | 隐藏未选元素 |
| Ctrl +5 | 从上查看（Z） | Ctrl + L | 显示全部元素 |
| Ctrl +6 | 从右查看（X） | Ctrl + Y | 隐藏切换选项 |
| Ctrl +7 | ISO3 视角 | | |

（2）最小半径阴影和拔模角阴影查看

使用屏幕右手边查看工具栏中的两个阴影选项可以快速对模型进行直观查看检查。选定加工刀具产生刀具路径前，最好知道模型上的最小半径值，模型中是否存在倒勾形面和拔模角。将光标放到普通阴影选项图标上，出现阴影工具栏，如图 1—2—5 所示。

图 1—2—5　阴影工具栏

点击工具栏中的最小半径阴影图标，任何小于指定的最小刀具半径的内部半径将被阴影为红色。可通过点击【菜单栏】｜【显示】｜【模型显示选项】进行该项设置，如图 1—2—6 所示，例如，更改最小刀具半径值为 4 mm，点击回车键，可看到图 1—2—7 中有的元素被阴影为红色，若使用半径为 4 mm 的刀具，这些区域将不能加工到所需尺寸。反复更改最小刀具半径值，观察阴影区域，从而确认所选用的刀具。

点击阴影工具栏中的拔模角阴影图标，于是模型被阴影为三种不同的颜色：红色、绿色和黄色。红色区域代表小于或等于当前在模型显示选项对话框中设置的拔模角（缺省设置为 0）的区域；绿色区域代表大于当前在模型显示选项对话框中设置的警告角（缺省设置为 5）的区域；黄色区域代表位于当前拔模角和警告角之间的区域，如图 1—2—8所示。

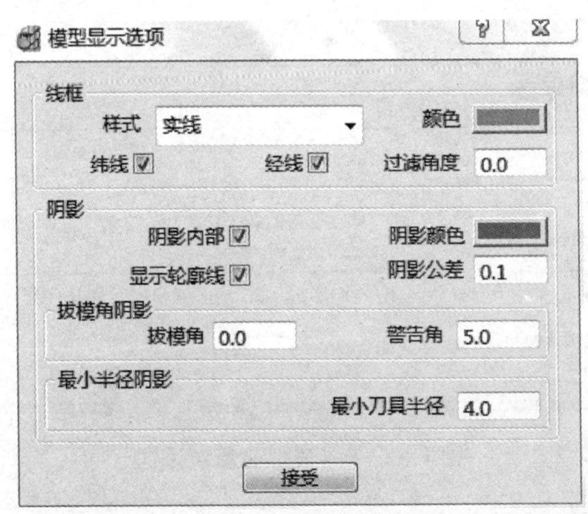


图 1—2—6 模型显示选项对话框

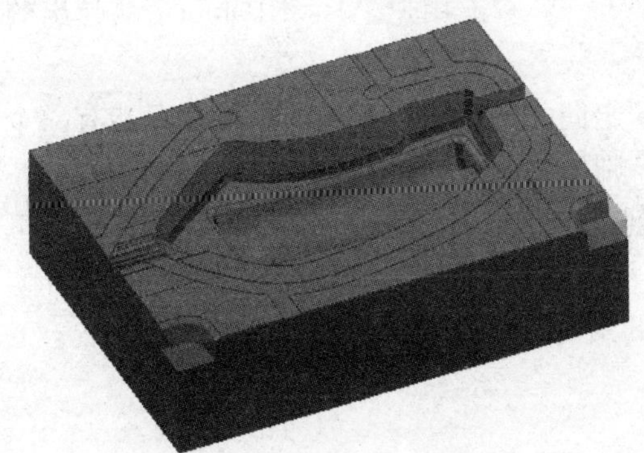

图 1—2—7 最小半径阴影

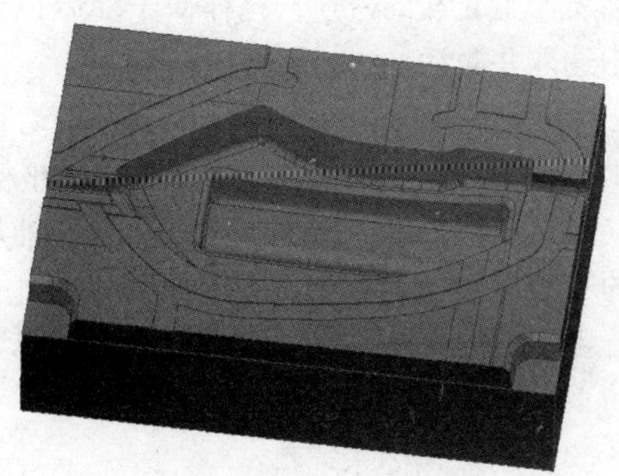

图 1—2—8 拔模角阴影

在此模型中，黄色区域代表了角度为 0° ~ 5°的角度区域。为检查是否存在倒勾形面，仍然打开模型显示选项，可将拔模角设置为 -0.2，将警告角设置为 0.2，此时可以看到红色区域全部消失，模型上仅剩下绿色和黄色区域。如果存在任何红色区域，则这些区域将为拔模角大于 -0.2 的倒勾形面区域。黄色区域表示垂直或近似垂直的面，因为此处拔模角和警告角之间的差值很小。点击模型显示选项对话框的接受。点击普通阴影图标，关闭拔模角阴影显示。

(3) 查看模型属性

通过查看模型属性，可以获取相对于世界坐标系或激活的用户坐标系（如果存在）的模型尺寸。右击资源管理器中的模型，从弹出的菜单中选取属性，弹出模型信息对话框，如图 1—2—9 所示。可将模型属性对话框中的值复制（Ctrl + C）和粘贴（Ctrl + V）到其他对话框中，如用来修改用户坐标系位置。

3. 定义用户坐标系

(1) 在 PowerMILL 资源管理器中右击【用户坐标系】|【产生并定向用户坐标系】|【用户坐标系在选项顶部】，用户坐标系即出现在已选模型零件的顶部中央，若软件从未设

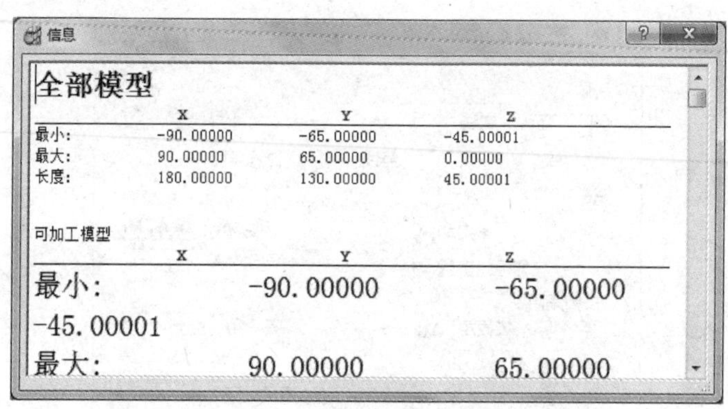


**图 1—2—9　模型信息对话框**

定过用户坐标系，则新建用户坐标系默认名称为 1，右击产生的用户坐标系 1，从弹出菜单选取重新命名，将名称改为 Datum（注意：应养成产生某个元素后及时在资源管理器中重新命名所产生元素的习惯，这样便于随后识别和管理）。右击用户坐标系 Datum，从弹出的菜单中选取并激活。

用户坐标系是可在全局范围进行移动和重新定向的附加原点。任何时候都只能有一个用户坐标系激活，如果不存在激活的用户坐标系，则原始的全局坐标系就是原点。

观察模型，沿 *Z* 轴向下查看，其 *X* 轴从左到右，*Y* 轴从下到上。多数情况下，机床工作台的 *X* 方向尺寸要大于 *Y* 方向尺寸，因此，输入模型部件的长边可能会超过工作台的 *Y* 方向行程距离限界。在这种情况下应尽量使零件的最长边沿 *X* 轴方向，以保证零件位于工作台的工作界限行程之内。

（2）用户坐标系编辑

右击 Datum，选取用户坐标系编辑器，弹出用户坐标系编辑器工具栏，如图 1—2—10 所示，查看模型，可通过坐标系编辑工具栏进行原点的更改及坐标系旋转、移动、变换等操作，操作结束后，点击接受改变✓，即可更改用户坐标系。将模型输入 PowerMILL 后并不是在所有情况下都需产生一新的用户坐标系并对它进行移动或旋转。是否需要进行上面的操作取决于从其他 CAD 软件输出模型时模型的原点和方向。

**图 1—2—10　坐标系编辑工具栏**

4. 测量模型

用户可能需要某些模型上相关特征的尺寸信息。PowerMILL 提供了一个测量工具供用户用来测量直线、圆弧/圆圈。在 PowerMILL 中进行任何测量前，首先需要对捕捉过滤器进行一些设置，从主菜单中选取【工具】｜【捕捉过滤器】，然后使用鼠标左键不勾取任意位置选项，如图 1—2—11 所示。

如果不勾取任意位置，测量工具就只能捕捉视窗空间中那些捕捉过滤器选项中仍然被勾取的元素，而不是捕捉任意元素。

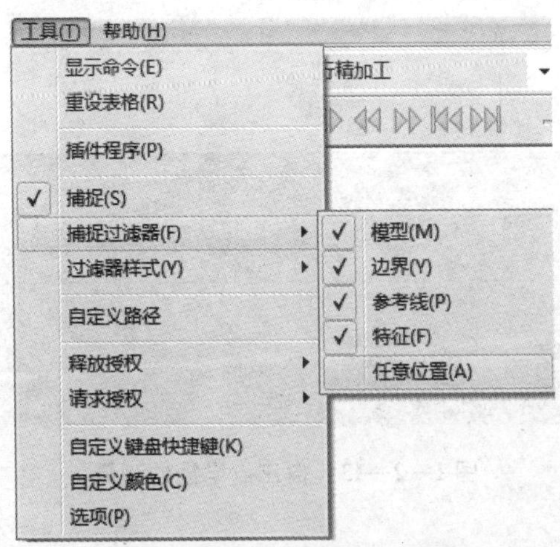


**图 1—2—11　设置捕捉过滤器**

下面以测量长度和半径为例，测一下模型上的槽间隙和圆角的半径，测出其长度尺寸和半径值。注：需要放大查看节点相互靠近的区域，以便区别靠近节点。

（1）从主工具栏中点取测量模型图标，弹出测量对话框，点击两点间距离，将模型放大选取两定位点，测出长度尺寸为 7 mm，如图 1—2—12 所示。

**图 1—2—12　两点间距离的测量**

（2）点击自三点的半径图标，将模型放大，在模型上选取开始点，中间点和结束点，选取完毕第三个点后，屏幕上出现由三点组成的圆弧半径值，如图 1—2—13 所示。

5. 设置公共参数

（1）设置刀具

点击刀具工具栏的刀尖圆角端铣刀图标，打开刀尖圆角端铣刀对话框，在对话框的刀尖页面中输入直径 16，刀尖半径 0. 8，将刀具长度设置为 50，刀具名称为 D16r0. 8，刀具编号为 1，如图 1—2—14 所示。

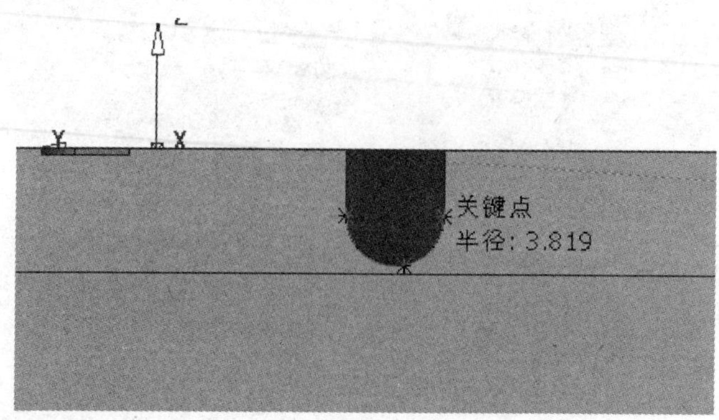


图 1—2—13　自三点半径的测量

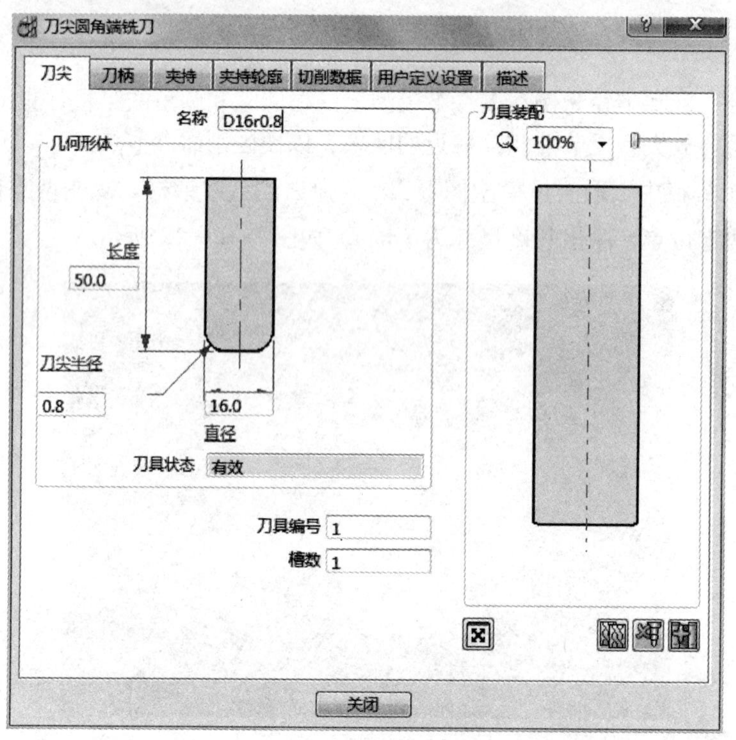


图 1—2—14　刀具设置

在对话框中的刀柄选项卡点击增加刀柄部件图标，并将顶部和底部直径设置为 16，长度设置为 50，如图 1—2—15 所示。

在对话框中的夹持选项卡点击增加夹持部件图标，并将顶部直径设置为 60，底部直径设置为 40，长度设置为 50，伸出设置为 60，如图 1—2—16 所示。

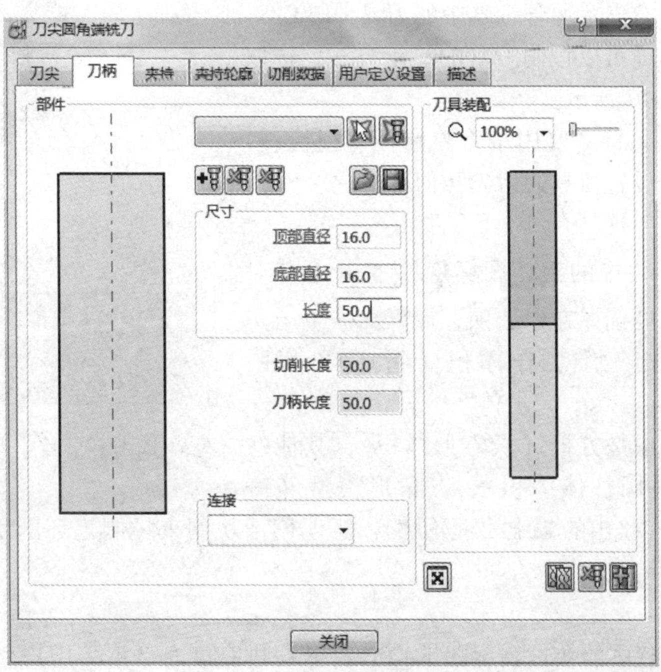


图 1—2—15　刀柄设置

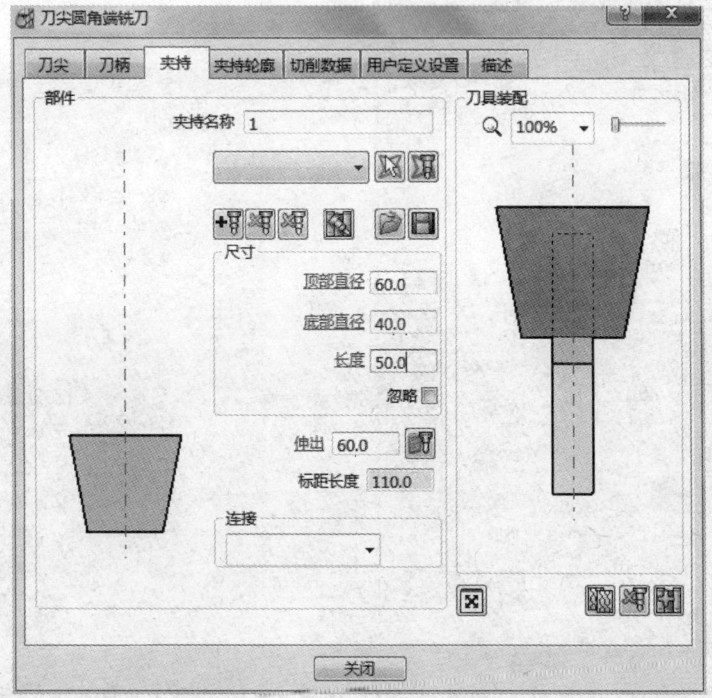


图 1—2—16　夹持设置

关闭对话框，右击资源管理器中的刀具 D16r0. 8，通过弹出的菜单选项可以控制刀具的显示方式，选取阴影，如图 1—2—17 所示。

注：设置刀具夹持主要用于刀具路径碰撞检查，三轴加工时一般只设置刀具的刀尖几何形体。

（2）定义毛坯

点击顶部工具栏中的毛坯图标，打开毛坯对话框，在由…定义处选择方框选项，计算出一个与实际模型尺寸匹配的三维工作体积（毛坯），如图 1—2—18所示。

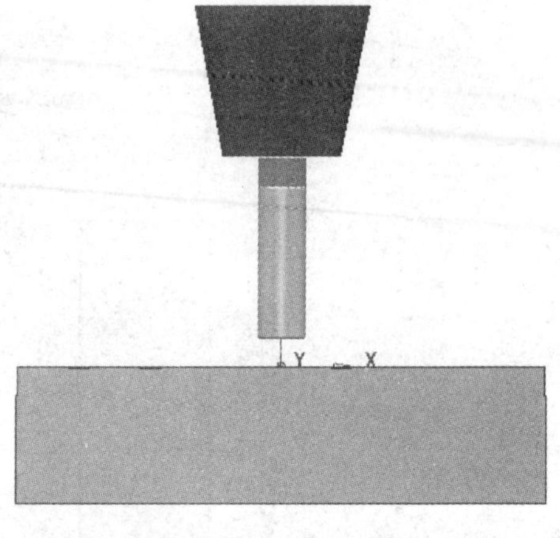

图 1—2—17　刀具阴影显示

毛坯的缺省选项是方框（长方形体积），其他的选项包括圆柱体（圆柱体体积）、三角形模型（铸件）及图形/边界（挤出的二维线框轮廓）。透明度滑块用来控制毛坯的阴影程度（从透明到不透明）。

（3）快进高度

点击顶部工具栏中的快进高度图标，打开快进高度对话框，用户坐标系选择 Datum，点击计算，将刀具快进移动值设置到零件之上 10 mm 处，如图 1—2—19 所示。

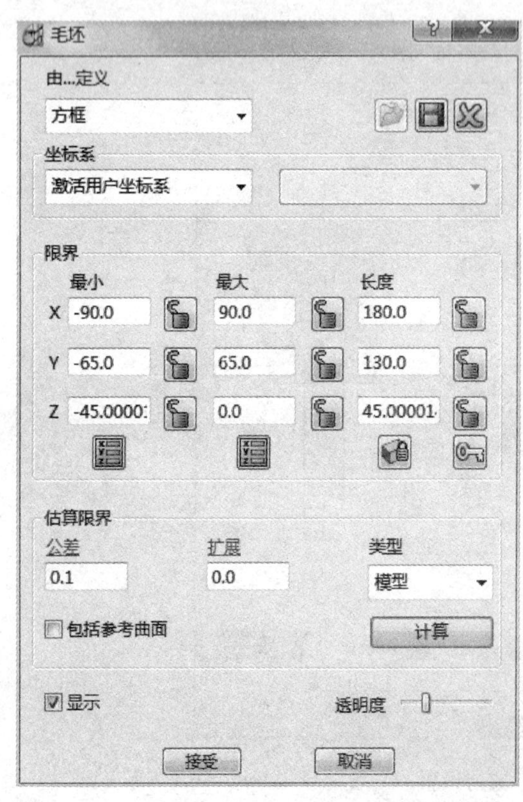


图 1—2—18　设置毛坯

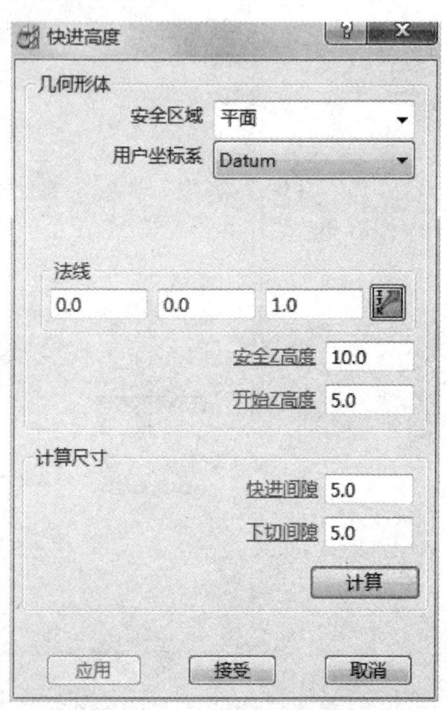


图 1—2—19　设置快进高度

（4）开始点和结束点

点击顶部工具栏中的开始点和结束点图标，打开开始点和结束点对话框，在开始点和结束点对话框中分别使用缺省设置，如图 1—2—20 所示。

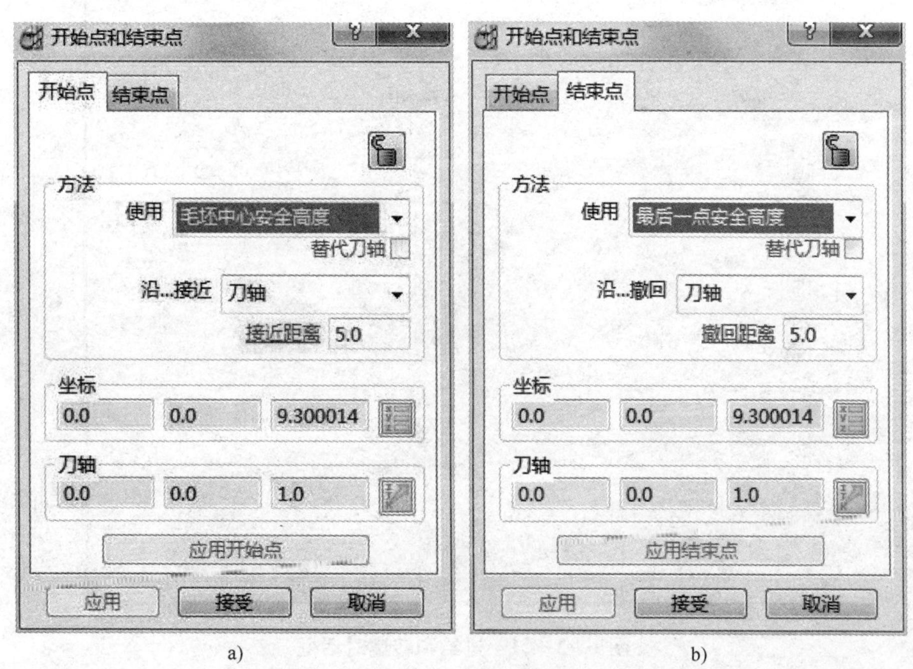


a)　　　　　　　　　　　　　　b)

**图 1—2—20　设置开始点和结束点**

（5）设置进给率

用户可以为当前刀具和刀具路径单独设置进给率，也可以通过数据库装载预先定义好的进给率值。此处将介绍如何单独设置进给率，点击顶部工具栏中的进给和转速图标，打开进给和转速对话框，如图 1—2—21 所示。

在图 1—2—21 所示的对话框中将切削条件段输入主轴转速 1 500，切削进给率 1 000，下切进给率 500，掠过进给率 3 000，然后点击接受按钮。

注：不同的机床刚度、刀具的质量、装夹的方式都会对切削用量的选择产生一定的影响，本项目选用的切削用量仅供参考。

6. 保存项目

点击保存项目图标，更新保存的 PowerMILL 项目，在运行 PowerMILL 时，需要用户在一定时段间隔保存项目，此外，用户也可以通过【工具】｜【选项】｜【项目】来设置在计算每条刀具路径时自动保存项目或在一定时段后指定保存项目（或是两者都设置），如图 1—2—22 所示。如果设置了其中一个选项，或是两者都被设置，那么即使在还没有项目产生的情况下，如果系统崩溃，也可以自动恢复到崩溃前的运行状态。

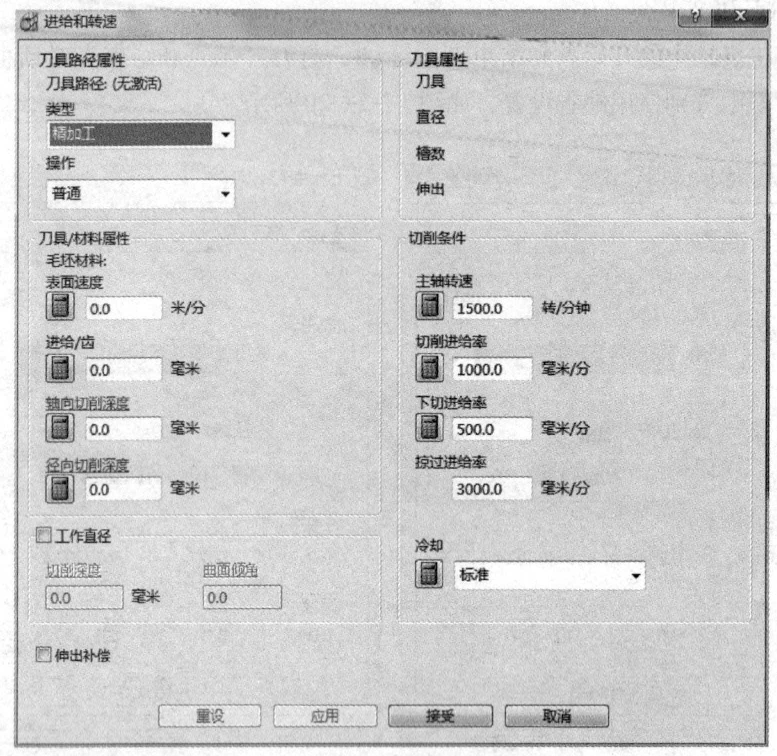


图 1—2—21　进给和转速对话框

因此，PowerMILL 软件能够在计算每条刀具路径后自动保存项目，并且会自动自上次保存项目后每隔 10 min 自动保存项目一次。

7. 刀具路径处理选项

(1) 计算

在加工策略对话框中设置完毕加工策略后，点击对话框中的计算按钮，即可开始进行计算。在这个计算过程中，用户无法继续在 PowerMILL 中进行工作，直到刀具路径产生。这时，策略对话框仍然打开，但仅有重新利用和复制选项激活。

(2) 队列

若要使用队列命令，则项目文件必须是已保存的。队列命令允许刀具路径在后台计算，由于队列命令在后台按队列增加顺序进行计算，因此，队列中可以有多条刀具路径。刀具路径策略使用队列后，策略对话框即自行关闭，“计算器”图标 > 1 改变为“队列”图标 > 1。队列可直接在策略对话框中应用，也可以通过资源管理器右击菜单应用。

(3) 批处理

点击接受按钮后将保存当前策略对话框中的设置值，关闭刀具路径策略对话框，但不对刀具路径进行处理。刀具路径将通过批处理命令最后进行处理。可按顺序保存一个或多个未处理的加工策略，供随后使用批处理选项进行计算。右击刀具路径，弹出菜单选择批处理，

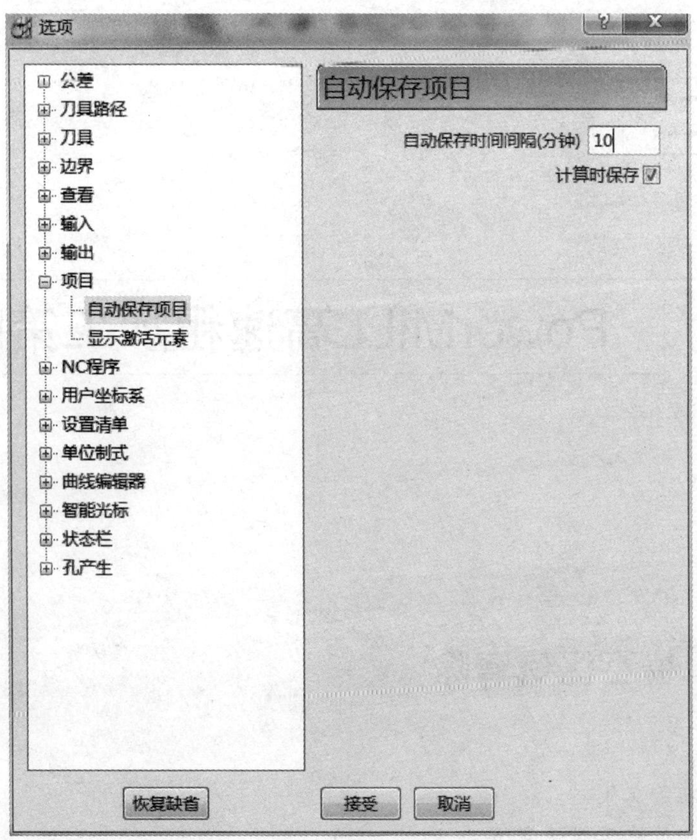


图 1—2—22 设置项目自动保存

开始计算刀具路径，如图 1—2—23 所示。进行批处理计算时，用户不能继续在 PowerMILL 中工作，直到批处理清单中的全部刀具路径产生完毕。

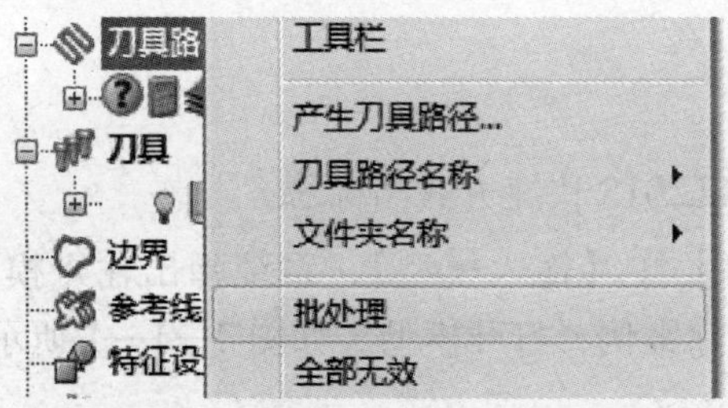


图 1—2—23 批处理刀具路径

# 模块二

# PowerMILL高速粗加工策略

## 项目一　模型区域清除

**项目目标**

1. 掌握常用粗加工策略。

2. 掌握粗加工策略参数设置方法。

3. 针对不同零件能够灵活选取粗加工策略。

**项目描述**

模型区域清除策略是三维零件粗加工时最常用的一种刀具路径计算方法。通过对本项目零件策略的学习，掌握 PowerMILL 常用粗加工策略的参数设置方法。

**项目实施**

1. 启动软件导入零件

（1）双击桌面 PowerMILL2015 快捷方式图标。

（2）选择菜单栏【文件】｜【输入模型】，系统弹出输入模型对话框，找到存放模型的位置，名称为模型区域清除案例，打开模型，如图 2—1—1 所示。

2. 设置公共参数

（1）创建用户坐标系

选定整个模型，在资源管理器中右击【用户坐标系】｜【产生并定向用户坐标系】｜【用户坐标系在选项顶部】，创建用户坐标系。

（2）创建毛坯

创建方形毛坯，点击计算，设置 $Z$ 轴高出 0.5 mm，完成毛坯创建。

（3）创建刀具

在资源管理器中右击刀具，产生 D16 的端铣刀。

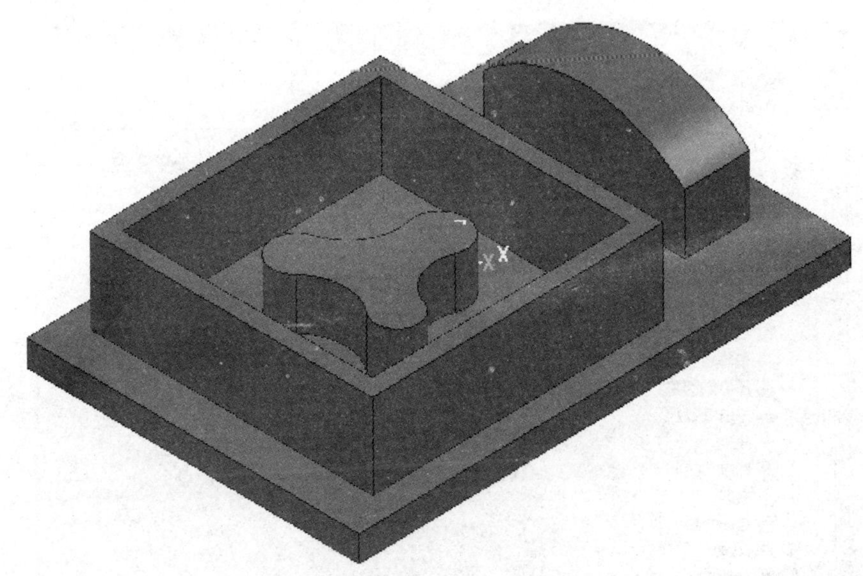

图 2—1—1　模型区域清除案例

（4）设置快进高度、开始点和结束点

在主工具栏中点击快进高度图标，弹出快进高度对话框，按缺省值设置，点击计算、接受，完成快进高度的设置。

在主工具栏中点击开始点和结束点图标，弹出其对话框，按缺省值设置，点击计算、接受，完成开始点和结束点的设置。

（5）设置进给和转速

在主工具栏中点击进给和转速图标，设置刀具的主轴转速、切削进给率、下切进给率和掠过进给率。点击应用、接受，完成进给和转速设置。

3. 创建刀具路径策略

（1）偏置全部样式

双击激活 D16 端铣刀，在主工具栏中单击刀具路径策略按钮，弹出策略选取器对话框，点击【三维区域清除】|【模型区域清除】，点击接受，弹出模型区域清除对话框，主参数按照图 2—1—2 所示设置，将样式设置为偏置全部，其他参数按照默认设置，设置完成后点击计算。由该设置生成的刀具路径如图 2—1—3 所示。

（2）偏置模型样式

双击激活已设置完成的 D16 偏置全部，右击激活 D16 偏置全部，在下拉菜单中点击设置，弹出模型区域清除对话框，点击对话框左上角编辑刀具按钮，这时主参数设置区域由灰色变为可进行编辑操作状态。重命名为 D16 偏置模型，将样式改为偏置模型，其他参数按照默认设置，点击计算。由该设置生成的刀具路径如图 2—1—4 所示。

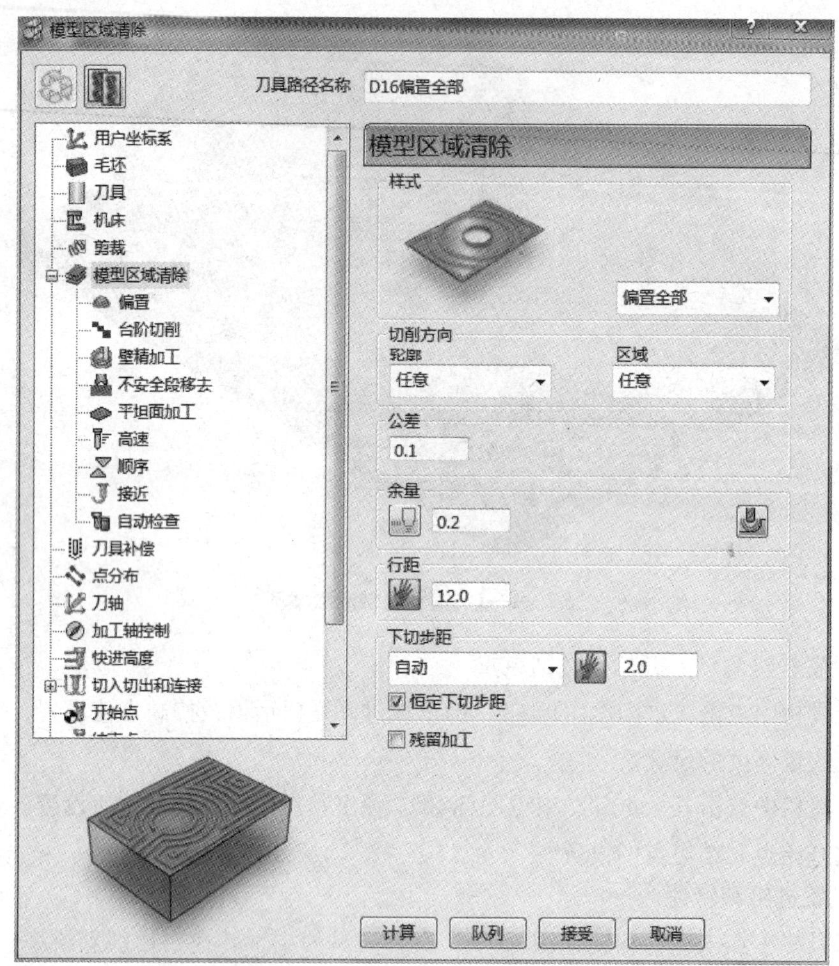


图 2—1—2　模型区域清除主参数设置

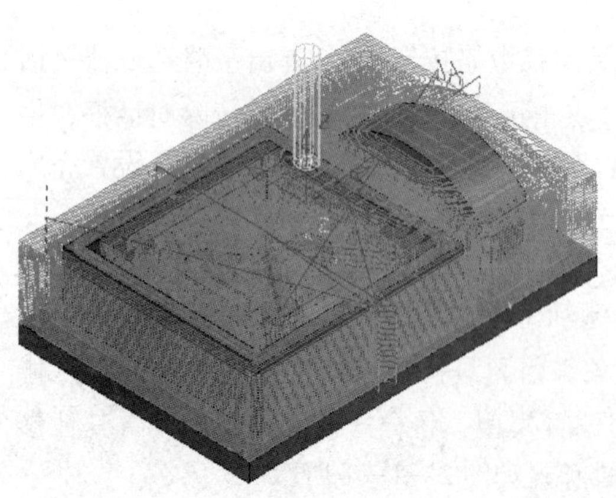

图 2—1—3　偏置全部刀具路径

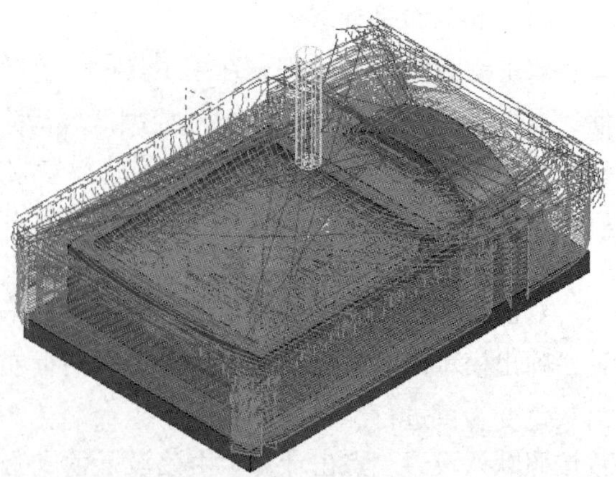

图 2—1—4　偏置模型刀具路径

（3）平行样式

按照偏置模型设置方式，再次复制一新的刀具路径，重命名为 D16 平行，将样式改为平行，其他参数按照默认设置，点击计算。由平行样式设置生成的刀具路径如图 2—1—5 所示。

注：模型区域清除中的旋风铣样式将在后续单独进行讲解。

4. 优化刀具路径

观察以上三种样式的刀具路径，路径连接不稳定，抬刀较多，并且此零件外轮廓与内腔均有，需要设置切入切出方式优化刀具路径。在主工具栏点击切入切出和连接按钮 ，弹出其对话框，在切入选项卡中，第一选择下拉菜单选择水平圆弧，角度为 90°，半径为 9，第二选择下拉菜单选择斜向，设置切出与切入相同。设置斜向切入选项如图 2—1—6 所示。

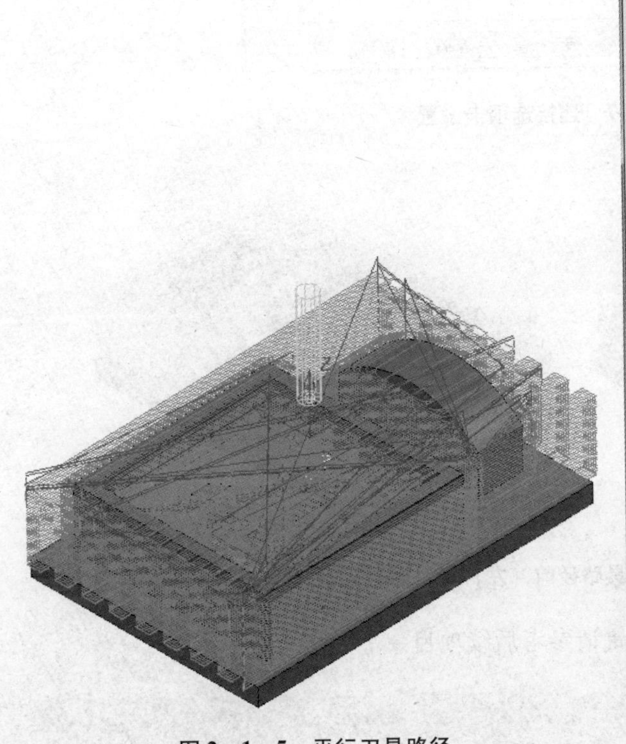

图 2—1—5　平行刀具路径

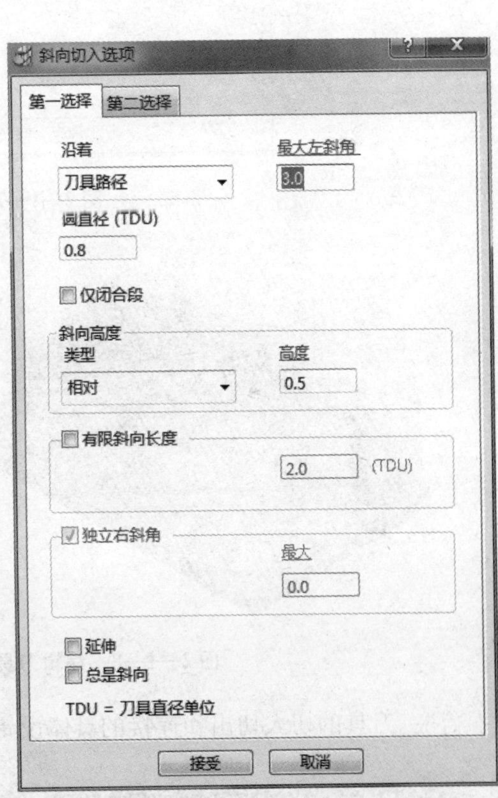


图 2—1—6　斜向切入选项设置

连接选项卡的设置如图 2—1—7 所示，点击应用并接受。编辑刀具路径前后对比如图 2—1—8 所示。

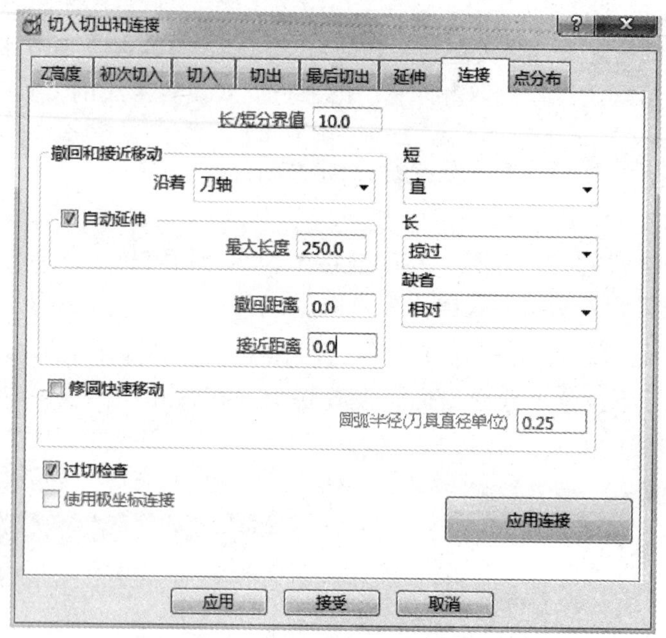


图 2—1—7　连接选项卡设置

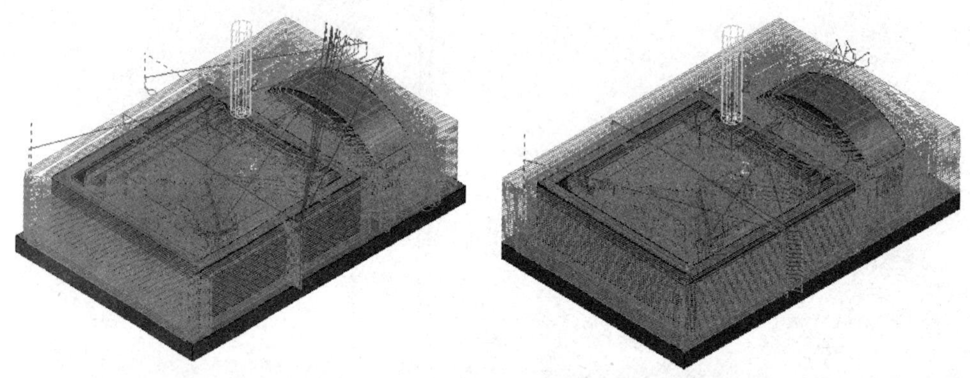

图 2—1—8　编辑刀具路径前（左）后（右）对比

注：刀具的切入切出和连接的具体设置请参考后续项目。

# 项目二　旋风铣粗加工

**项目目标**

1. 能够产生模型区域清除中的旋风铣粗加工刀具路径。
2. 熟练掌握该加工策略的参数设置。
3. 能够产生后处理代码并进行加工。

**项目描述**

旋风铣属于模型区域清除加工策略的一种加工方式，使用这种策略可利用刀具切削刃进行大切深，从而显著提高粗加工的加工效率，最大限度地发挥硬质合金刀具的潜能。这种策略可用作2轴和3轴粗加工、3+2轴区域清除加工和基于残留毛坯或参考刀具路径的残留加工。

**项目实施**

1. 启动软件导入零件

（1）双击桌面 PowerMILL2015 快捷方式图标。

（2）选择菜单栏【文件】|【输入模型】命令，系统弹出输入模型对话框，找到存放模型的位置，名称为旋风铣加工案例，打开模型，如图2—2—1所示。

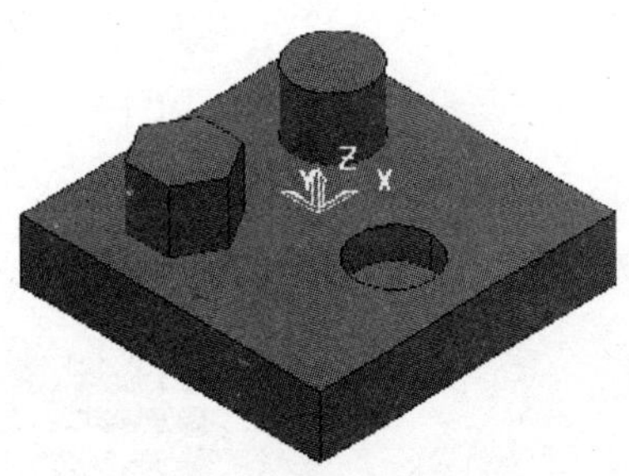


图2—2—1　旋风铣加工案例

2. 设置公共参数

创建用户坐标系在选项顶部，创建方形毛坯，将毛坯高度设置到高出模型0.5 mm。创建D16端铣刀，设置快进高度、开始点和结束点，设置进给和转速。

3. 创建刀具路径策略

激活D16端铣刀，在主工具栏中单击刀具路径策略按钮，弹出其对话框，点击【三维区域清除】|【模型区域清除】，点击接受，弹出模型区域清除对话框，主参数按照图2—2—2所示设置，样式选择旋风铣，其他参数按照默认设置。

图2—2—2　模型区域清除策略中的旋风铣设置对话框

接近的设置按照图 2—2—3 所示进行，其他参数按照默认设置，设置完成后点击计算。通过该设置生成的旋风铣粗加工刀具轨迹如图 2—2—4 所示。

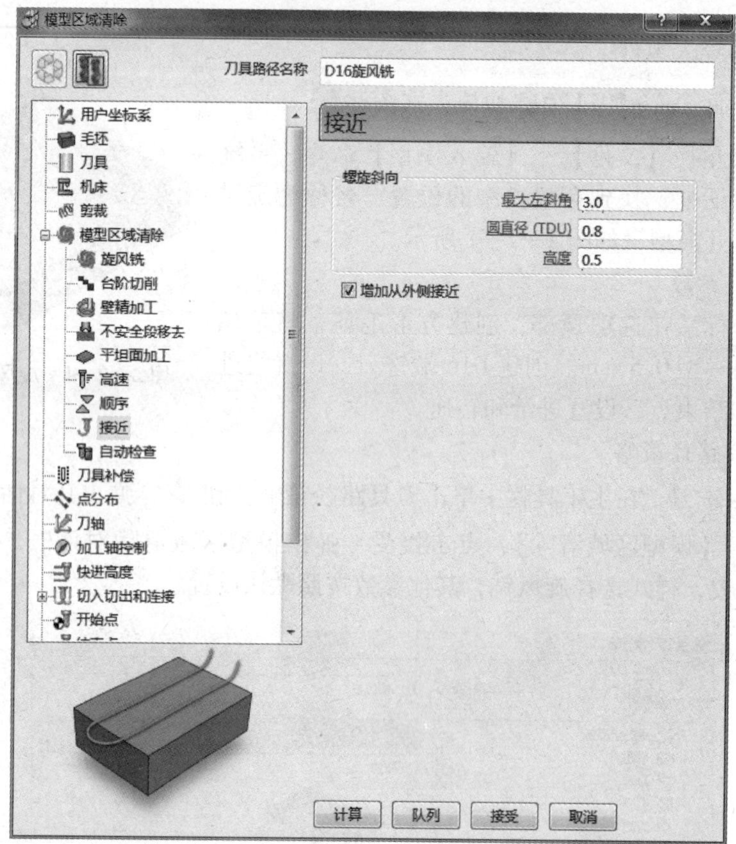


图 2—2—3　接近设置

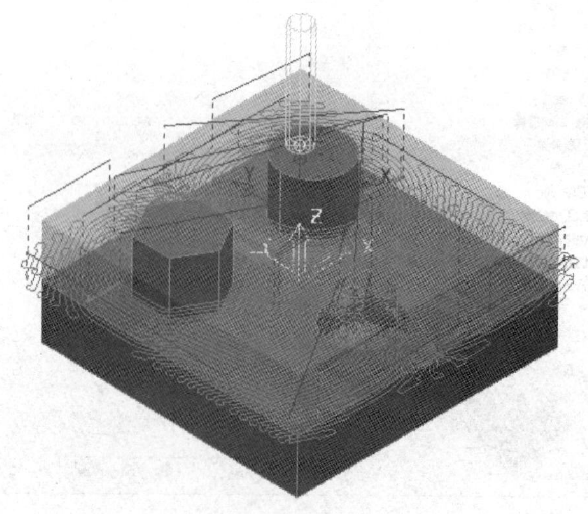

图 2—2—4　旋风铣粗加工刀具轨迹

激活 D16 旋风铣刀具路径，复制出一条新的刀具路径，更改样式为偏置全部，行距为 10，下切为 2，如图 2—2—5 所示，打开右下角刀具路径工具栏中的刀具路径统计选项，弹出刀具路径统计对话框，如图 2—2—6 所示。激活旋风铣刀具路径如图 2—2—4 所示，打开刀具路径统计选项，弹出如图 2—2—7 所示对话框。

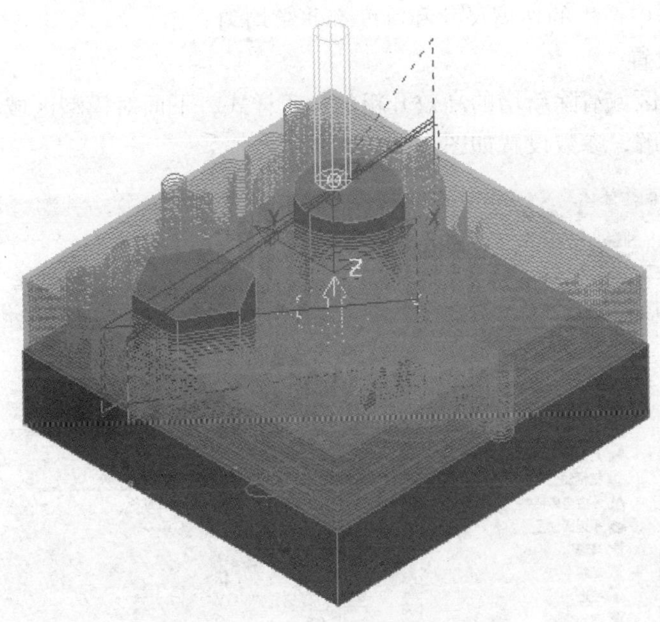

图 2—2—5　偏置全部刀具路径

刀具路径统计

元素：D16偏置全部

切入切出和连接

| | 长度 | 时间 |
|---|---|---|
| 快进 | 10889.775479 | 0:03:37 |
| 下切 | 351.5 | 0:00:42 |
| 斜向 | 0.0 | 0:00:00 |
| 其它 | 19.973406 | 0:00:01 |
| 总计 | 11261.24888 | 0:04:21 |

切削移动

| | 长度 | 时间 |
|---|---|---|
| 线性 | 71428.522222 | 1:11:25 |
| 圆弧 | 17339.59613 | 0:17:20 |
| 总计 | 88768.11835 | 1:28:46 |

| | 长度 | 时间 |
|---|---|---|
| 总计 | 100029.36723 | 1:33:07 |
| 提刀 | | 51 |

关闭

图 2—2—6　偏置全部刀具路径统计

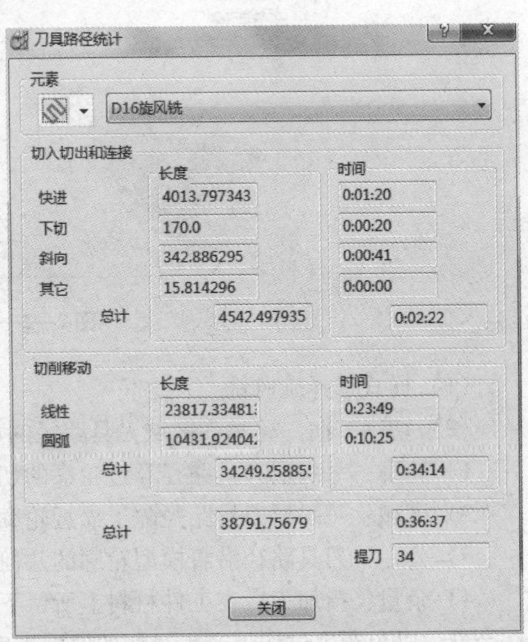

刀具路径统计

元素：D16旋风铣

切入切出和连接

| | 长度 | 时间 |
|---|---|---|
| 快进 | 4013.797343 | 0:01:20 |
| 下切 | 170.0 | 0:00:20 |
| 斜向 | 342.886295 | 0:00:41 |
| 其它 | 15.814296 | 0:00:00 |
| 总计 | 4542.497935 | 0:02:22 |

切削移动

| | 长度 | 时间 |
|---|---|---|
| 线性 | 23817.33481 | 0:23:49 |
| 圆弧 | 10431.92404 | 0:10:25 |
| 总计 | 34249.25885 | 0:34:14 |

| | 长度 | 时间 |
|---|---|---|
| 总计 | 38791.75679 | 0:36:37 |
| 提刀 | | 34 |

关闭

图 2—2—7　旋风铣刀具路径统计

比较刀具路径差异后，旋风铣相对于模型区域清除其他加工方式有以下特点：

（1）对刀具磨损小，刀具受力小。

（2）加工效率高，时间短。

（3）延长刀具涂层寿命。

（4）加工过程中产生的切屑尺寸和厚度都非常均匀。

4. 具体参数设置

旋风铣是模型区域清除新增的高效开粗的加工样式，下面对模型区域清除—旋风铣表格和选项进行详细讲解，参数设置如图 2—2—8 所示。

**图 2—2—8　参数设置**

（1）样式选择旋风铣。

（2）切削方向：轮廓和区域刀具路径的加工方向。

1）轮廓：每一层刀具路径靠近轮廓的切削方向。

2）区域：每一层刀具路径除了靠近轮廓以外的切削方向。

3）公差：刀具路径沿着模型轮廓的几何精度。开粗旋风铣公差为 0. 1 mm 即可。

4）余量：指加工后在工件材料上所留下的材料量。旋风铣的摆动幅度比较大，应多留些余量，以免产生过切，产生过切的原因一般为机床的反向间隙和切削时的刀具装夹精度变形问题，一般留 0. 5 mm 左右。

5）行距：每一层刀具路径相邻两条刀具路径之间的距离。旋风铣行距为刀具直径的20%。

6）下切步距：两层刀具路径之间的距离。旋风铣下切步距为刀具直径的2倍。

7）旋风铣的切削速度一般为1 500～2 000 mm/min，也可根据刀具厂商的建议进行选取。

# 项目三　残留模型区域清除

**项目目标**

1. 能够产生PowerMILL的残留模型区域清除加工刀具路径。
2. 熟练掌握该加工策略的参数设置方法。
3. 掌握创建残留模型进行加工的方法。

**项目描述**

在最初的模型区域清除加工过程中，为了快速去除多余的毛坯，应尽可能使用大直径的刀具，以便快速去除多余的材料。但直径较大的刀具又存在一个弊端，即不能切入零件中的某些较小特征位置，因此，这些区域需要在精加工前使用较小的刀具再次进行粗加工，以便在精加工前切除尽可能多的材料。残留模型区域清除策略就是使用比前一粗加工策略刀具小的新刀具产生一粗加工策略，对前一刀具未加工的区域再次进行加工。

**项目实施**

1. 启动软件导入零件

（1）双击桌面PowerMILL2015快捷方式图标。

（2）选择菜单栏【文件】|【输入模型】菜单，系统弹出输入模型对话框，打开残留模型区域清除案例模型，如图2—3—1所示。

2. 设置公共参数

创建用户坐标系在选项顶部，创建方形毛坯，创建D10和D6的端铣刀，设置快进高度、开始点和结束点，设置进给和转速。

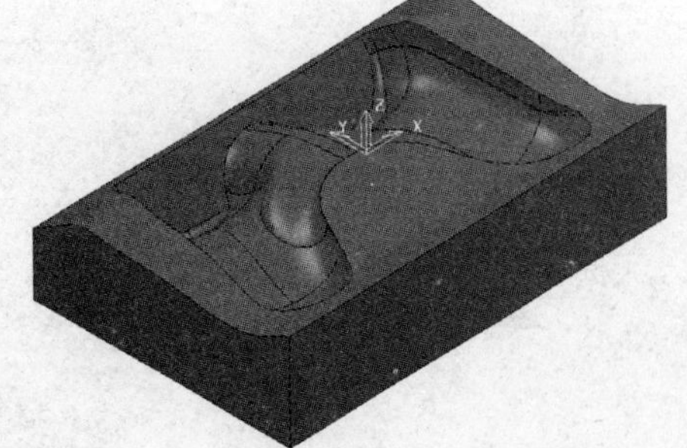

图2—3—1　残留模型区域清除案例

3. 创建刀具路径策略

（1）模型区域清除

双击激活D10端铣刀，在主工具栏中单击刀具路径策略按钮，弹出策略选择器对话框，点击【三维区域清除】|【模型区域清除】，点击接受，弹出模型区域清除对话框，主参数按照图2—3—2所示设置，其他参数按照默认设置，设置完成后点击计算并关闭。由此设置生成的模型区域清除刀具轨迹如图2—3—3所示。

（2）残留模型区域清除（参考刀具路径）

双击激活已设置完成的D10一次开粗，右击弹出下拉菜单，点击设置，弹出模型区域清除对话框，点击左上角基于此刀具路径生成新的刀具路径按钮，命名为D6二次开粗，在模型区域清除主对话框将残留加工勾选，在对话框目录中会出现残留选项，残留选项卡设置如图 2—3—4 所示，在刀具选项选择 D6，更改行距为 4、下切为 1，其他参数按照默认设置，点击计算并关闭。生成残留模型区域清除刀具路径，如图 2—3—5 所示。

图 2—3—2　模型区域清除主参数设置

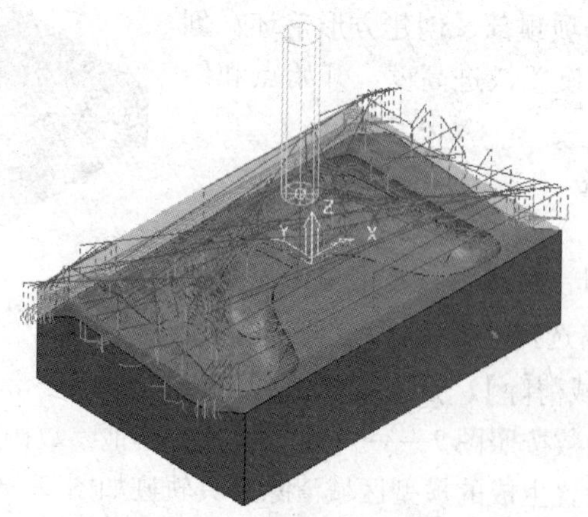

图 2—3—3　模型区域清除刀具路径

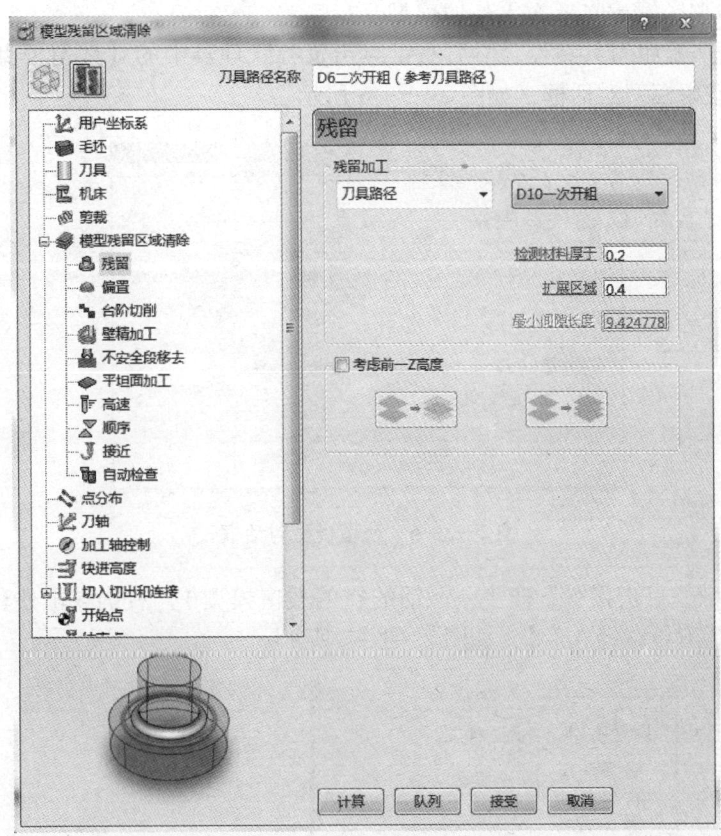


图 2—3—4　D6 二次开粗（参考刀具路径）残留设置

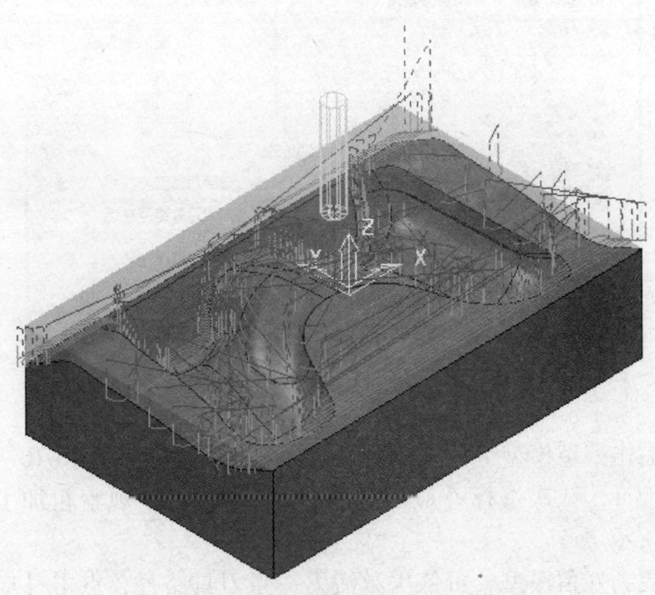

图 2—3—5　残留模型区域清除刀具路径

（3）残留模型区域清除（参考残留模型）

激活 D10 一次开粗刀具路径，然后右键点击资源管理器中的【残留模型】｜【产生残留模型】，弹出残留模型对话框，如图 2—3—6 所示。

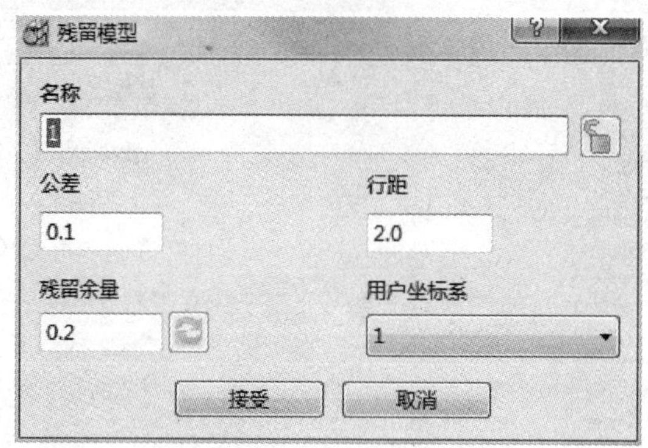


**图 2—3—6　残留模型对话框**

按照默认参数，点击接受，产生一激活的空的残留模型 1，右键点击残留模型 1，选择【应用】｜【激活刀具路径在后】，如图 2—3—7 所示。

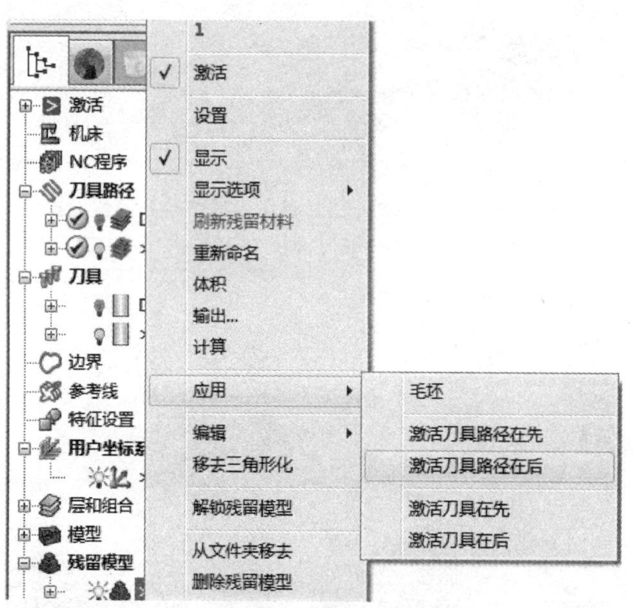


**图 2—3—7　设置残留模型**

选择结束后，右击残留模型 1，点击计算，生成残留模型。关闭 D10 一次开粗刀具路径显示，右击残留模型 1，依次选择【显示选项】｜【阴影】，观察粗加工结束后毛坯剩余量，如图 2—3—8 所示。

注：若要继续更新残留模型，可依次激活下一条刀具路径，点击【应用】｜【激活刀具路径在后】，再点击计算，产生出前两条刀具路径加工完的残留毛坯。

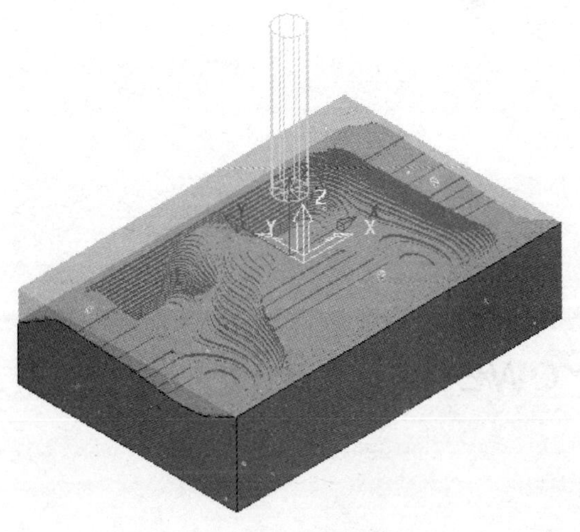

图 2—3—8　残留模型 1

激活 D6 二次开粗（参考刀具路径）策略，复制此刀具路径，残留选项卡的设置如图 2—3—9 所示。

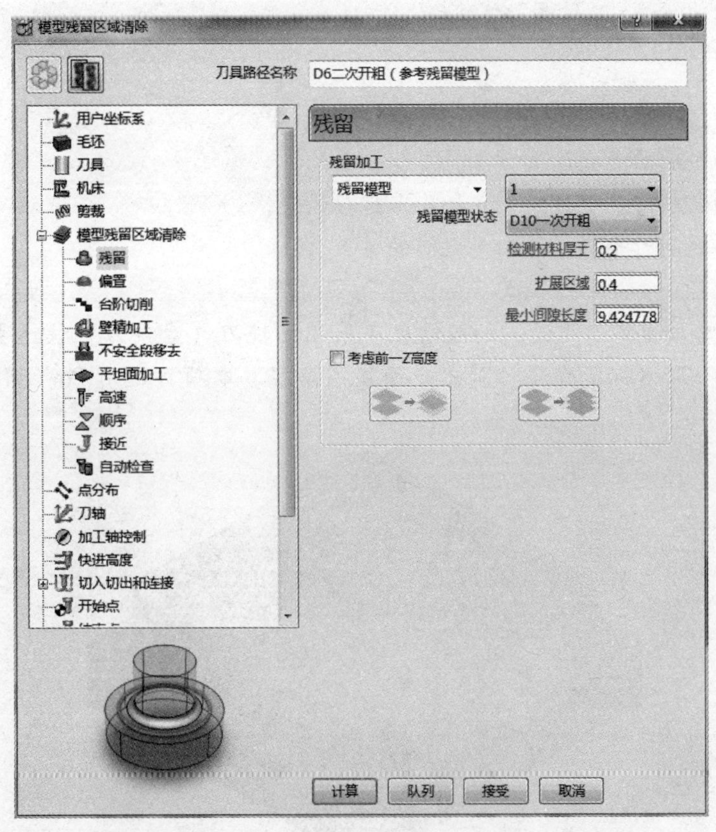


图 2—3—9　D6 二次开粗（参考残留模型）残留设置

点击计算并关闭，生成残留模型区域清除刀具路径。

# 模块三

# PowerMILL高速高精加工策略

## 项目一　形面铣削

**项目目标**

1. 掌握形面铣削的参数设置方法。
2. 掌握形面铣削刀具轨迹的切入切出和连接设置。
3. 掌握形面铣削时坐标系与余量之间的关系。

**项目描述**

形面铣削策略用于加工平面，一般情况下采用面铣刀（盘铣刀）快速去除余量，本策略可以不依赖几个形体就能直接计算出平面铣削路径。本项目运用 PowerMILL2015 完成图 3—1—1 所示零件的加工，掌握形面铣削加工策略。

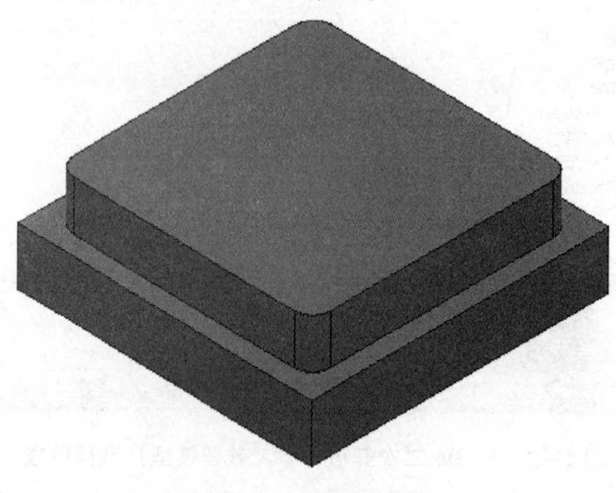

图 3—1—1　形面铣削案例

**项目实施**

1. 启动软件导入零件

（1）双击桌面 PowerMILL2015 快捷方式图标。

（2）选择菜单栏【文件】｜【输入模型】命令，系统弹出输入模型对话框，打开形面铣削案例模型，如图 3—1—1 所示。

2. 设置公共参数

创建用户坐标系在选项顶部，创建方形毛坯，设置 Z 轴高出模型 0.5。创建 D63r6 的圆角端铣刀，设置快进高度、开始点和结束点，设置进给和转速。

3. 创建刀具路径策略

激活 D63r6 刀尖圆角端铣刀，在主工具栏中单击刀具路径策略按钮，弹出策略选择器对话框，点击【2.5 维区域清除】｜【形面铣削】，点击接受，弹出形面铣削对话框，主参数按照图 3—1—2 所示设置，点击计算并关闭，生成形面铣削刀具轨迹，如图 3—1—3 所示。

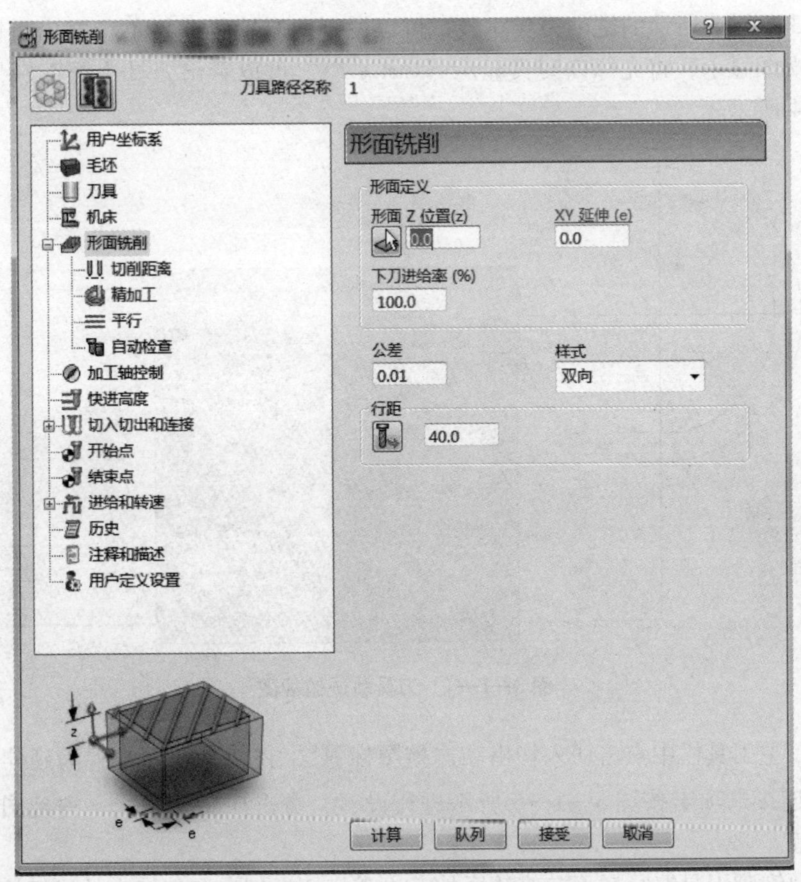


图 3—1—2 形面铣削主参数设置

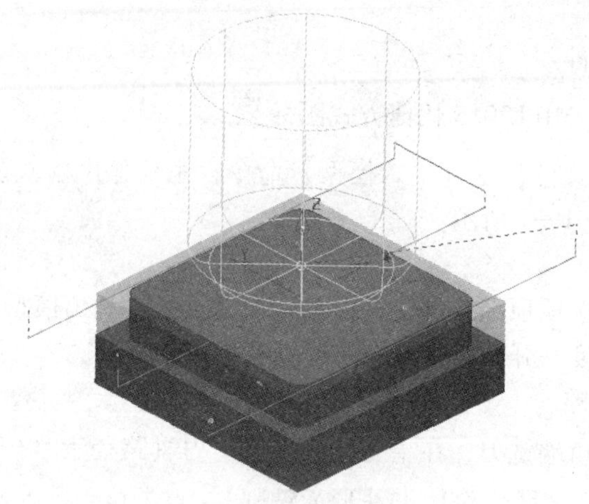

图 3—1—3 形面铣削刀具轨迹

4. 优化刀具路径

观察图 3—1—3 所示的铣削刀具路径，可以发现刀具路径连接不稳定，而且抬刀较多。将零件以俯视图显示，将光标以刀具显示（Ctrl + T），可以看出刀具边缘正好与毛坯相切，如图 3—1—4 所示。

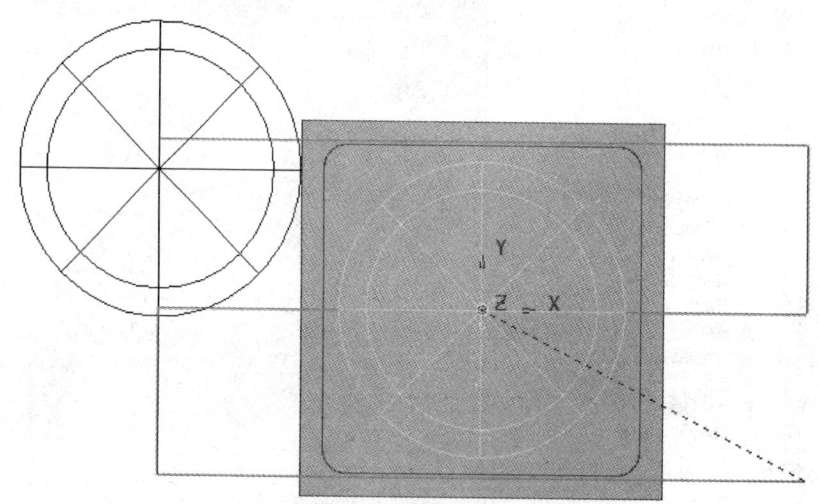


图 3—1—4 刀具轨迹俯视图

因此，在主工具栏中点击切入切出和连接图标，将切入切出设置为延伸移动，延伸距离为 10，连接选项卡按图 3—1—5 所示进行设置，点击应用并接受，得到图 3—1—6 所示的刀具轨迹。

注：形面铣削刀具路径属于二维轮廓加工，需将切入切出和连接中的过切检查关闭。此外，若要对上平面进行多重切削，只需对切削距离选项卡中的毛坯深度和下切步距进行设置即可，如图 3—1—7 所示。观察原刀具路径已生成多重切削刀具路径。

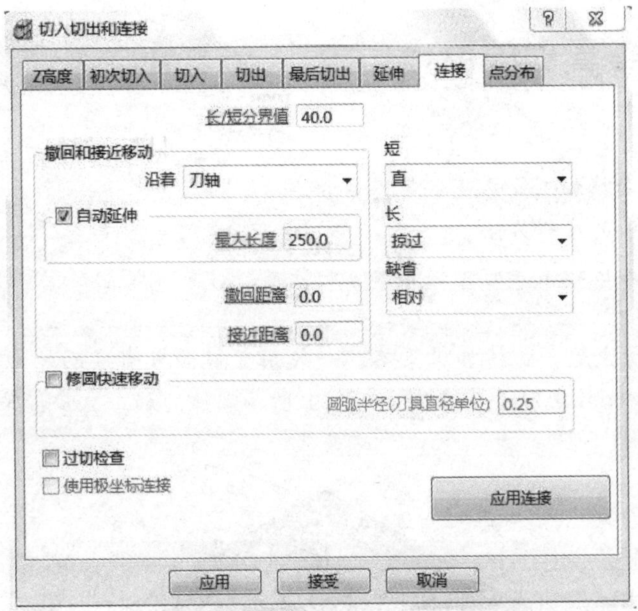


图 3—1—5 切入切出和连接

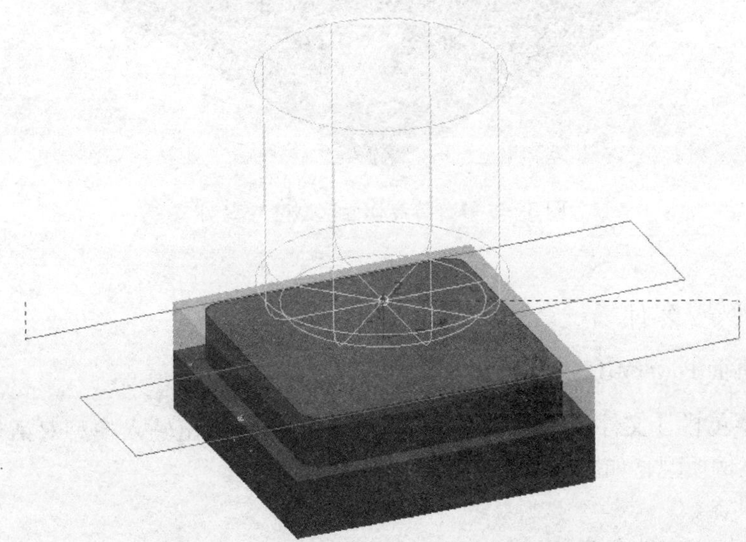

图 3—1—6 优化后的形面铣削刀具轨迹

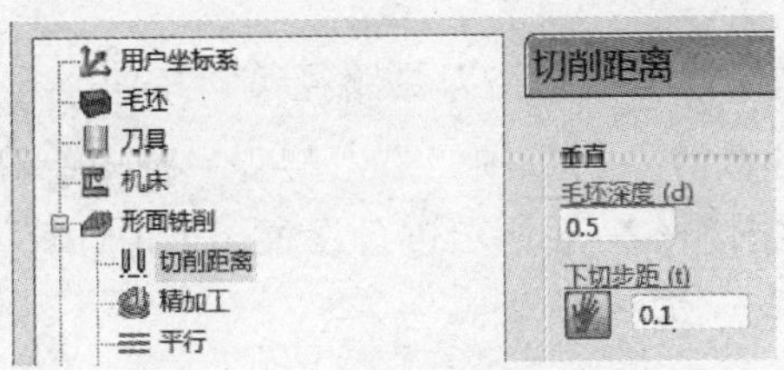


图 3—1—7 切削距离的设置

# 项目二　等高切面区域清除

**项目目标**

1. 掌握常用底面精加工策略及参数设置方法。
2. 掌握刀具轨迹的编辑方法。
3. 掌握等高切面区域清除时坐标和余量的关系。

**项目描述**

等高切面区域清除是底面精加工策略，一般用于底面或者底面轮廓为平面的模型精加工。本项目运用 PowerMILL2015 完成图 3—2—1 所示零件的加工，掌握等高切面区域清除刀具路径策略。

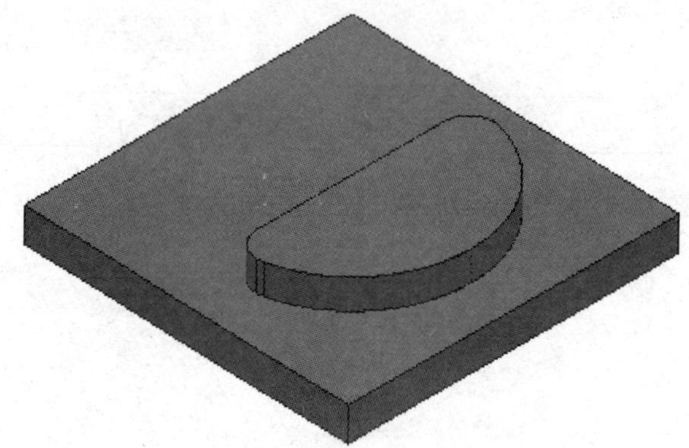

图 3—2—1　等高切面区域清除案例

**项目实施**

1. 启动软件导入零件

（1）双击桌面 PowerMILL2015 快捷方式图标。

（2）选择菜单栏【文件】｜【输入模型】命令，系统弹出输入模型对话框，打开等高切面区域清除案例模型，如图 3—2—1 所示。

2. 设置公共参数

创建用户坐标系在选项顶部，创建方形毛坯，创建 D10 的端铣刀，设置快进高度、开始点和结束点，设置进给和转速。

3. 创建刀具路径策略

激活 D10 端铣刀，在主工具栏中单击刀具路径策略按钮，弹出对话框，选择【三维区域清除】｜【等高切面区域清除】选项，点击接受，弹出等高切面区域清除对话框，将刀具路径名称及主参数按照图 3—2—2 所示进行设置，点击计算。由此设置生成的等高切面区域清除刀具轨迹如图 3—2—3 所示。

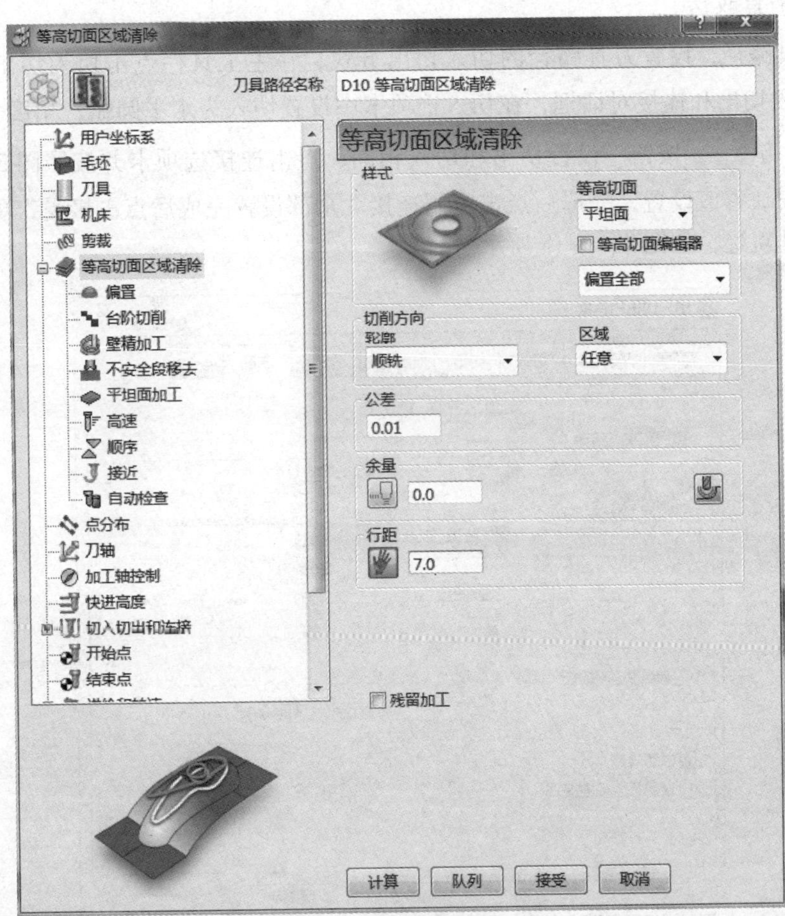


图 3—2—2　等高切面区域清除参数设置

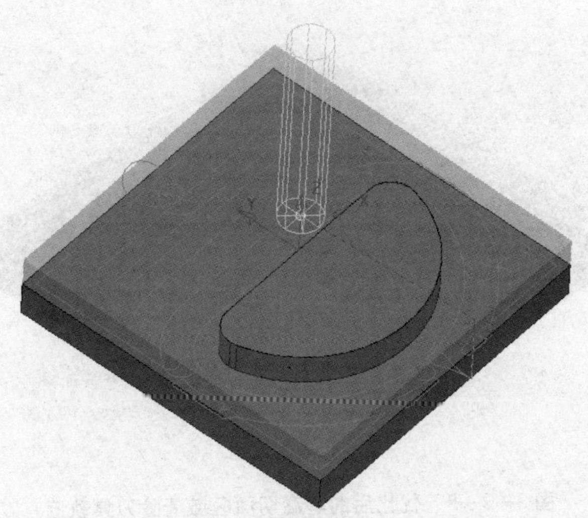

图 3—2—3　等高切面区域清除刀具轨迹

4. 优化刀具路径

观察刀具路径，设置刀具路径的切入切出方式，在主工具栏点击切入切出和连接图标，弹出切入切出和连接对话框，在切入选项卡中设置切入为水平圆弧，角度为 90°，半径为 6，点击下方按钮，设置切出和切入相同。点击连接选项卡并按照图 3—2—4 所示设置，其余按缺省值设置，完成后点击应用连接。全部设置完成后点击接受，更新等高切面区域清除刀具轨迹，如图 3—2—5 所示。

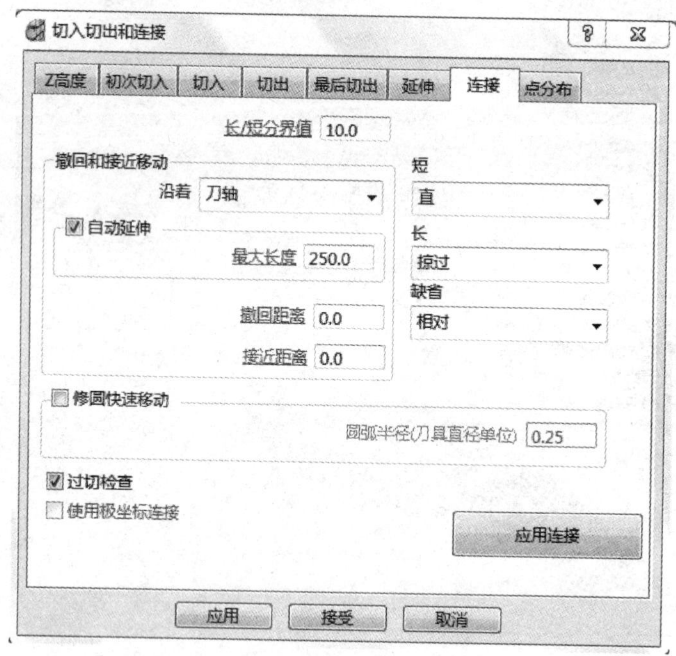


图 3—2—4　切入切出和连接

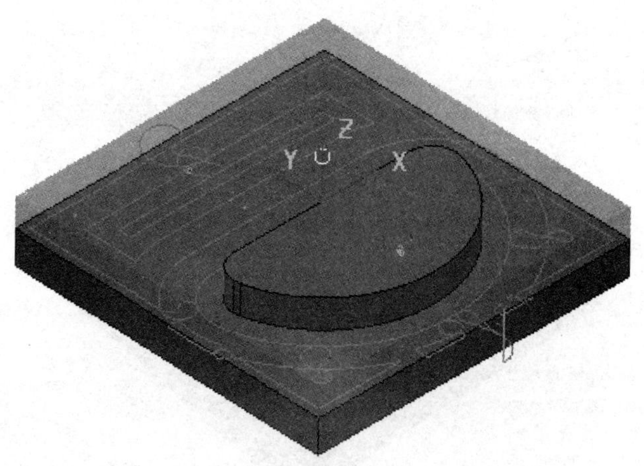


图 3—2—5　优化后的等高切面区域清除刀具轨迹

# 项目三 平坦面精加工

**项目目标**

1. 掌握平坦面精加工策略。
2. 掌握精加工策略参数设置方法。
3. 针对不同零件能够灵活选取精加工策略，并完成零件的加工。

**项目描述**

本项目主要针对零件的平坦面区域进行精加工操作，平坦面精加工策略不能识别变高度的曲面平坦面。平坦面精加工分为平行平坦面精加工策略和偏置平坦面精加工策略。平行平坦面精加工策略生成的刀具路径在零件平坦面上是平行的，而偏置平坦面精加工策略生成的刀具路径是根据零件轮廓进行偏置生成的刀具路径。

**项目实施**

1. 启动软件导入零件

（1）双击桌面 PowerMILL2015 快捷方式图标。

（2）选择菜单栏【文件】｜【输入模型】菜单，系统弹出输入模型对话框，找到存放模型的位置，名称为平坦面精加工案例，打开模型，如图 3—3—1 所示。

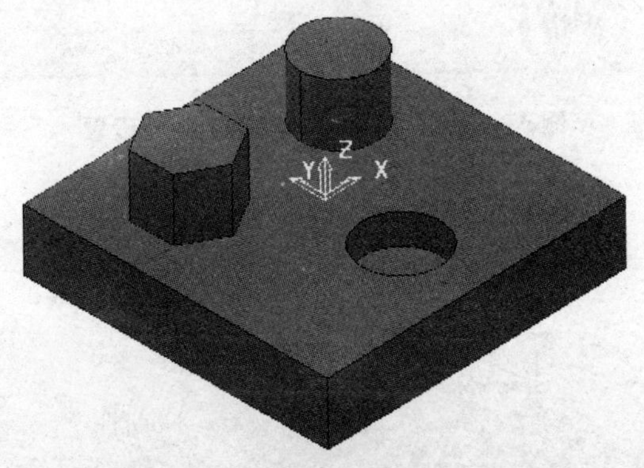


图 3—3—1 平坦面精加工案例

2. 设置公共参数

创建用户坐标系在选项顶部，创建方形毛坯，创建 D12、D16 端铣刀，设置快进高度、开始点和结束点，设置进给和转速。

3. 创建刀具路径策略

（1）模型区域清除

激活 D12 端铣刀，在主工具栏中单击刀具路径策略按钮，弹出对话框，点击【二维区域清除】｜【模型区域清除】，点击接受，弹出模型区域清除对话框，主参数按照图 3—3—2所示设置，样式选择旋风铣。点击计算，生成粗加工刀具轨迹，如图 3—3—3 所示。

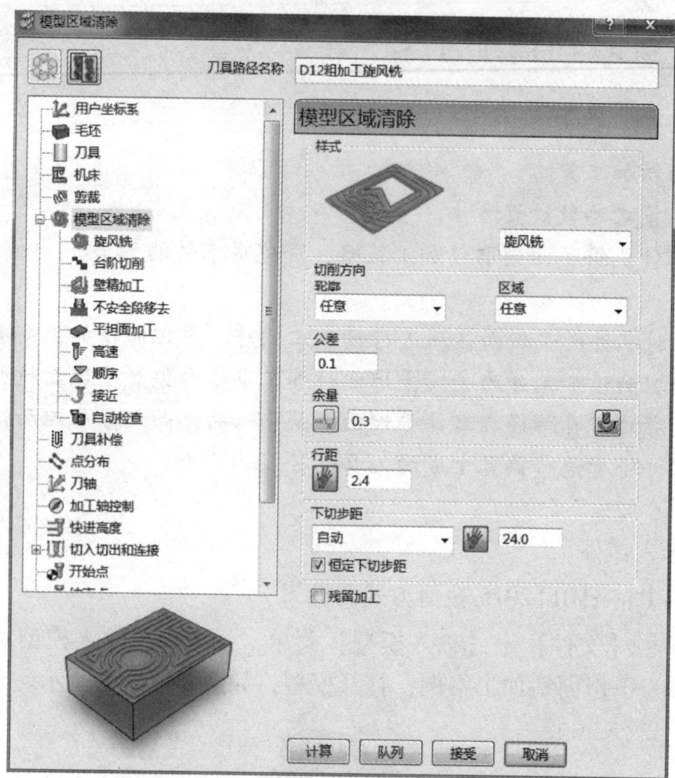


图 3—3—2　模型区域清除主参数设置

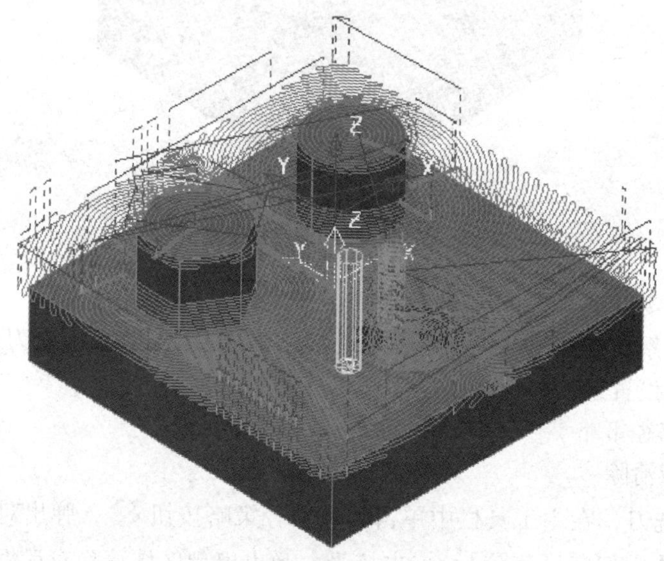


图 3—3—3　D12 粗加工旋风铣刀具轨迹

(2) 精加工刀具路径策略

对零件模型进行分析，零件主要以平坦面为主，因此，在进行精加工时可以采用平坦面精加工策略，平坦面精加工分为两种，即平行平坦面精加工和偏置平坦面精加工。

1) 平行平坦面精加工。在主工具栏中单击刀具路径策略按钮，弹出对话框，点击【精加工】|【平行平坦面精加工】，点击接受，弹出平行平坦面精加工对话框，将刀具路径名称命名为D16平行平坦面精加工，主参数按照图3—3—4所示设置，剪裁设置保留内部并允许刀具中心在毛坯之外，其他参数按照默认设置，设置完成后点击计算，生成刀具路径，如图3—3—5所示。

**图3—3—4 D16平行平坦面精加工策略参数设置**

注：不同的模型，刀具路径的角度可以通过主参数栏进行设置。

2) 偏置平坦面精加工。在主工具栏中单击刀具路径策略按钮，弹出对话框，点击【精加工】|【偏置平坦面精加工】，点击接受，弹出偏置平坦面精加工对话框，将刀具路径名称命名为D16偏置平坦面精加工，主参数按照图3—3—6所示设置，剪裁设置保留内部并允许刀具中心在毛坯之外。

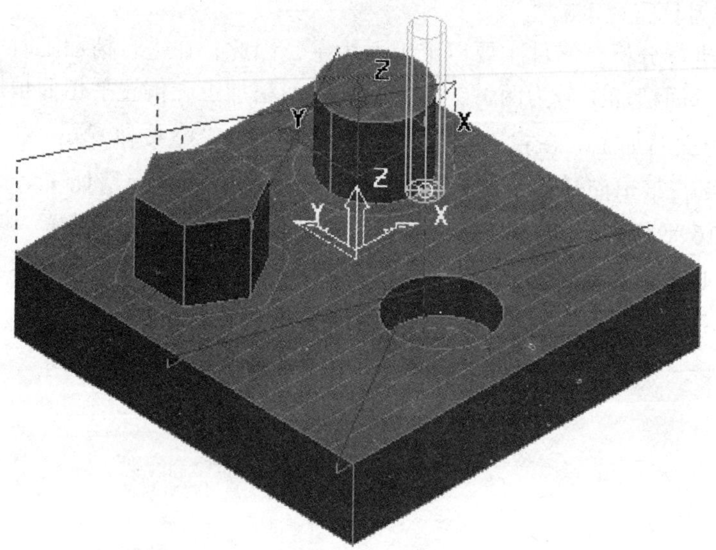


图 3—3—5　平行平坦面精加工刀具轨迹

图 3—3—6　偏置平坦面精加工策略参数设置

打开残留选项卡，按照图 3—3—7 所示设置，生成的刀具轨迹如图 3—3—8 所示。

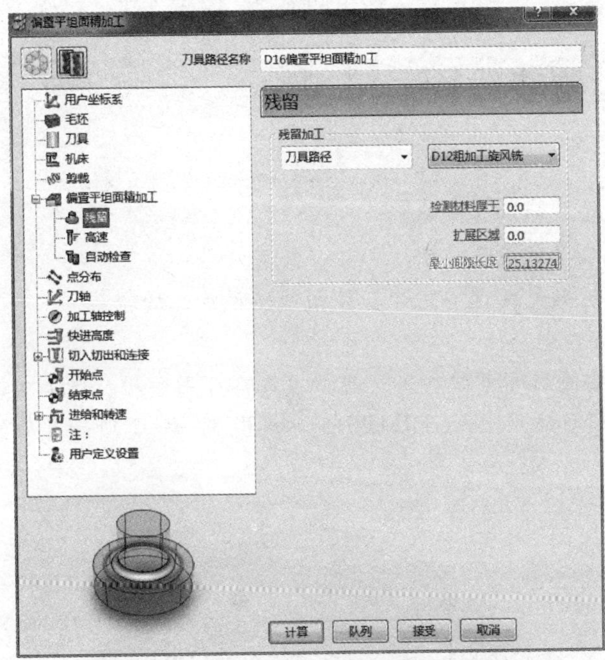


图 3—3—7　残留设置

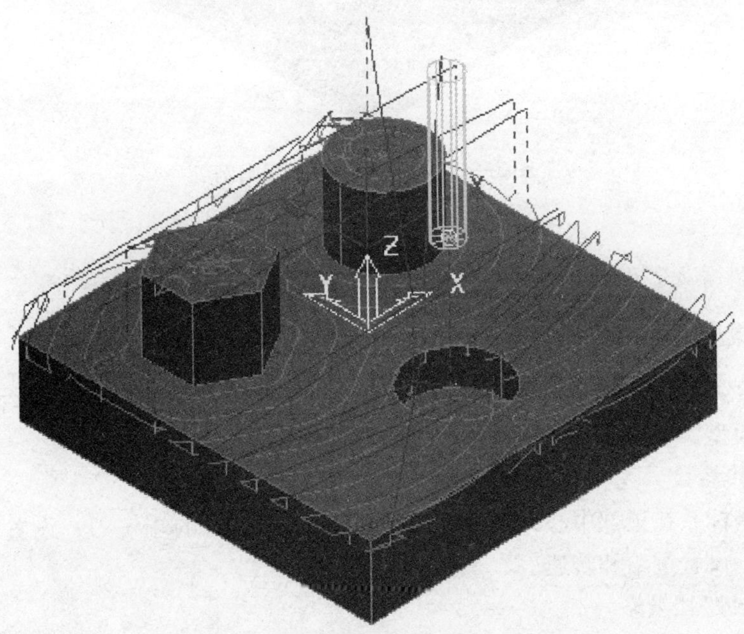


图 3—3—8　偏置平坦面精加工刀具轨迹

4. 优化刀具路径

查看已生成的刀具路径，修改切入切出和连接，设置连接，接受。

# 项目四　二维曲线轮廓精加工

**项目目标**

1. 掌握二维曲线轮廓精加工策略。
2. 掌握精加工策略参数设置方法。
3. 针对不同零件能够灵活选取适合二维曲线轮廓加工的轮廓。

**项目描述**

二维曲线轮廓需要使用参考线加工，此加工策略可用于粗、精加工轮廓。本项目主要应用于侧壁精加工，本项目运用 PowerMILL2015 完成图 3—4—1 所示零件的加工，从而掌握二维曲线轮廓加工策略。

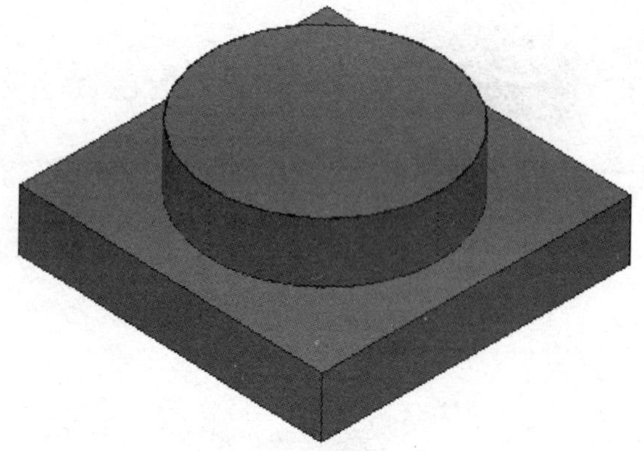

图 3—4—1　二维曲线轮廓案例

**项目实施**

1. 启动软件导入零件

（1）双击桌面 PowerMILL2015 快捷方式图标。

（2）选择菜单栏【文件】｜【输入模型】命令，系统弹出输入模型对话框，打开二维曲线轮廓案例模型，如图 3—4—1 所示。

2. 设置公共参数

创建用户坐标系在顶部中心，创建方形毛坯，创建 D10 的端铣刀，设置快进高度、开始点和结束点，设置进给和转速。

3. 创建刀具路径策略

（1）生成参考线：在资源管理器中点击参考线，右击产生一条新的参考线 1，右击新建参考线，右击选择曲线编辑器，点击获取曲线图标，获取如图 3—4—2 所示的曲线，点击接受，观察有两条曲线，选择正方形曲线，点击 Delete 删除曲线，点击接受，完成参考线 1 的创建，如图 3—4—3 所示，具体的参考线功能在本书中模块四的项目二中进行讲解。

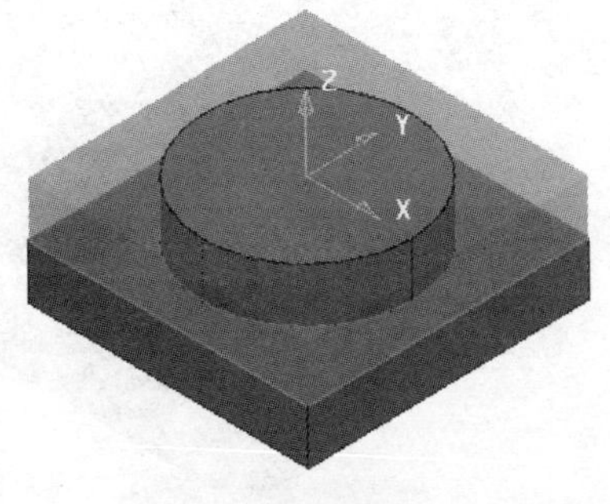


图 3—4—2　获取曲线

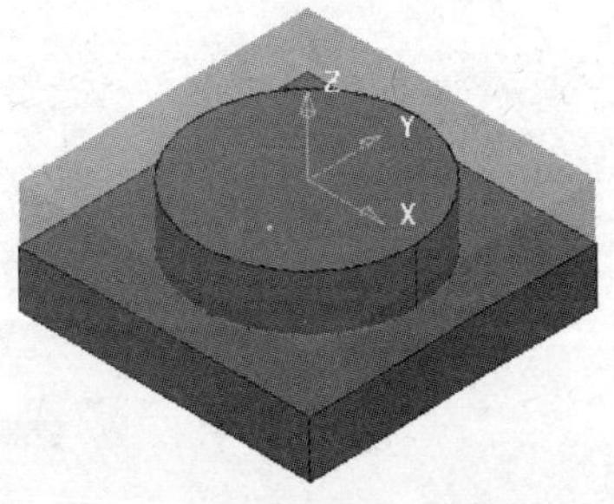


图 3—4—3　完成参考线 1 的创建

（2）激活 D10 刀具，在主工具栏中单击刀具路径策略按钮，弹出策略选择器对话框，点击【2.5 维区域清除】|【二维曲线轮廓】，点击接受，弹出二维曲线轮廓对话框，主参数按照图 3—4—4 所示设置，在曲线定义中点击交互修改加工段图标，将刀具修改至曲线加工外侧，剪裁选项卡设置为允许刀具中心在毛坯外，如图 3—4—5 所示。其余参数按照默认设置，点击计算并关闭，生成二维曲线轮廓加工刀具轨迹，如图 3—4—6 所示。

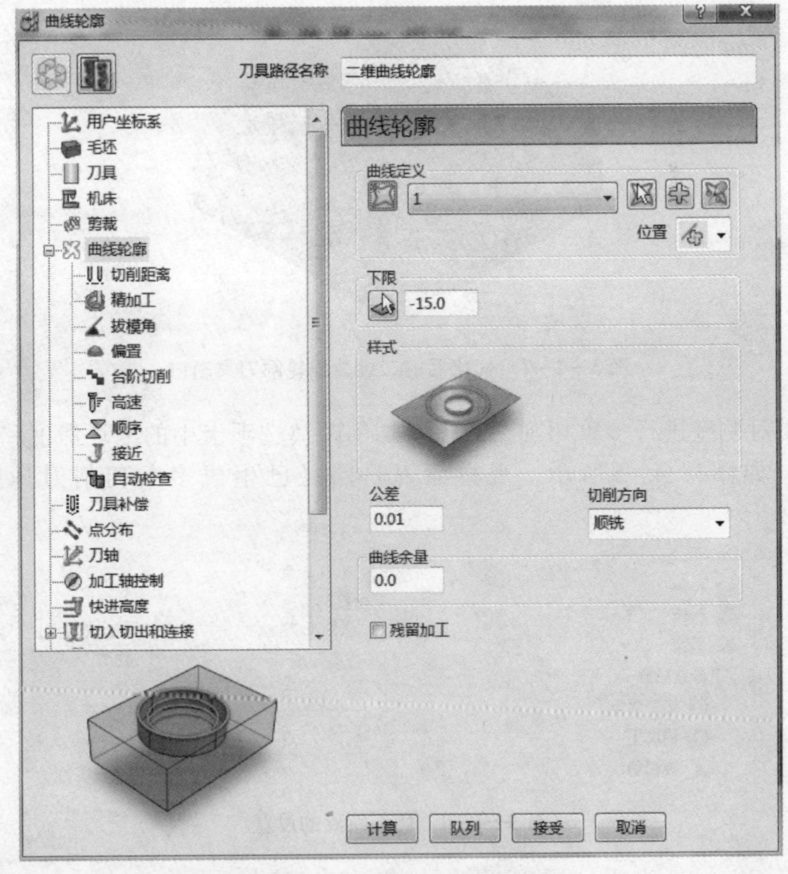


图 3—4—4　二维曲线轮廓参数设置

图 3—4—5　剪裁选项卡中的参数设置

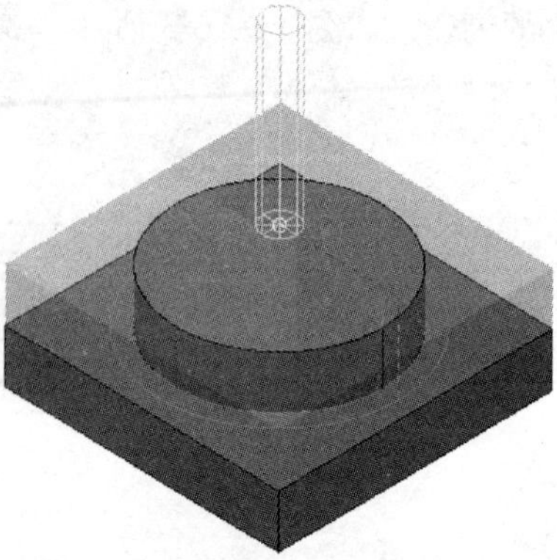

图 3—4—6　二维曲线轮廓加工刀具轨迹

4. 优化刀具路径

查看已生成的刀具路径，修改切入切出和连接，由于二维曲线轮廓命令属于 2. 5 维区域清除，在进行刀具路径生成时不与模型做过切检查，因此，在设置切入和切出时需将过切检查关闭，其余参数按照默认设置，完成该设置后得到的优化刀具轨迹如图 3—4—7 所示。

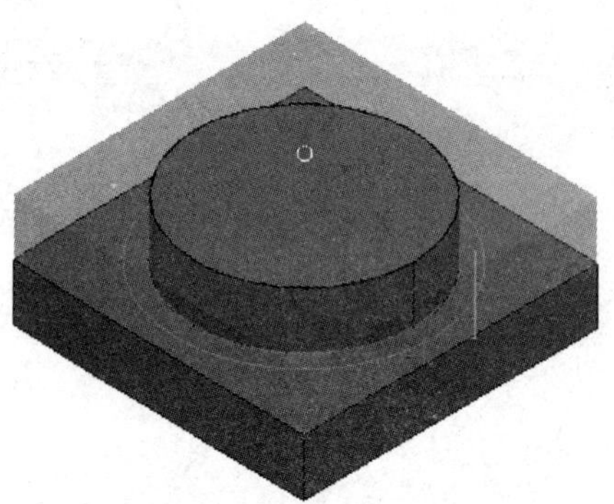

图 3—4—7　优化后的二维曲线轮廓刀具轨迹

注：若要对侧壁进行多重切削，只需对切削距离选项卡中的毛坯深度和下切步距进行设置即可，如图3—4—8 所示，观察原刀具路径已生成多重切削刀具路径，如图 3—4—9所示。

图 3—4—8　切削距离的设置

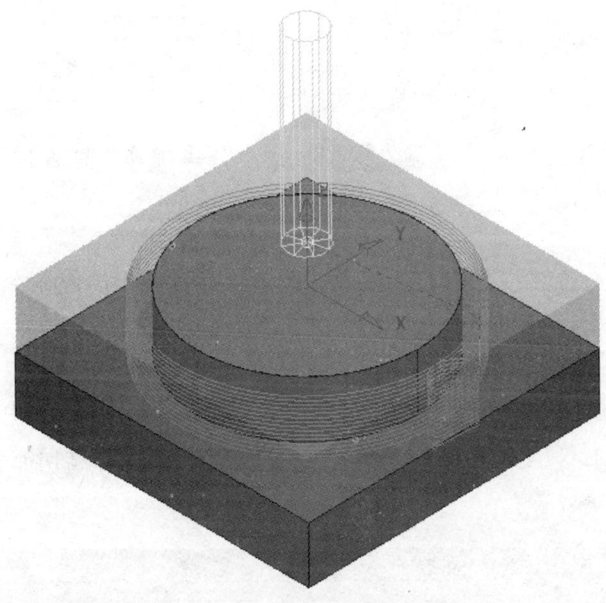


图 3—4—9　多重切削刀具路径

## 项目五　等高切面轮廓

**项目目标**

1. 掌握等高切面轮廓精加工策略及参数设置。
2. 针对不同零件能够灵活选取精加工策略。

**项目描述**

等高切面轮廓策略，主要运用于在平坦面上加工侧壁，曲面或斜面不可用。运用 PowerMILL2015 完成图 3—5—1 所示零件的加工，从而掌握等高切面轮廓策略。

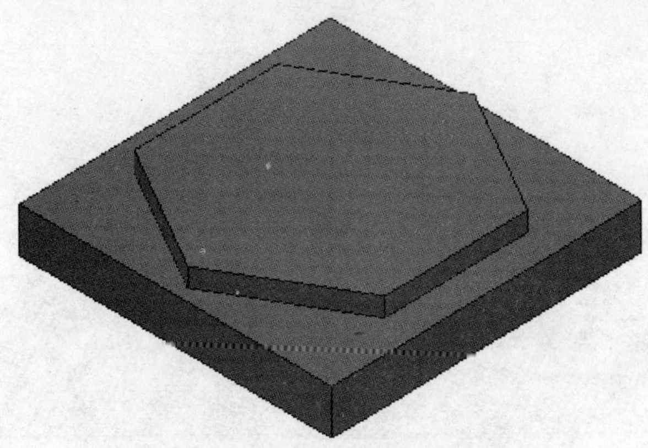

图 3—5—1　等高切面轮廓案例

**项目实施**

1. 启动软件导入零件

（1）双击桌面 PowerMILL2015 快捷方式图标。

（2）选择菜单栏【文件】｜【输入模型】命令，系统弹出输入模型对话框，打开等高切面轮廓案例模型，如图 3—5—1 所示。

2. 设置公共参数

创建用户坐标系在选项顶部中心，创建方形毛坯，创建 D10 的端铣刀，设置快进高度、开始点和结束点，设置进给和转速。

3. 创建刀具路径策略

激活 D10 端铣刀，在主工具栏中单击刀具路径策略按钮，弹出策略选择器对话框，点击【三维区域清除】｜【等高切面轮廓】，点击接受，弹出等高切面轮廓表格，主参数表格按照图 3—5—2 所示设置。

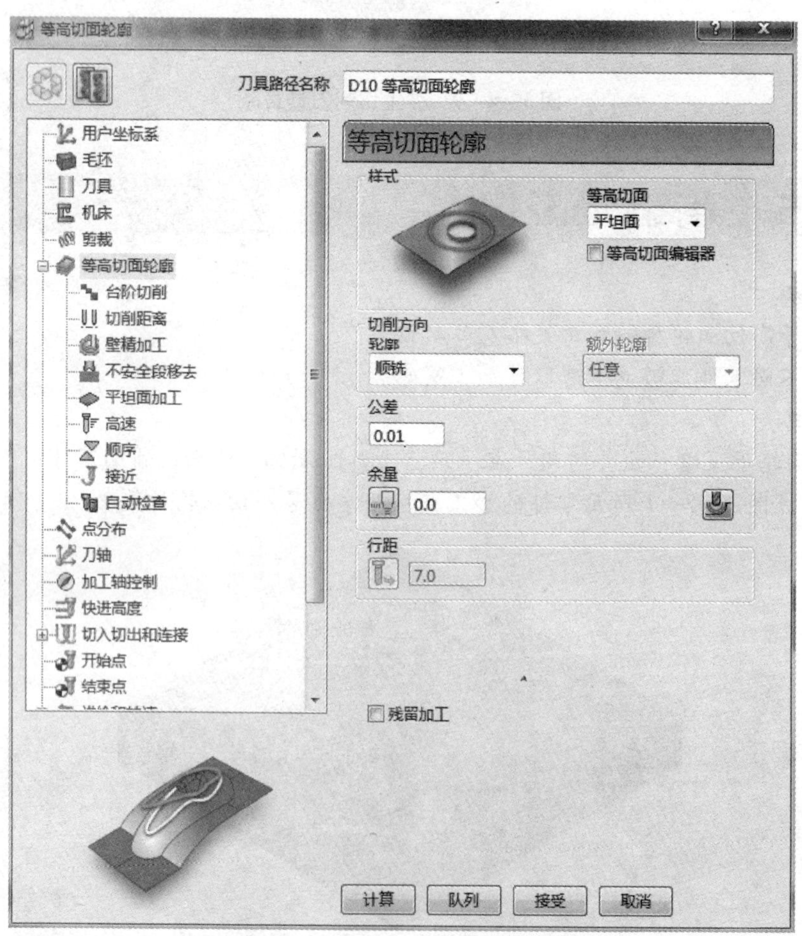


图 3—5—2　等高切面轮廓参数设置

剪裁选项卡中，毛坯处需设置允许刀具中心在毛坯之外，如图 3—5—3 所示，点击计算并关闭，生成等高切面轮廓刀具轨迹，如图 3—5—4 所示。

图 3—5—3　剪裁选项卡设置

4. 刀具路径编辑

查看已生成的刀具路径，修改切入切出和连接，产生新的刀具路径，如图 3—5—5 所示。

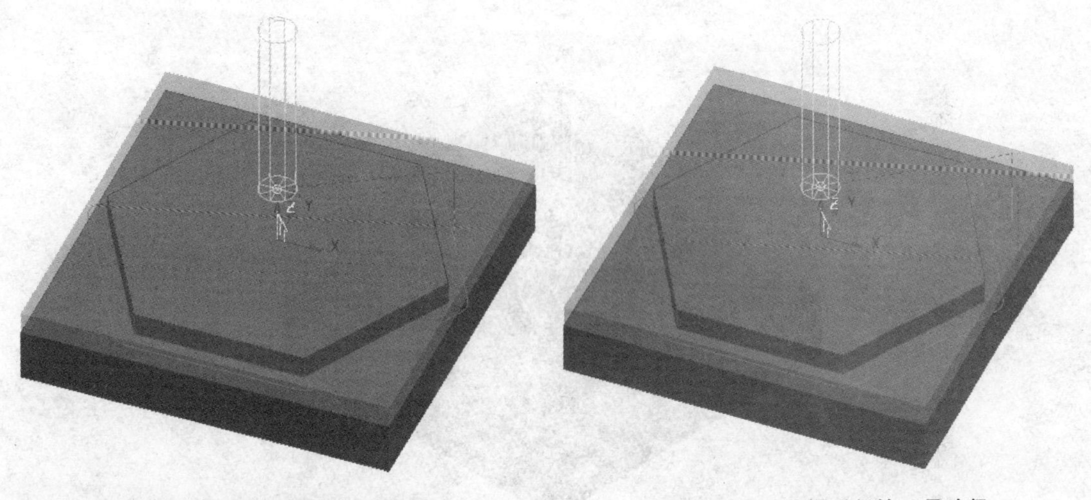

图 3—5—4　等高切面轮廓刀具轨迹　　图 3—5—5　编辑后新的刀具路径

## 项目六　轮廓精加工

**项目目标**

1. 掌握轮廓精加工策略参数设置。
2. 掌握轮廓精加工应用场合。
3. 掌握轮廓精加工刀具路径的编辑。

**项目描述**

轮廓精加工是侧壁轮廓精加工策略，此加工策略是沿着选定的一张或多张曲面的轮廓计算刀具路径，它只对曲面模型有效，对于三角形模型是无效的。运用 PowerMILL2015 完成图 3—6—1 所示零件的加工，从而掌握轮廓精加工策略。

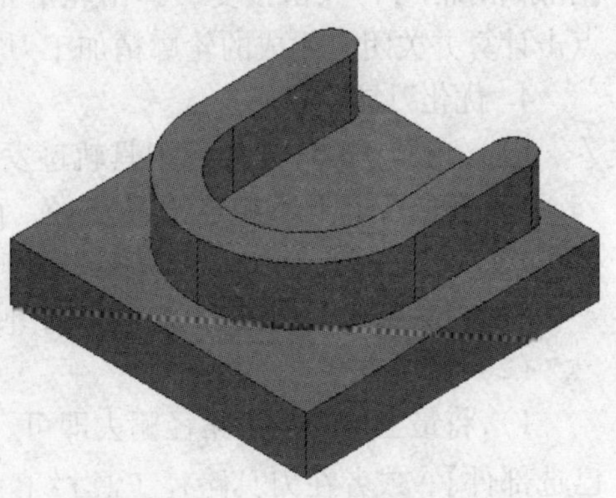

图 3—6—1　轮廓精加工案例

**项目实施**

1. 启动软件导入零件

（1）双击桌面 PowerMILL2015 快捷方式图标。

（2）选择菜单栏【文件】｜【输入模型】命令，系统弹出输入模型对话框，打开轮廓精加工案例模型，如图 3—6—1 所示。

2. 设置公共参数

创建用户坐标系在选项顶部，创建方形毛坯，创建 D10 端铣刀，设置快进高度、开始点和结束点，设置进给和转速。

3. 生成刀具轨迹

在生成刀具路径前选择需要加工的表面，如图 3—6—2 所示。

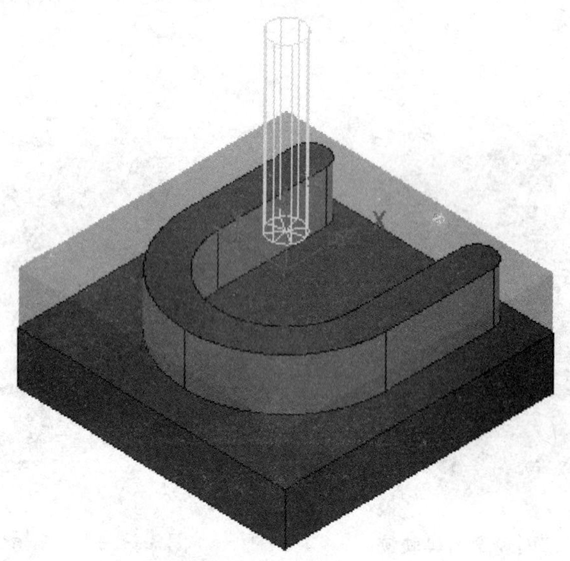

图 3—6—2 已选表面

在主工具栏中单击刀具路径策略按钮，弹出策略选择器对话框，点击【精加工】｜【轮廓精加工】，点击接受，弹出轮廓精加工表格，主参数表格按照图 3—6—3 所示设置，点击计算并关闭，生成的轮廓精加工刀具轨迹如图 3—6—4 所示。

4. 优化刀具路径

（1）由图 3—6—4 所示刀具轨迹发现的问题

1）有两条上下不相连刀具路径，由于加工面是垂直面，所以只需保留底部刀具路径即可。

2）刀具路径下切段为垂直下切，使得加工面产生下切痕迹，影响下切处的粗糙度。

（2）解决方案

1）将最上端的加工路径删去即可，选定上端的刀具路径，右键点击【编辑】｜【删除已选部件】；或者在刀具路径工具栏上点击重排刀具路径图标，弹出其对话框，选定要删除的刀具路径，点击删除已选图标即可。

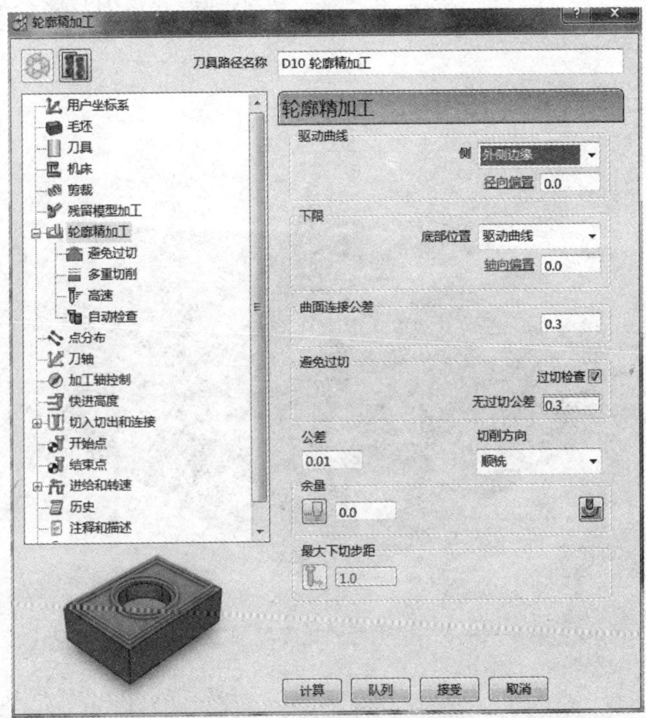


图 3—6—3　轮廓精加工参数设置

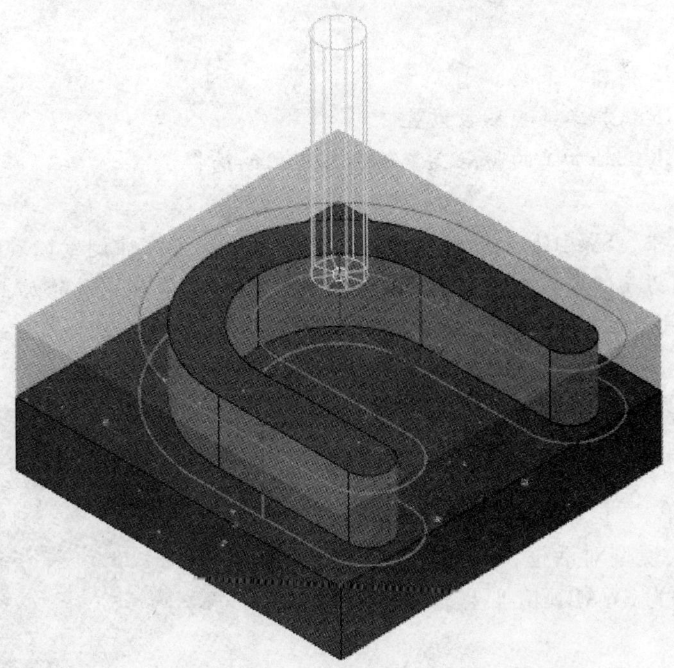

图 3—6—4　轮廓精加工刀具轨迹

2）修改切入切出和连接，点击应用并接受，经整理后获得刀具路径如图 3—6—5 所示。

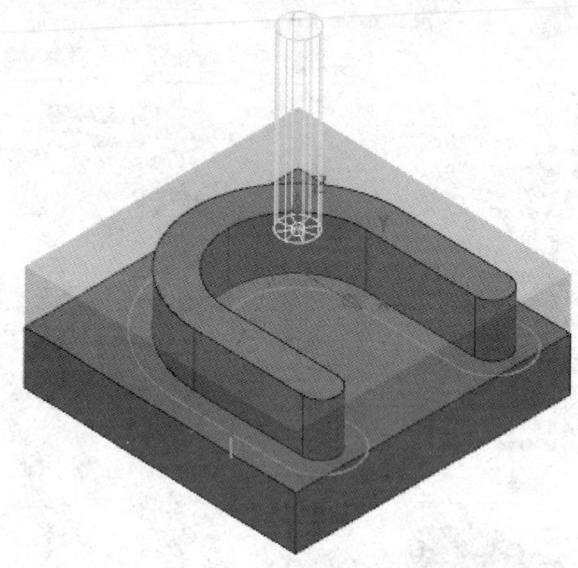

图 3—6—5 优化后的轮廓精加工刀具路径

## 项目七 SWARF 精加工

**项目目标**

1. 掌握 SWARF 精加工策略。
2. 掌握 SWARF 精加工策略参数设置。
3. 掌握 SWARF 三轴加工的特点及零件加工部位的选择。

**项目描述**

在 PowerMILL 中，SWARF 三轴精加工策略主要用于加工零件侧壁以及清根，SWARF 加工策略使用刀具侧刃而不使用刀尖进行加工，因此可以得到更加光滑的加工表面。本项目只针对 SWARF 三轴精加工策略进行讲解。

**项目实施**

1. 启动软件导入零件

（1）双击桌面 PowerMILL2015 快捷方式图标。

（2）选择菜单栏【文件】｜【输入模型】命令，系统弹出输入模型对话框，找到存放模型的位置打开模型，名称为 SWARF 精加工案例，模型如图 3—7—1 所示。

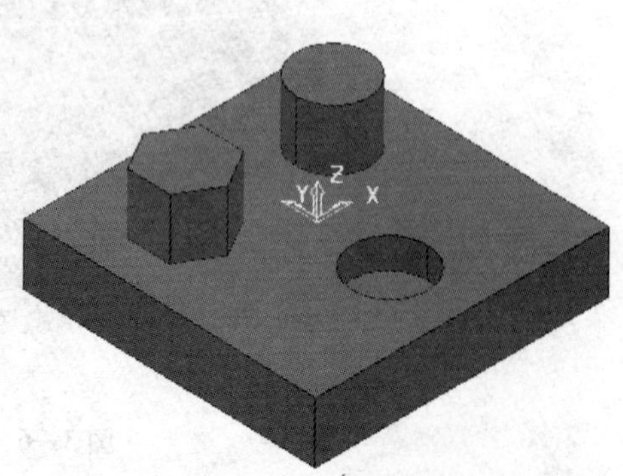

图 3—7—1 SWARF 精加工案例

2. 设置公共参数

创建用户坐标系在选项顶部，创建方形毛坯，创建 D16 端铣刀，设置快进高度、开始点和结束点，设置进给和转速。

3. 创建刀具路径策略

在主工具栏中单击刀具路径策略按钮，弹出对话框，点击【精加工】|【SWARF精加工】，点击接受，弹出 SWARF 精加工表格，将刀具路径命名为 D16SWARF 精加工，主参数表格按照图 3—7—2 所示设置，其他参数按照默认设置，选取需要加工的面，设置完成后点击计算，生成 SWARF 精加工刀具路径，如图 3—7—3 所示。

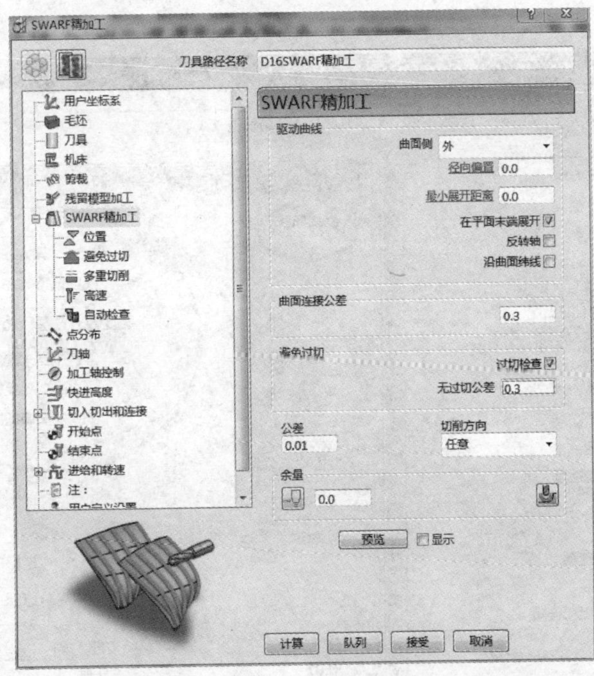


图 3—7—2 SWARF 精加工策略设置对话框

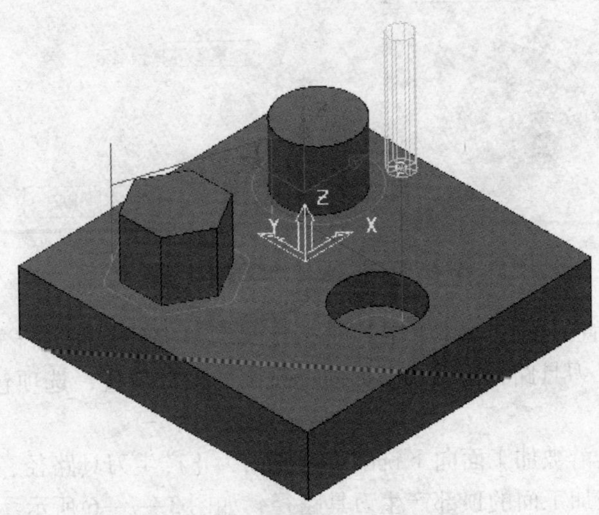


图 3—7—3 SWARF 精加工刀具路径

4. 具体刀具路径设置

重新打开 D16SWARF 精加工刀具路径，进入设置主界面，光标单击基于此刀具路径生成新的刀具路径按钮，名称为 D16SWARF 精加工_ 1，参数设置如下：

（1）【驱动曲线】是指定义用于产生刀具路径的曲线。【曲面侧】选项中的内和外指需要加工的零件部位是外侧还是内侧。【径向偏置】指偏移加工位置设定距离。本例中设置曲面侧为外，径向偏置为 0。其他设置与五轴加工有关，暂不设置，如图 3—7—4 所示。

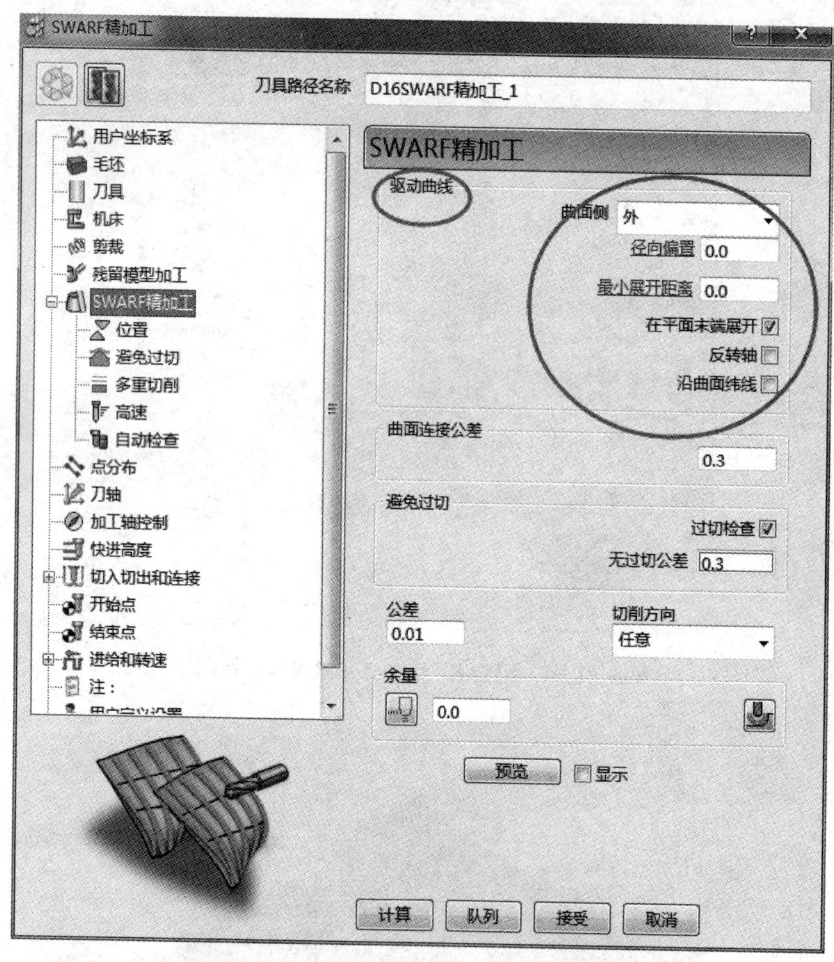


图 3—7—4　驱动曲线参数设置

（2）【位置】设置界面中，【下限】是指定义刀具路径沿被加工面向下铣削的位置。【底部位置】是指定义刀具路径沿被加工面向下铣削的最低位置，选项包括自动、顶部、底部和用户坐标系四种。

1）自动是指刀具沿被加工面向下铣削直到底面为止产生刀具路径，如图 3—7—5 所示。

2）顶部是指在被加工面的顶部产生刀具路径，如图 3—7—6 所示。

3）底部是指在被加工面的底部产生刀具路径，如图 3—7—7 所示。

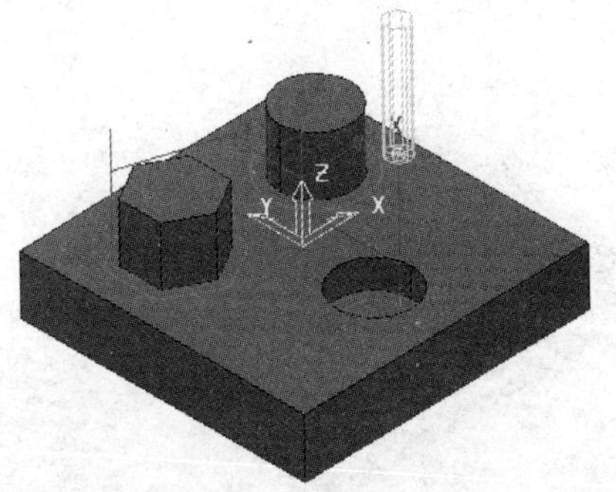


图 3—7—5　自动生成刀具路径

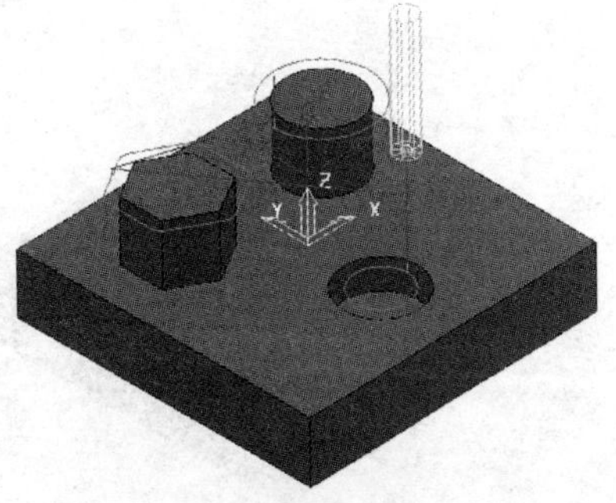


图 3—7—6　顶部生成刀具路径

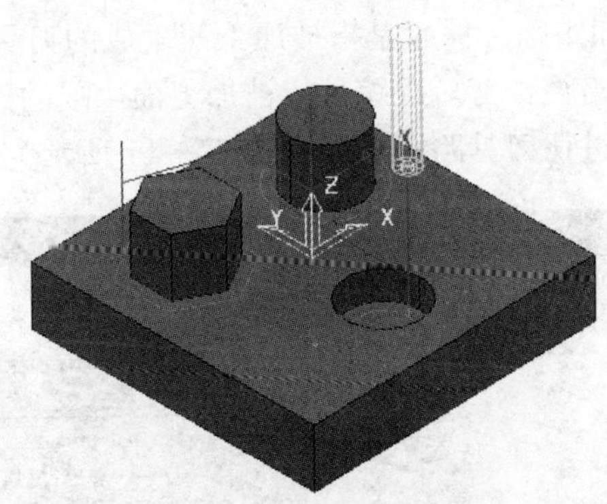


图 3—7—7　底部生成刀具路径

4）用户坐标系是指刀具路径沿被加工面向下铣削直至选定用户坐标系 *XOY* 为止生成刀具路径，如图 3—7—8 所示。

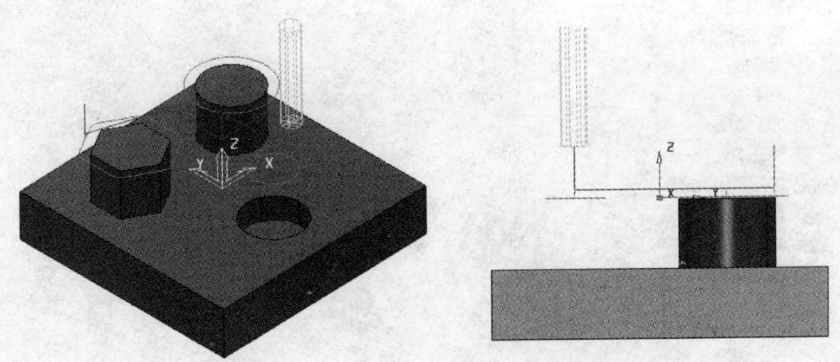


图 3—7—8　用户坐标系生成刀具路径

【下限】设置，【底部位置】中的顶部和底部会有一偏置设置，当该设置为零时，生成的刀具路径正好位于被加工面顶部和底部位置。当偏置设置给定一数值时，生成的刀具路径偏离顶部和底部设定的偏置值，如图 3—7—9、图 3—7—10 所示。

（3）【避免过切】设置界面中是用于定义避免过切的方法。

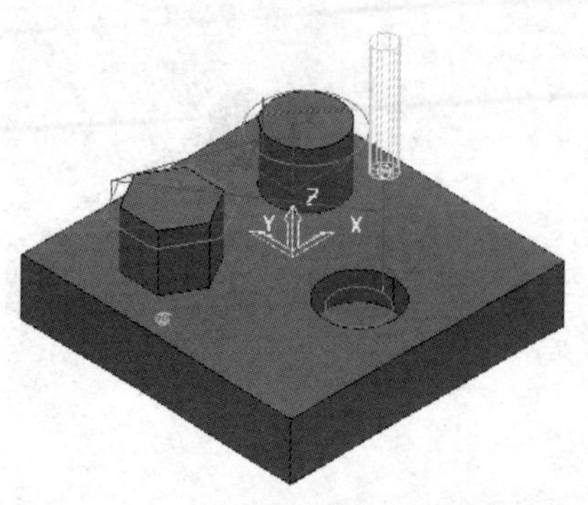

图 3—7—9 顶部偏置刀具路径

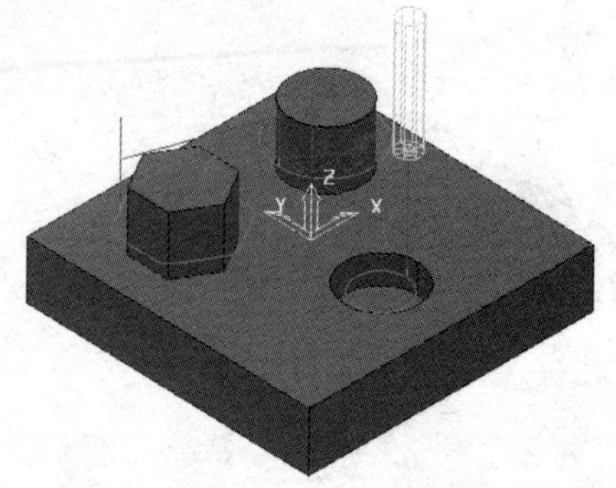

图 3—7—10 底部偏置刀具路径

【策略】选项包括提起和跟踪。提起是指被加工面生成的刀具路径如果存在过切刀具路径，软件会自动将危险刀具路径裁剪。跟踪是指被加工面生成的刀具路径如果存在过切刀具路径，软件会自动抬刀至无过切刀具路径，如图 3—7—11 所示为避免过切中的策略。

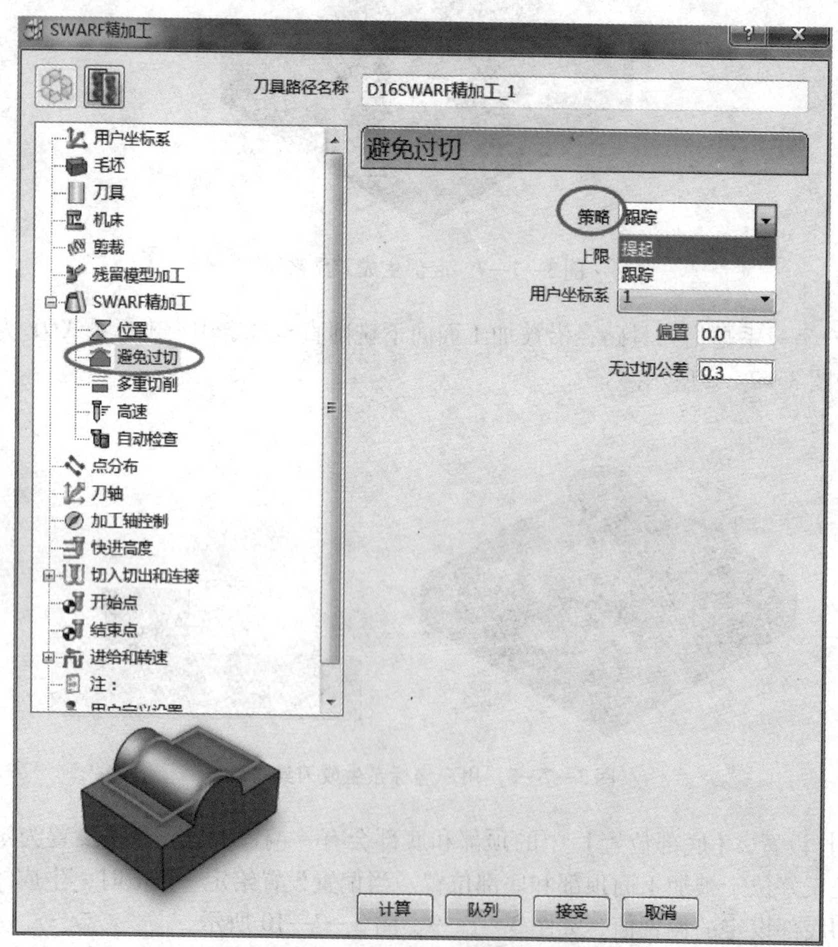


图 3—7—11 避免过切中的策略

【上限】包括“无”“顶部”“底部”“用户坐标系”，是指刀具路径产生的上限位置。当策略设置为“跟踪”时，上限有效，可进行设置；当跟踪策略抬刀高于上限时，软件将裁掉高于上限的刀具路径。【上限】选项中的“无”指没有上限限制；“顶部”指被加工面的顶部为上限限制；“底部”指被加工面的底部为上限限制；“用户坐标系”是以定义的坐标系为上限位置。如图 3—7—12 所示为避免过切中的上限。

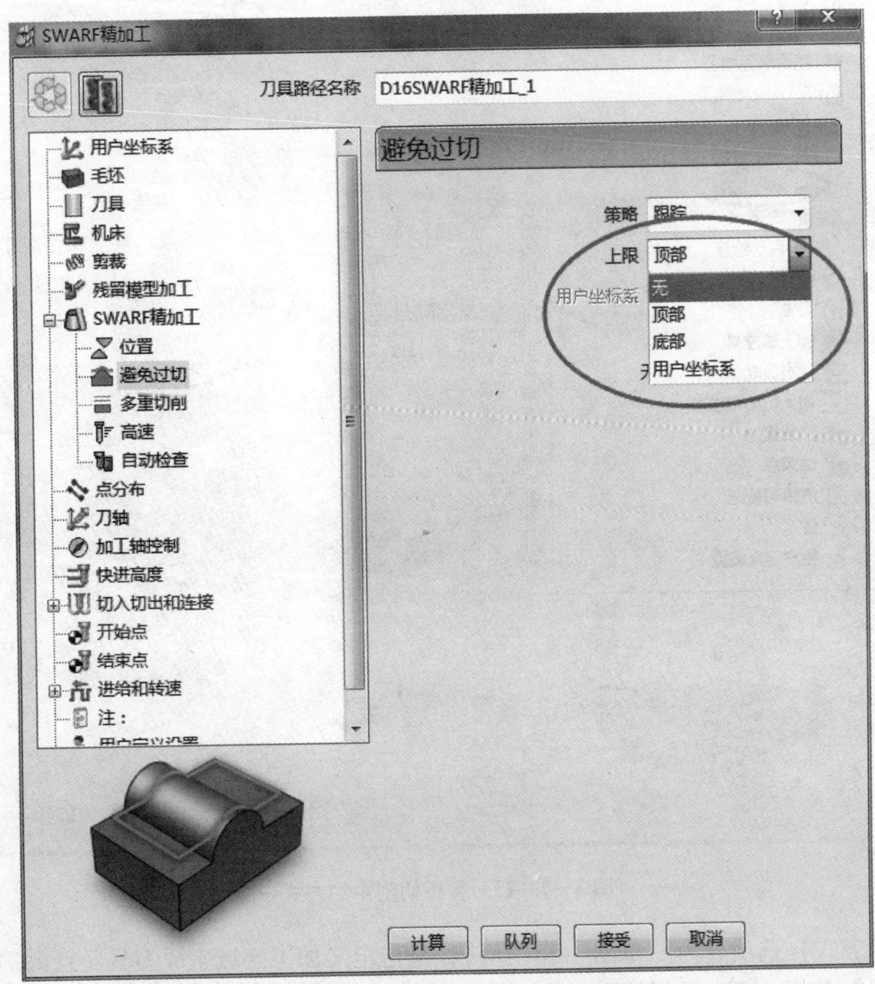


图 3—7—12 避免过切中的上限

【偏置】是指刀具路径的轴向偏移量。

【无过切公差】是允许刀具偏离曲面的最大距离。

(4)【多重切削】设置界面可用于设置轴向的分层切削。

【方式】选项包括“关”“偏置向下”“偏置向上”“合并”。“关”是指不产生分层刀具路径；“偏置向下”指由最顶层刀具路径偏置向下产生分层刀具路径；“偏置向上”是指由最底层刀具路径偏置向上产生分层刀具路径；“合并”是指由最顶层和最底层刀具路径向中间偏置产生分层刀具路径。如图 3—7—13 所示为多重切削中的方式。

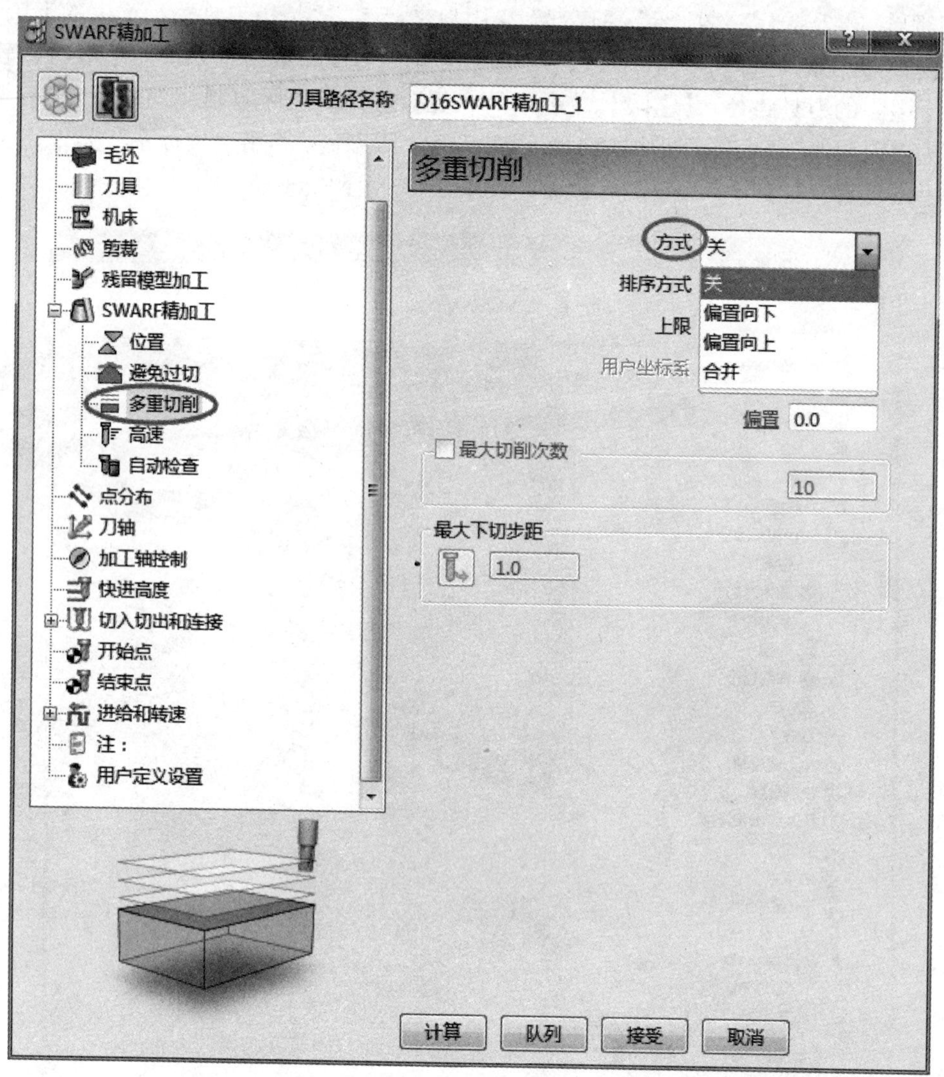


图 3—7—13　多重切削中的方式

【排序方式】选项分为“范围”和“层”，是指定义加工区域生成刀具路径的顺序。

【上限】包括“无”“顶部”“底部”“用户坐标系”，是指刀具路径产生的上限位置。【最大切削次数】是指刀具轴向的分层数，【最大下切步距】是指刀具路径间的距离。

(5)【刀轴】设置界面可用于设置刀轴方向。三轴加工设置为垂直。

5. 重新生成刀具轨迹

激活并打开 D16SWARF 精加工_ 1，点击编辑刀具路径，主界面设置如图 3—7—14 所示。

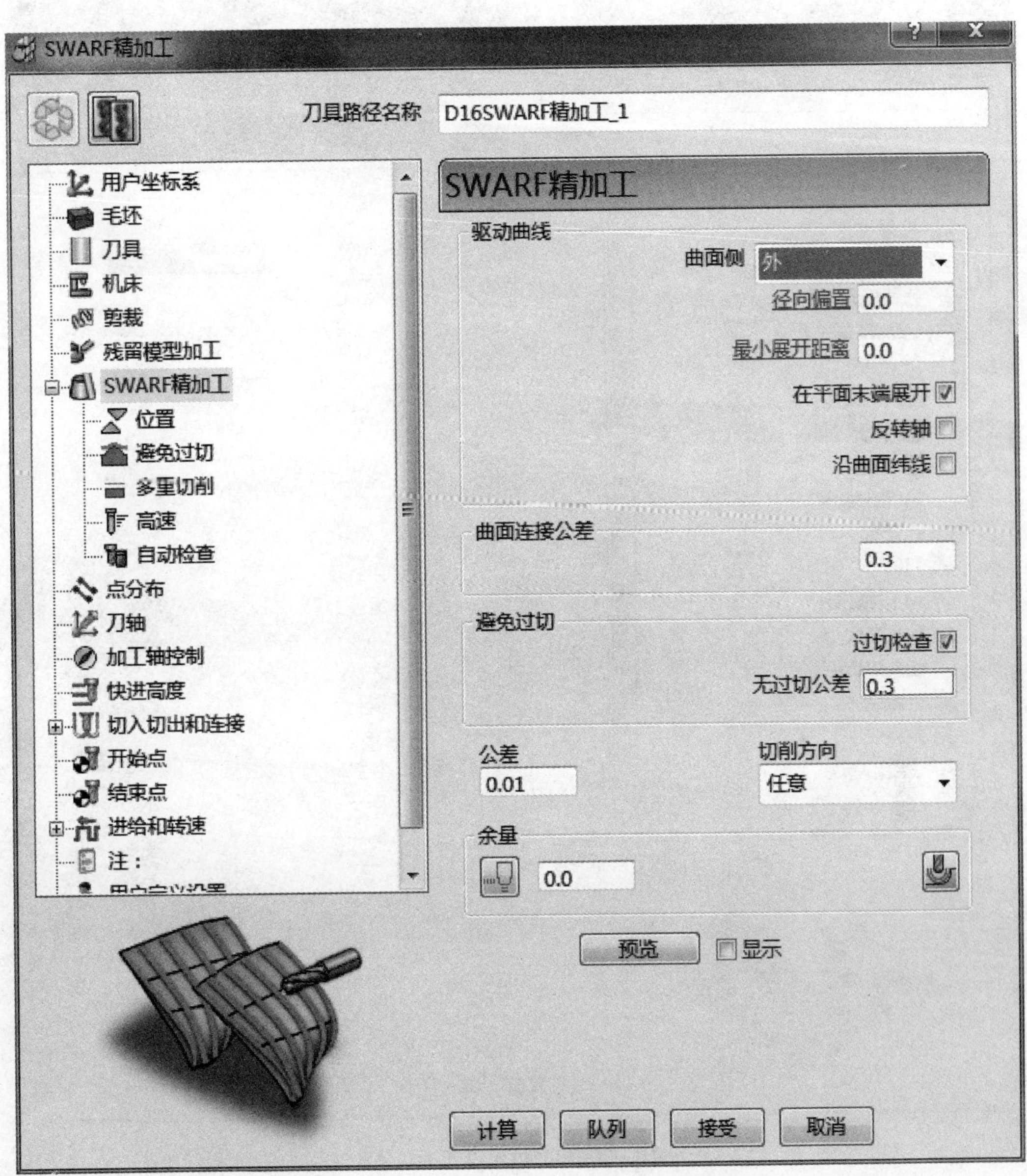


图 3—7—14 SWARF 精加工策略设置对话框

【位置】设置如图 3—7—15 所示。

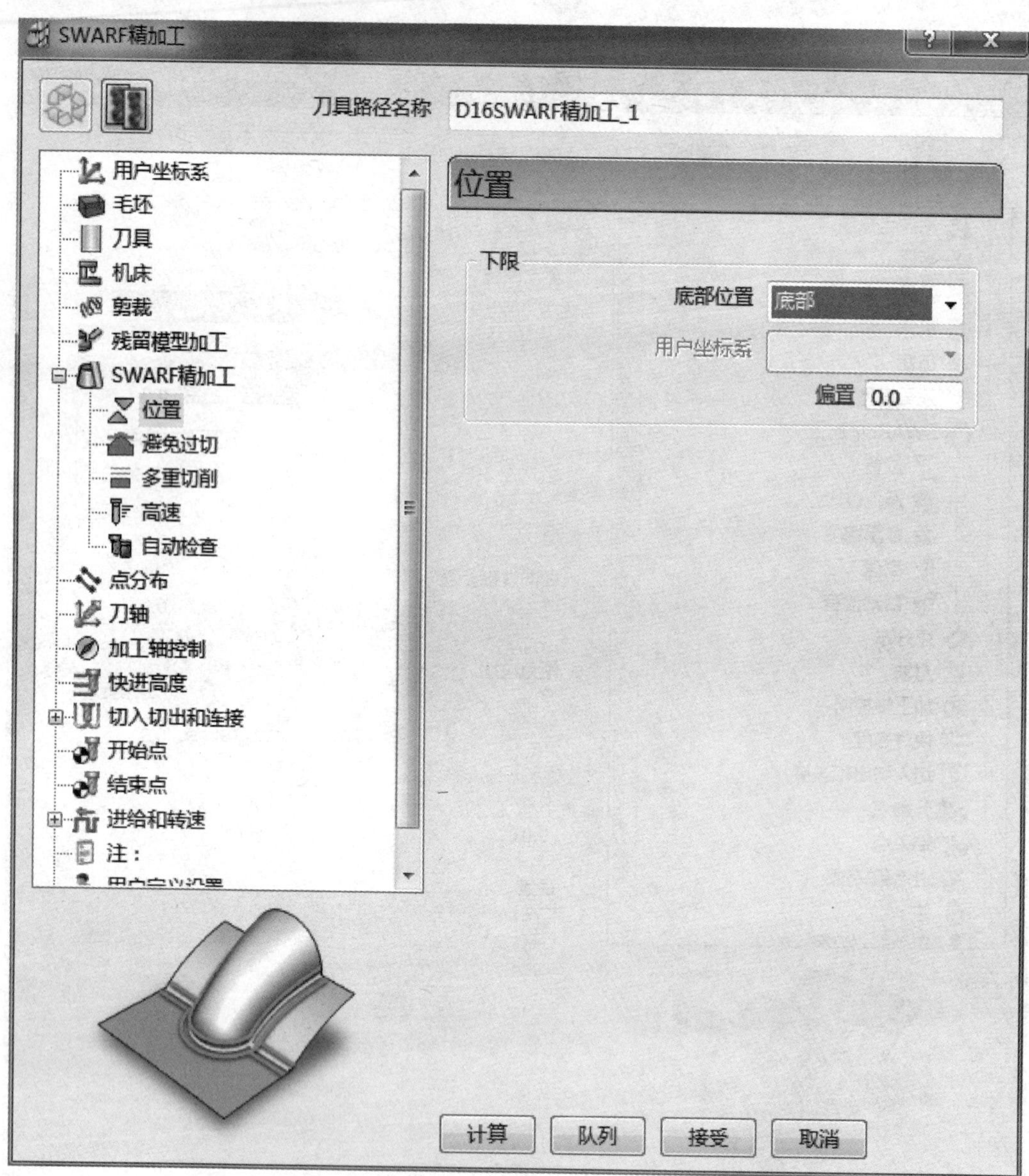


图 3—7—15　位置设置对话框

【避免过切】设置如图 3—7—16 所示。

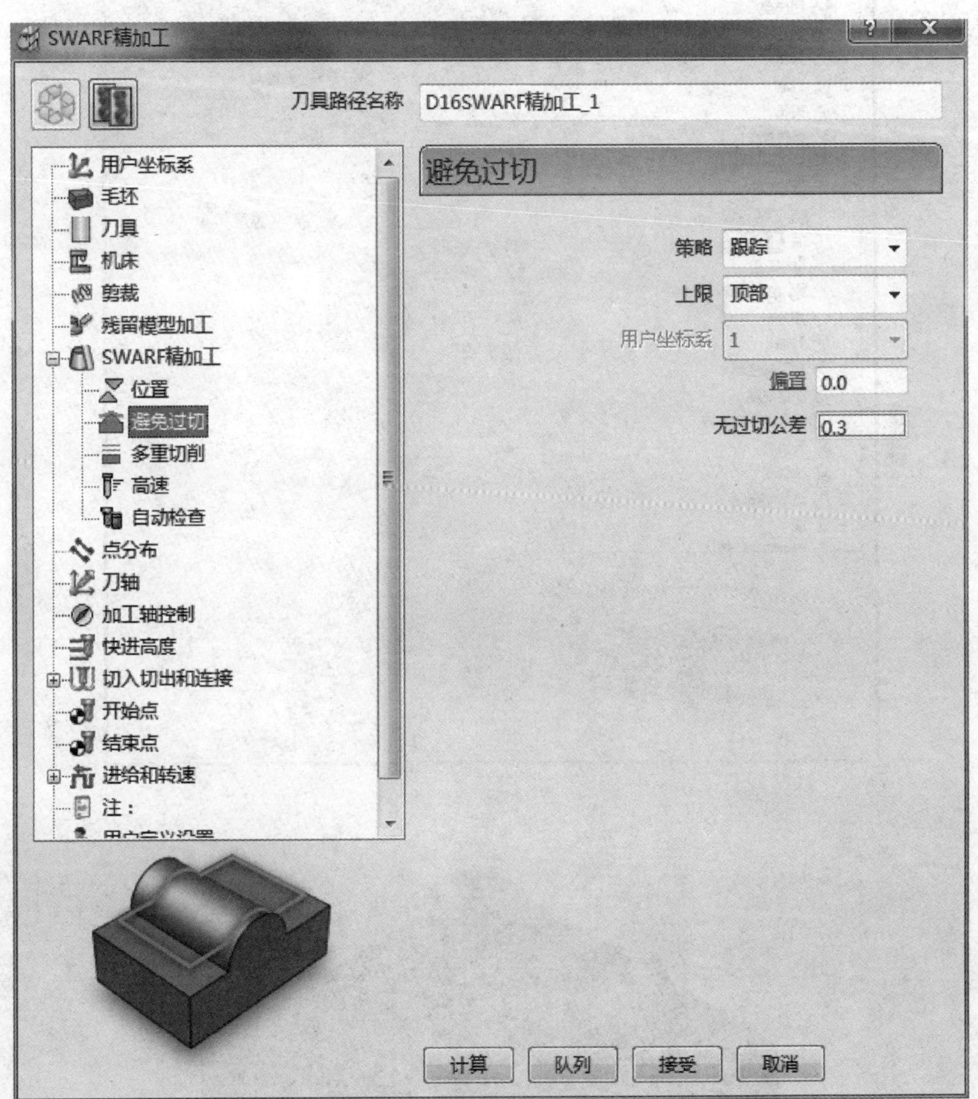


图 3—7—16　避免过切设置对话框

【多重切削】设置及刀具路径生成如图 3—7—17 所示。

6. 优化刀具路径

观察现有刀具路径，修改切入切出和连接。

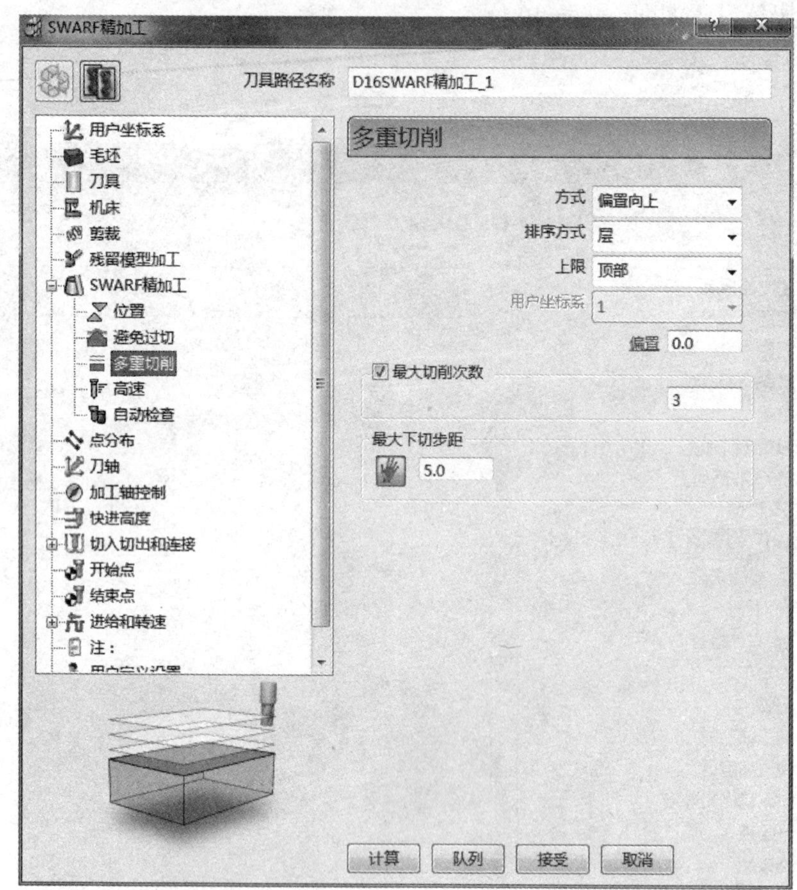


a）

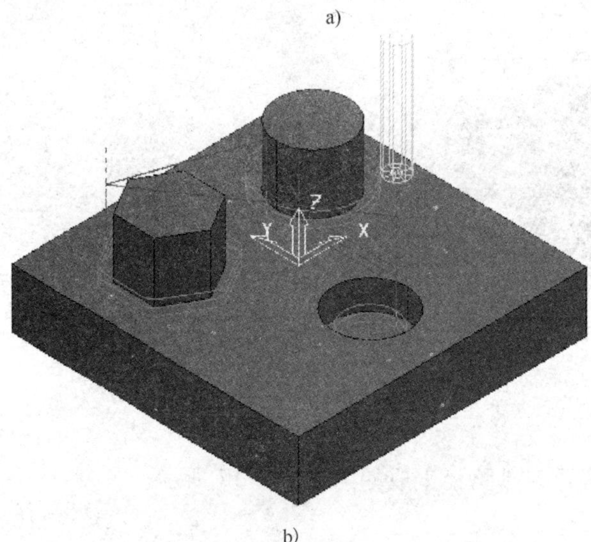

b）

**图 3—7—17　多重切削设置对话框及刀具路径生成**

a）多重切削设置对话框　b）刀具路径

# 项目八　三维偏置精加工

**项目目标**

1. 掌握三维偏置精加工策略。
2. 掌握精加工策略参数设置。
3. 针对不同零件能够灵活选取精加工策略。

**项目描述**

三维偏置加工相对于三维模型曲面定义刀具行距，可以为平坦区域和陡峭侧壁区域提供平稳的刀具路径。

**项目实施**

1. 启动软件导入零件

（1）双击桌面 PowerMILL2015 快捷方式图标。

（2）选择菜单栏【文件】｜【输入模型】菜单，系统弹出输入模型对话框，打开三维偏置精加工案例模型，模型如图 3—8—1 所示。

图 3—8—1　三维偏置精加工案例模型

2. 设置公共参数

创建用户坐标系在选项顶部，创建方形毛坯，创建 D10R5 的球头刀，设置快进高度、开始点和结束点，设置进给和转速。

3. 创建刀具路径策略

激活 D10R5 球头刀，在主工具栏中单击刀具路径策略按钮，弹出对话框，点击【精加工】｜【三维偏置精加工】，点击接受，弹出三维偏置精加工表格，将刀具路径名称命名为 D10R5 三维偏置精加工，主参数表格按照图 3—8—2 所示设置，为了观察生成的刀具路径，将表格中的行距调大，设为 2（实际球头刀精加工行距一般为 0.2～0.3），其他参数按照默认设置。

在表格中依次点击【剪裁】｜【边界】｜【产生用户定义边界】，弹出用户定义边界对话框，如图 3—8—3 所示。选取加工模型中的被加工面，点击对话框中的模型，点击接受，生成一用户定义边界，如图 3—8—4 所示。

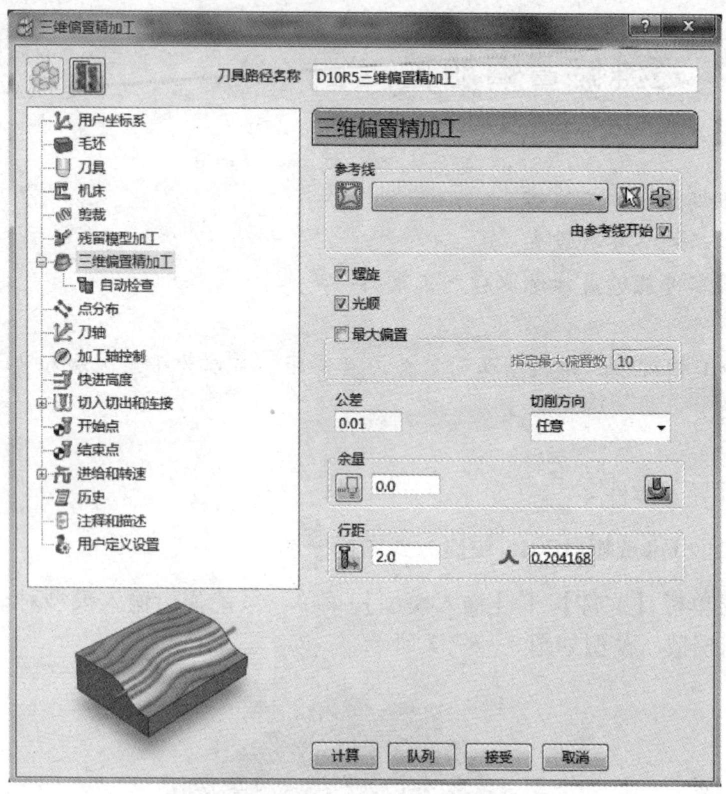


图 3—8—2　三维偏置精加工参数设置

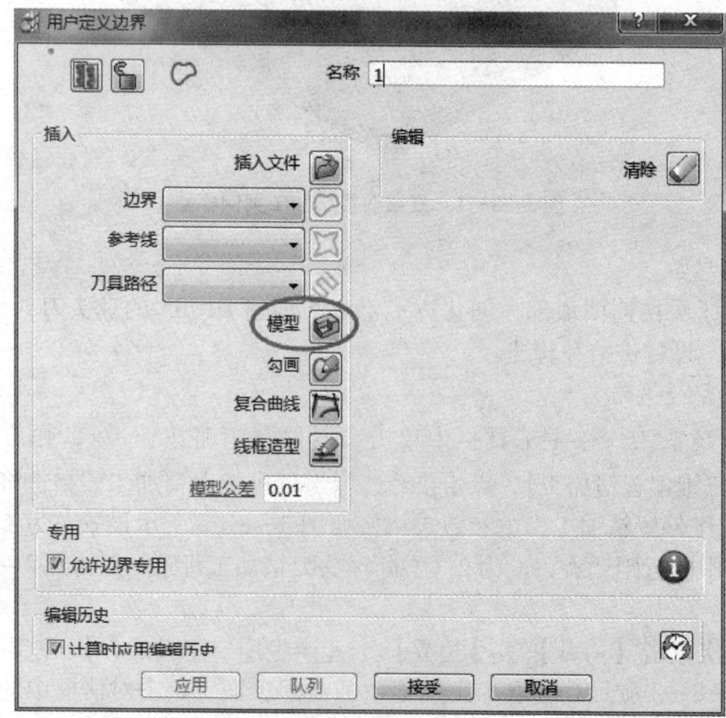


图 3—8—3　用户定义边界对话框

【裁剪】选项选择保留内部，生成的刀具路径在边界内。【毛坯】选项中的剪裁选择允许刀具中心在毛坯之外。设置完成之后点击计算，生成如图 3—8—5 所示的刀具路径。

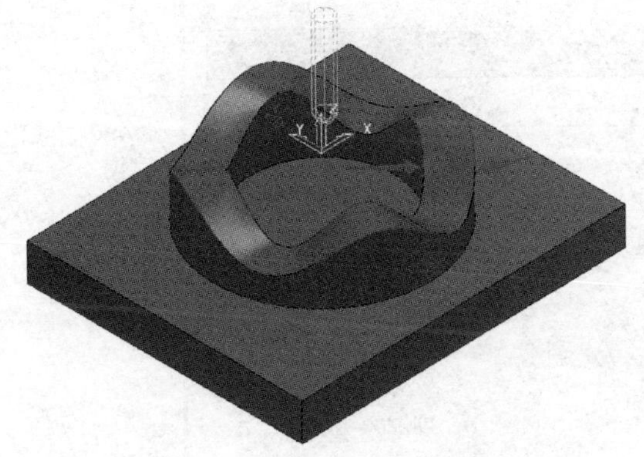

图 3—8—4　用户定义边界设置

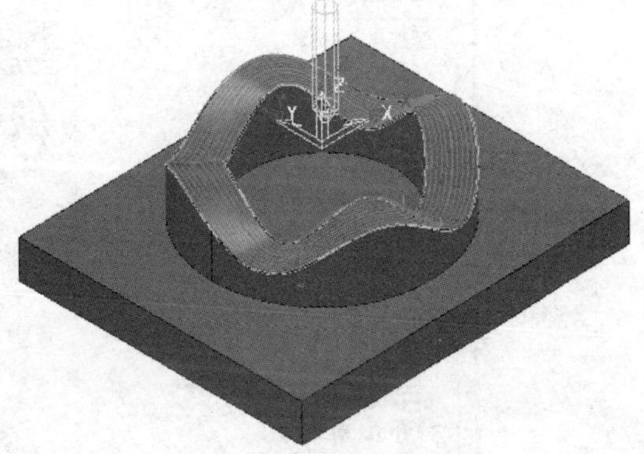

图 3—8—5　三维偏置精加工刀具路径

4. 具体参数设置

重新打开 D10R5 三维偏置精加工刀具路径策略，进入设置主界面，鼠标单击基于此刀具路径生成新的刀具路径按钮，名称为 D10R5 三维偏置精加工_ 1，如图 3—8—6 所示。详细参数设置如下：【参考线】选项是指生成的刀具轨迹按照设置的参考线样式产生刀具轨迹，如果不设置参考线，软件会根据模型或边界来产生刀具轨迹。设置参考线可以通过左侧【资源管理器】｜【参考线】产生参考线，也可以直接在三维偏置精加工主设置界面获取参考线，直接点击参考线最右侧的获取几何形体到参考线图标，会进入参考线获取界面，可以选取面或已经存在的曲线，选取完成之后点击界面中的对钩会产生一新的参考线，如图 3—8—7 所示。

【由参考线开始】选项是指勾选之后刀具路径从参考线开始生成。

【螺旋】选项是指勾选之后刀具路径生成螺旋状加工刀具路径，抬刀少。

【光顺】是指勾选之后生成的加工路径在拐角处进行倒圆处理，减小机床走刀过程中在拐角处对机床造成的冲击。

【最大偏置】是指勾选之后生成刀具路径的数量。

5. 重新生成刀具路径

激活并打开 D10R5 三维偏置精加工_ 1，点击编辑刀具路径，弹出对话框中主参数表格按照图 3—8—8 所示设置，定义边界线最外侧的一条为参考线。【剪裁】选项选择保留内部，【毛坯】选项中的剪裁选择允许刀具中心在毛坯之外。其他参数按照默认设置，点击计算，生成的刀具路径如图 3—8—9 所示。

6. 优化刀具路径

观察已有刀具路径，修改切入切出和连接。

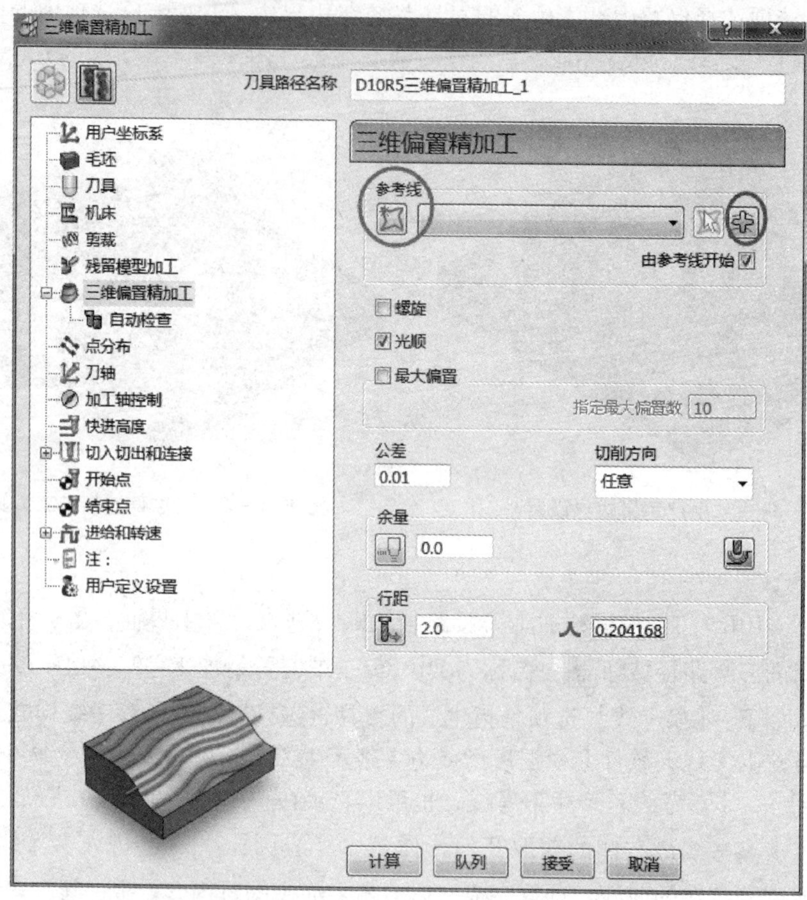


图 3—8—6　复制三维偏置精加工刀具路径

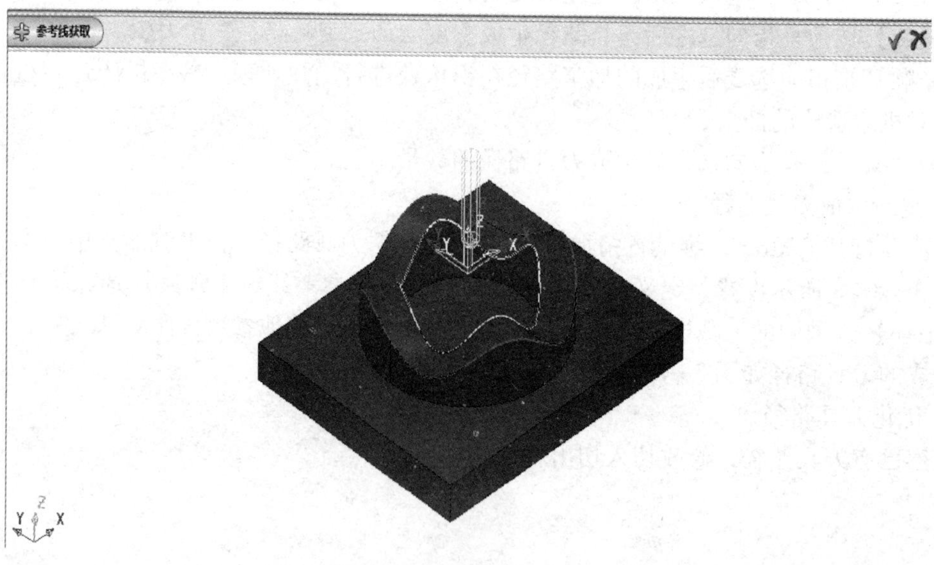


图 3—8—7　生成的参考线

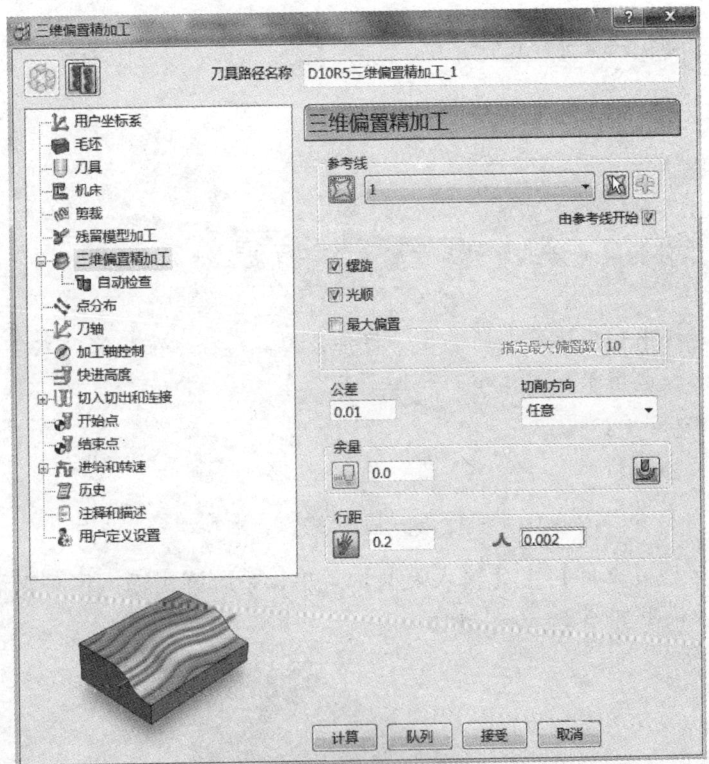


图 3—8—8　参考线主界面设置

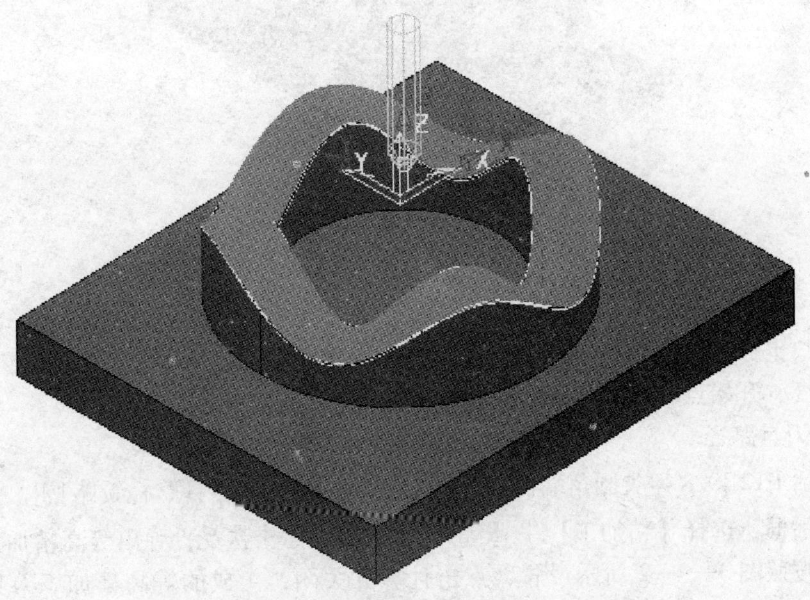

图 3—8—9　重新生成的三维偏置精加工刀具路径

# 项目九　等高精加工

**项目目标**

1. 掌握等高精加工策略。
2. 掌握精加工策略的参数设置。
3. 针对不同零件能够灵活选取精加工策略，并完成零件加工。

**项目描述**

等高精加工是按下切步距定义的高度，将每条刀具路径水平投影到零件模型上进行精加工的一种加工方法，适用于加工陡峭面和垂直面。

**项目实施**

1. 启动软件导入零件

（1）双击桌面 PowerMILL2015 快捷方式图标。

（2）选择菜单栏【文件】｜【输入模型】菜单，系统弹出输入模型对话框，打开等高精加工案例模型，模型如图 3—9—1 所示。

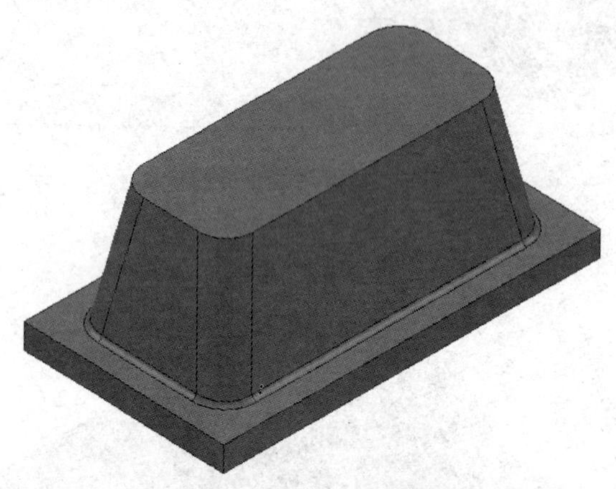

**图 3—9—1　等高精加工案例模型**

2. 设置公共参数

创建用户坐标系在选项顶部中心，创建方形毛坯，创建 D12R0. 8 的刀尖圆角端铣刀，设置快进高度、开始点和结束点，设置进给和转速。

3. 生成刀具路径

双击激活 D12R0. 8 刀尖圆角端铣刀，在主工具栏中单击刀具路径策略按钮，弹出策略选择器对话框，选择【精加工】｜【等高精加工】，点击接受，弹出等高精加工表格，主参数表格中按照图 3—9—2 所示设置，点击计算并关闭，生成的等高精加工刀具路径如图 3—9—3 所示。

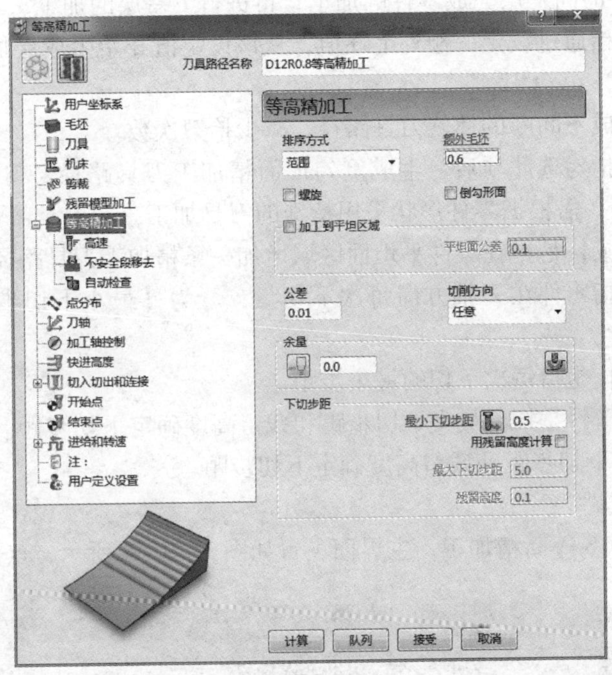


图 3—9—2　等高精加工主参数设置

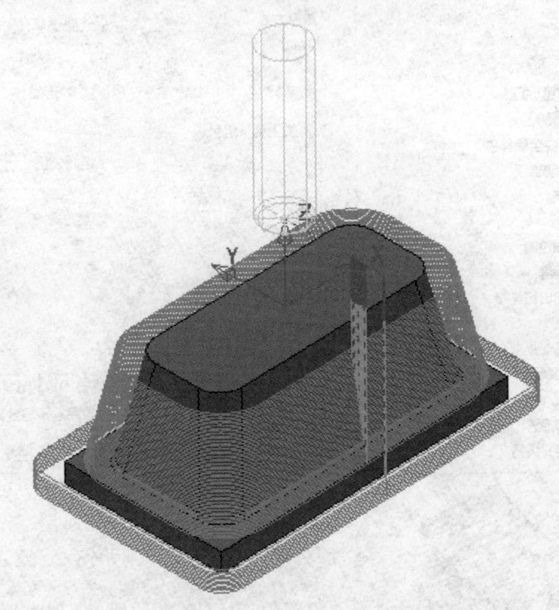

图 3—9—3　等高精加工刀具路径

4. 具体参数设置

【排序方式】选项是指生成的等高精加工刀具路径是按照区域还是按照层进行刀具路径的生成，包括范围和层两项。范围是指对零件某一个加工区域进行加工完成后，再加工另一区域。层是指在零件的同一层完成零件的加工，再进行下一层的加工。

【额外毛坯】是指通过设定一额外毛坯值，从该设定值开始生成层加工刀具路径，避免损坏刀具。

【螺旋】是指生成不间断的螺旋刀具路径，减少抬刀次数。

【倒勾形面】是指勾选此项后，生成倒勾形面精加工刀具路径。零件上出现倒勾形面，普通立铣刀无法加工，需根据零件形状采用特殊的刀具加工。

【加工到平坦区域】是指在零件平坦面区域增加一条精加工刀具路径。

【下切步距】是指零件在 Z 轴方向每次下切量，分为【最小下切步距】和【用残留高度计算】。

【最小下切步距】是指每次下切的最小步距。

【用残留高度计算】是指由最大下切步距和残留高度确定下切步距。当勾选时，下切步距会根据设定的最大下切步距和残留高度确定下切步距。

5. 重新生成刀具路径

重新打开 D12R0. 8 等高精加工，主界面设置如图 3—9—4 所示，点击计算并关闭。

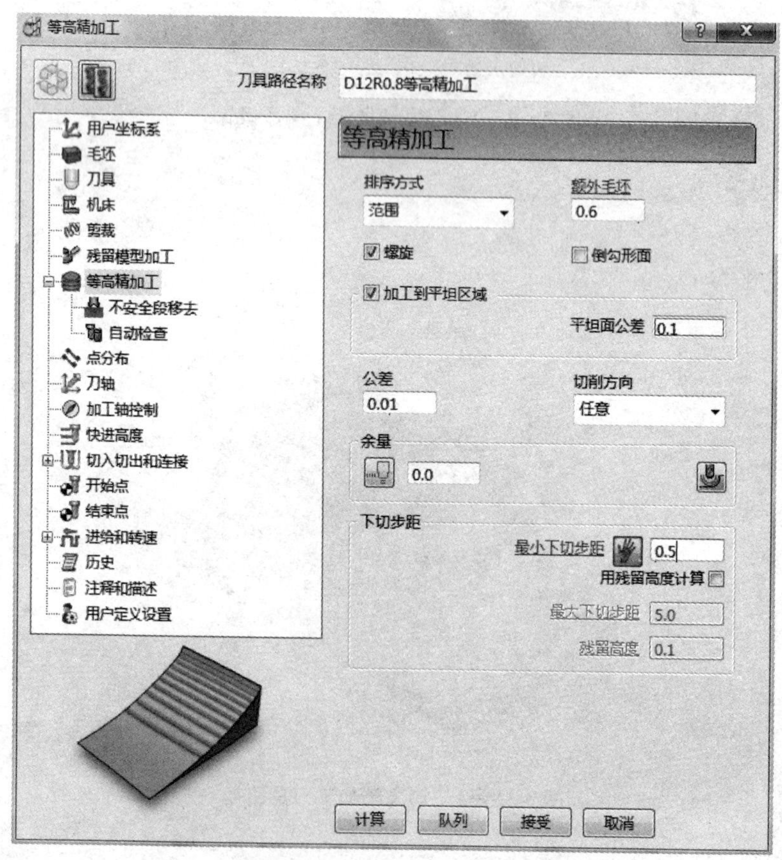


图 3—9—4　D12R0. 8 等高精加工主参数设置

6. 优化刀具路径

对刀具路径的切入切出和连接进行优化，在主工具栏中点击切入切出和连接图标，点击初次切入选项卡，勾选使用单独的初次切入，参数设置如图 3—9—5 所示。点击连接选项卡，将短连接设置为在曲面上，点击应用并接受。最后重新生成的刀具路径如图 3—9—6 所示。

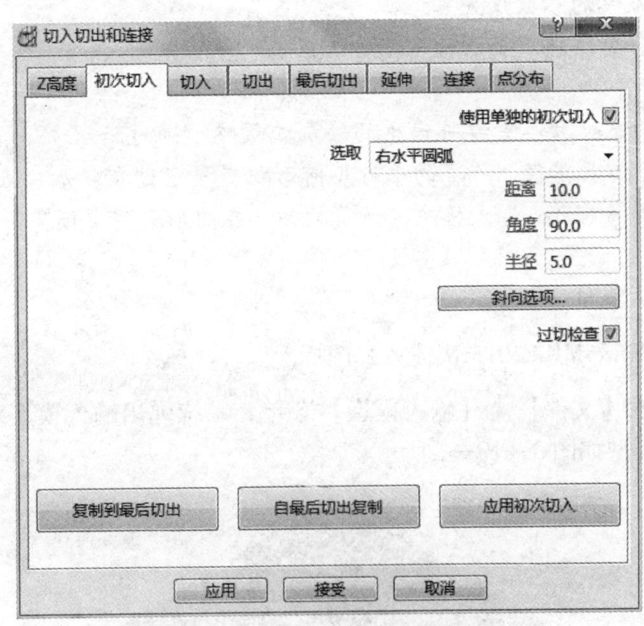


图 3—9—5 初次切入参数设置

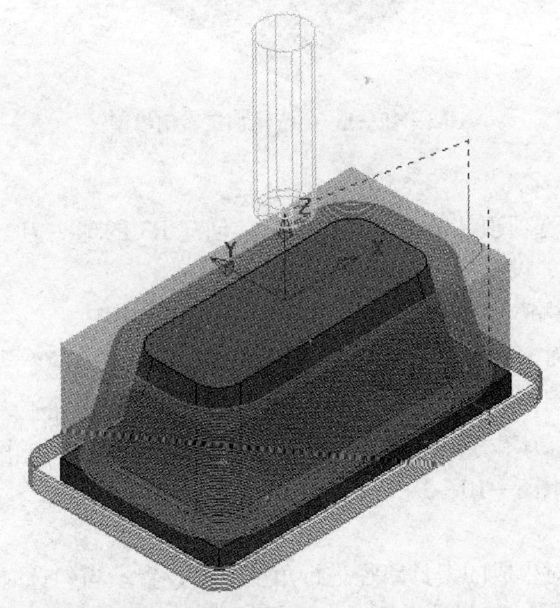


图 3—9—6 优化后的等高精加工刀具路径

# 项目十　平行精加工

**项目目标**

1. 掌握平行精加工策略。
2. 掌握精加工策略的参数设置。
3. 针对不同零件特征能够灵活选取精加工策略。

**项目描述**

平行精加工是向下投影参考线所产生的精加工策略。通过沿 $Z$ 轴向下投影一预定义线框形状到模型来产生刀具路径。标准的平行几何形状直接通过在精加工表格中输入值产生。点取计算按钮执行命令前可点取表格中的预览按钮，在图形视窗中预览所产生的图案。

**项目实施**

1. 启动软件导入零件

（1）双击桌面 PowerMILL2015 快捷方式图标。

（2）选择菜单栏【文件】｜【输入模型】菜单，系统弹出输入模型对话框，打开平行精加工案例模型，模型如图 3—10—1 所示。

图 3—10—1　平行精加工案例模型

2. 设置公共参数

创建用户坐标系在选项顶部，创建方形毛坯，创建 R3 的球头刀，设置切入切出和快进高度、开始点和结束点，设置进给和转速。

3. 创建刀具路径策略

双击激活 R3 球头刀，在主工具栏中单击刀具路径策略按钮，弹出策略选择器对话框，选择【精加工】｜【平行精加工】，点击接受，弹出平行精加工表格，主参数表格按照图 3—10—2 所示设置，为了方便观察刀具路径将行距设置为 2，点击计算并关闭，生成的平行精加工刀具路径如图 3—10—3 所示。

4. 具体参数设置

【固定方向】是指对生成的刀具路径进行角度方向设置。当勾选时可进行【角度】选项的设置，生成的刀具路径会与工件坐标系中的 $X$ 轴成一定的角度。

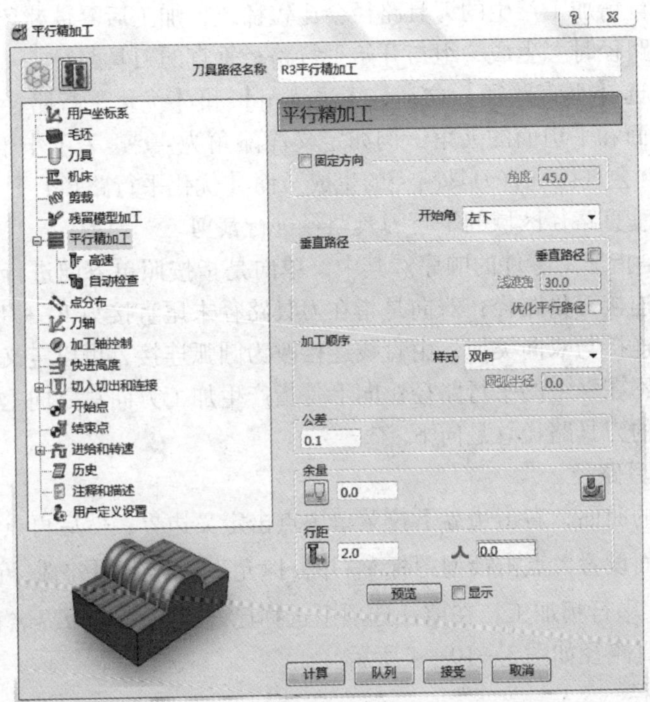


图 3—10—2 平行精加工主参数设置

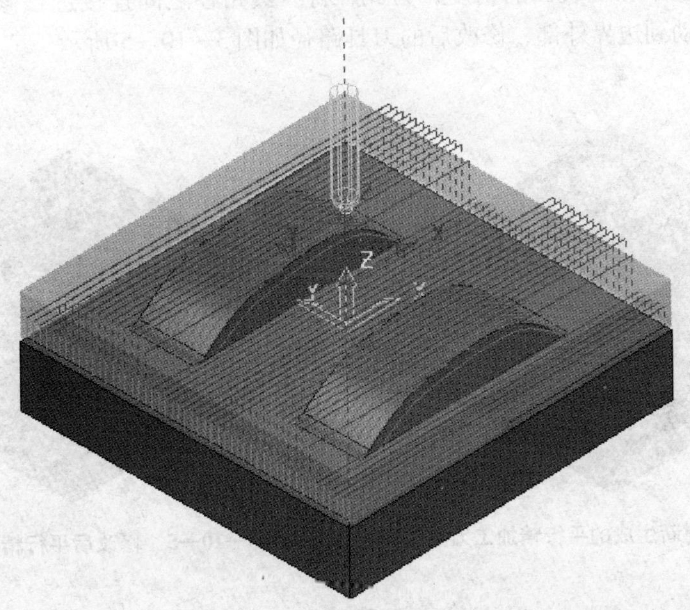

图 3—10—3 平行精加工刀具路径

【开始角】是指定义刀具从哪个位置开始下刀，有左下、右下、右上、左上四个选项，对应四个不同的加工位置。

【垂直路径】是指定义第二条平行路径垂直于第一条平行路径。对于有一定坡度的曲面在进行加工时，平行精加工产生的刀具路径会比较稀疏，加工后零件残留量很大，表面质量很差，当采用垂直路径时会生成一组与开始平行路径垂直的刀具路径，从而提高整个零件表面的加工质量。勾选【垂直路径】之后，【浅滩角】和【优化平行路径】被激活，【浅滩角】是指区分陡峭面和平坦面的夹角，例如定义浅滩角为 40°，表示小于 40°为平坦面，大于 40°为陡峭面，就会进行垂直刀具路径的生成。而【优化平行路径】是指当生成垂直刀具路径时，软件会对垂直路径区域的平行刀具路径进行裁剪。

【加工顺序】是指加工零件的顺序。其中，单向是指按照单方向进行零件加工；单向组是指按照最短路径连接刀具路径；双向是指在刀具路径末尾直接与下一刀具路径进行直线连接，不抬刀；双向连接与双向类似，由直线连接改为圆弧连接，可以定义圆弧半径；双向不组合是指产生两条不在一组的平行路径；向上是指产生加工方向总是向上的刀具路径。向下与向上相反，产生的刀具路径总是向下。

5. 重新生成刀具路径

选定全部加工的曲面，右击边界下拉菜单中点击定义边界，然后再点击用户自定义，进入用户定义边界界面设置，点击模型图标并去掉允许边界专用勾选，设置完成后应用并接受。再次进入 R3 平行精加工，在剪裁选项中选择已经设置好的边界名称。完成后点击计算，重新生成的刀具路径如图 3—10—4 所示。

6. 优化刀具路径

在实际加工过程中，为了防止在边界部位出现未加工到的部位，刀具一定要加工到边界线以外才能保证整个加工表面的精度，为此，将刀具路径之间连接进行修改，改为圆弧连接，保证刀具移动到边界外部，修改后的刀具路径如图 3—10—5 所示。

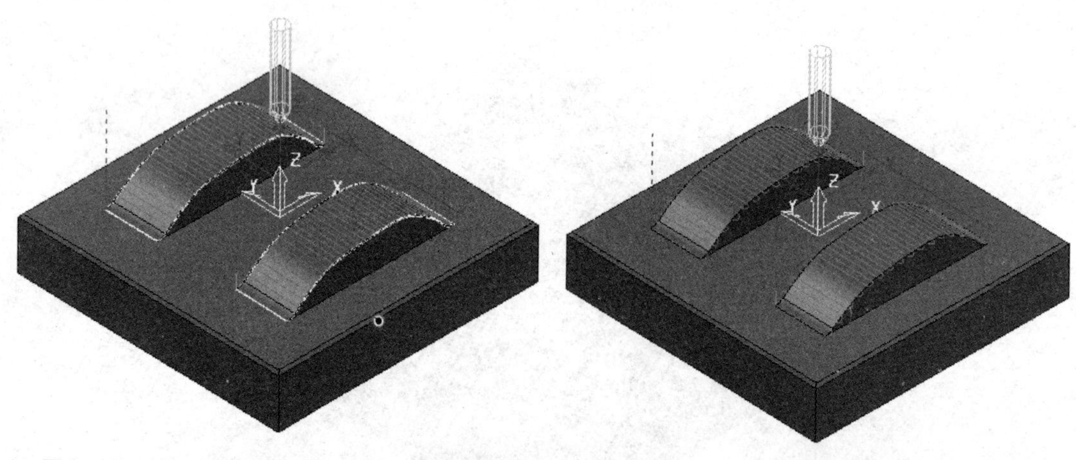


**图 3—10—4　重新生成的平行精加工刀具路径**　　**图 3—10—5　修改后平行精加工刀具路径**

# 项目十一　最佳等高精加工

**项目目标**

1. 掌握最佳等高精加工策略。

2. 掌握精加工策略的参数设置。

3. 针对不同零件能够灵活选取精加工策略。

**项目描述**

最佳等高精加工是指在陡峭和垂直区域使用等高精加工，在平坦区域使用三维偏置精加工的混合加工策略。而且生成的刀具路径之间步距稳定。

**项目实施**

1. 启动软件导入零件

（1）双击桌面 PowerMILL2015 快捷方式图标。

（2）选择菜单栏【文件】｜【输入模型】命令，系统弹出输入模型对话框，打开最佳等高精加工案例模型，模型如图 3—11—1 所示。

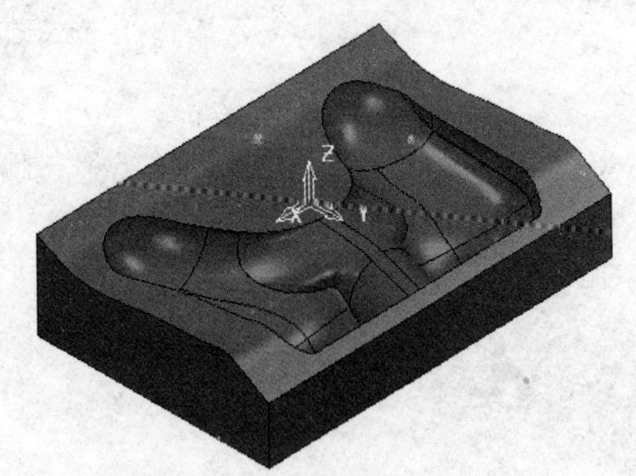

图 3—11—1　最佳等高精加工案例模型

2. 设置公共参数

创建用户坐标系在选项顶部，创建方形毛坯，创建 R4 的球头刀，设置快进高度、开始点和结束点，设置进给和转速。

3. 创建刀具路径

激活 R4 的球头刀，在主工具栏中单击刀具路径策略按钮，弹出对话框，点击【精加工】｜【最佳等高精加工】，点击接受，弹出最佳等高精加工表格，将刀具路径名称命名为 D8R4 最佳等高精加工，主参数表格按照图 3—11—2 所示设置，其他参数按照默认设置。

4. 具体参数设置

【边界】：依次点击【剪裁】｜【边界】｜【产生接触点边界】，弹出接触点边界对话框，【接触点边界】是指以刀具接触点来计算产生的边界。

【插入文件】选项是指由已存在的文件创建接触点边界。

【边界】是指由已存在的边界创建接触点边界。

【参考线】是指由已存在的参考线创建边界。

【刀具路径】是指由刀具路径创建接触点边界。

【螺旋】是指生成螺旋刀具路径。

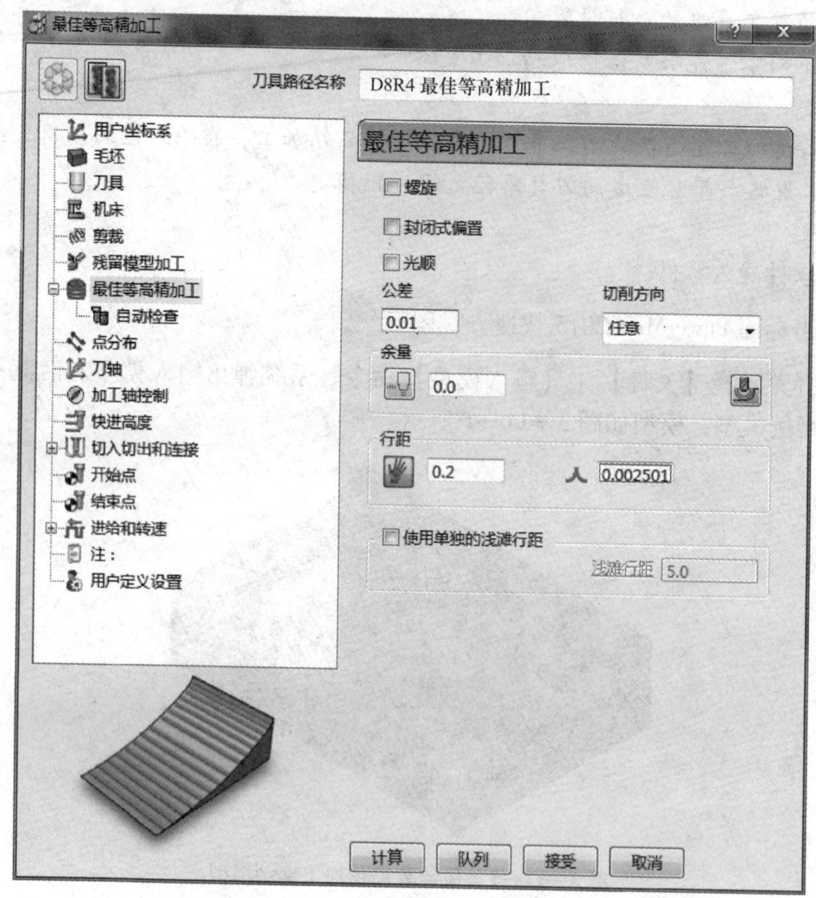


图 3—11—2　最佳等高精加工策略设置对话框

【封闭式偏置】是指加工平坦面时生成的刀具路径的形式。勾选时会生成由外向内的封闭三维偏置刀具路径。

【光顺】是指当生成的刀具路径有尖角时，勾选此项会进行倒圆处理，减小对机床的冲击。

【使用单独的浅滩行距】是指加工平坦面时勾选此项可单独设置平坦面刀路的行距。

【模型】是指由已选曲面创建接触点边界。

【勾画】是指由操作者勾画出接触点边界。

【允许边界专用】是指生成的接触点边界只允许当前刀具路径使用，其他刀具路径无法使用。

5. 重新生成刀具路径

选取加工模型中的被加工面，点击对话框中的【模型】选项，产生一接触点边界，点击接受，如图 3—11—3 所示。

隐藏模型及毛坯，对生成的边界产生的碎线进行处理，选中碎线，点击鼠标右键弹出下拉菜单，选择【编辑】｜【删除已选部件】，得到如图 3—11—4 所示的边界。

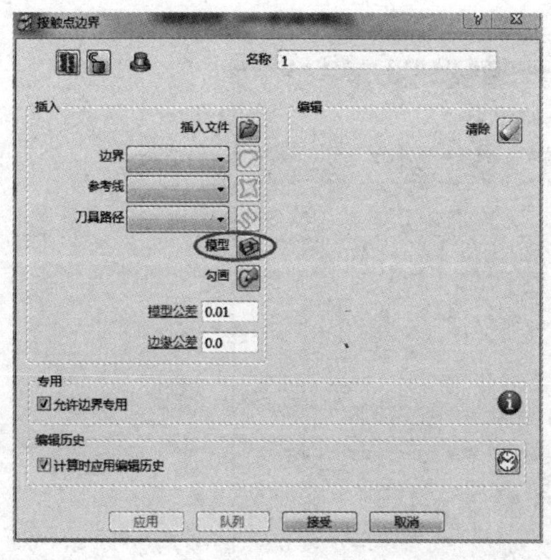


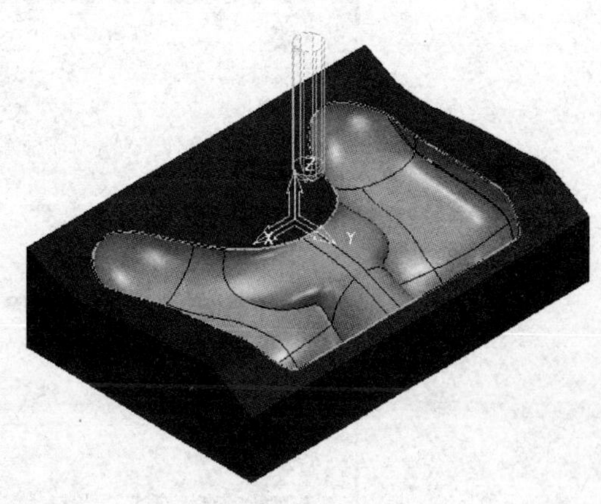

**图 3—11—3　边界设置及生成**

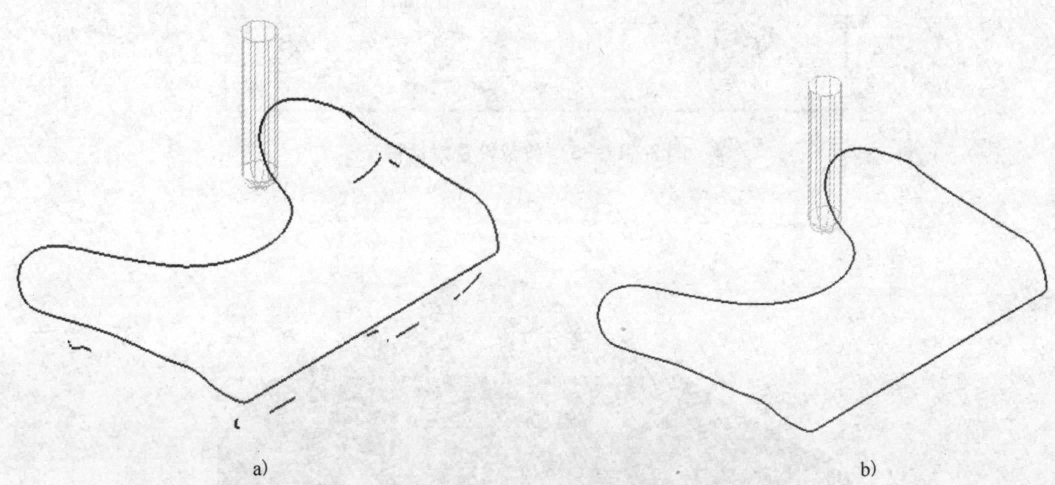


**图 3—11—4　边界处理前后对比**

a）处理前边界　b）处理后边界

【裁剪】选项选择保留内部，生成的刀具路径在边界内。【毛坯】选项中的剪裁选择允许刀具中心在毛坯之外，如图 3—11—5 所示，设置完成之后点击计算，生成如图 3—11—6 所示的刀具路径。

重新打开 D8R4 最佳等高精加工刀具路径策略，进入设置主界面，单击基于此刀具路径生成新的刀具路径按钮，刀具路径名称改为 D8R4 最佳等高精加工_ 1，主界面设置如图 3—11—7 所示。

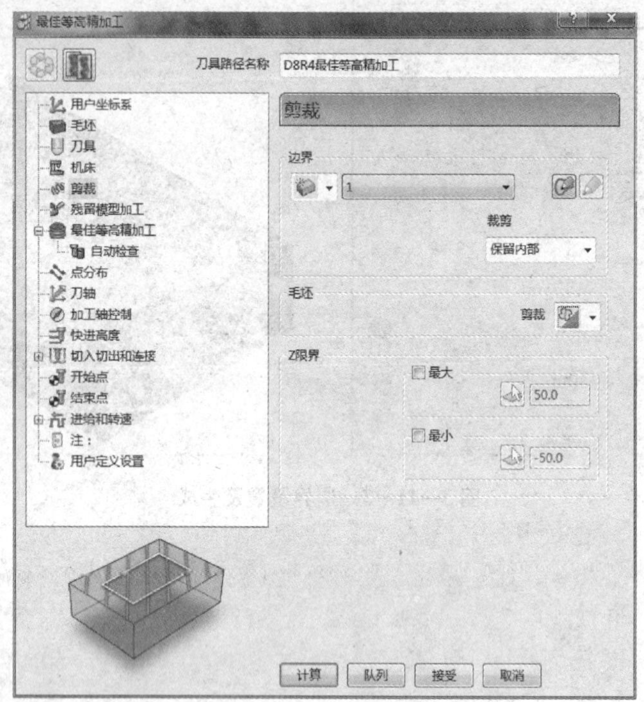


图 3—11—5　剪裁设置对话框

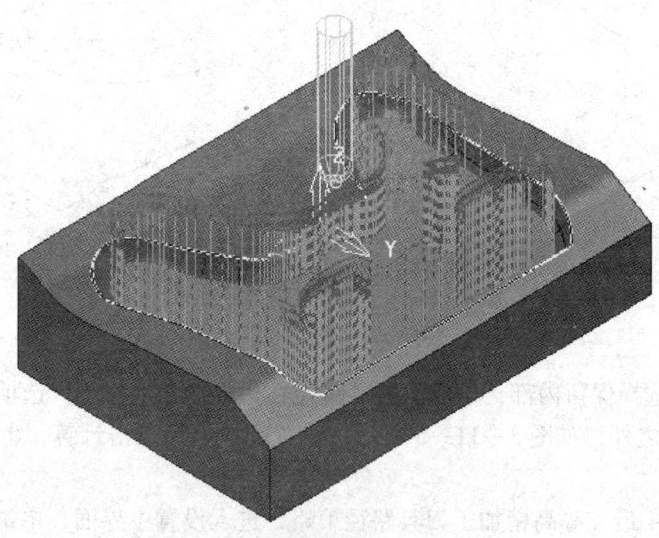


图 3—11—6　最佳等高精加工刀具路径

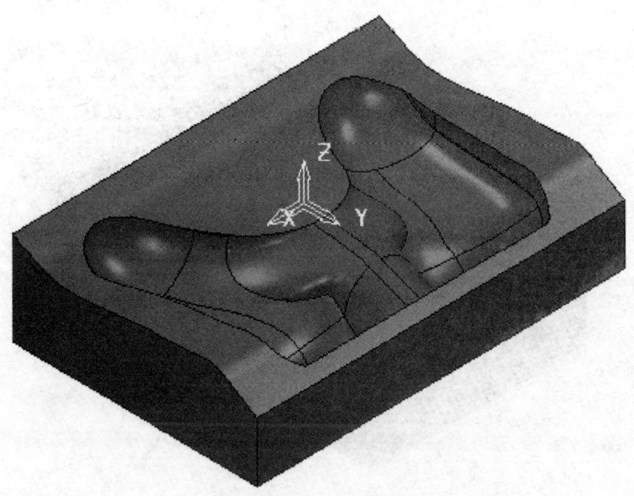


图 3—12—1　陡峭和浅滩精加工案例模型

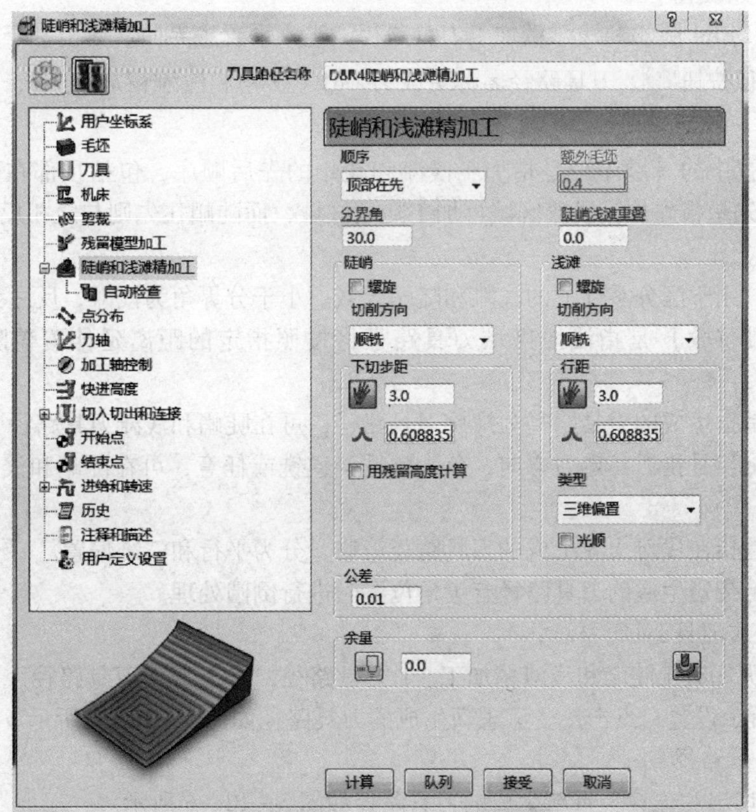


图 3—12—2　陡峭和浅滩精加工参数设置

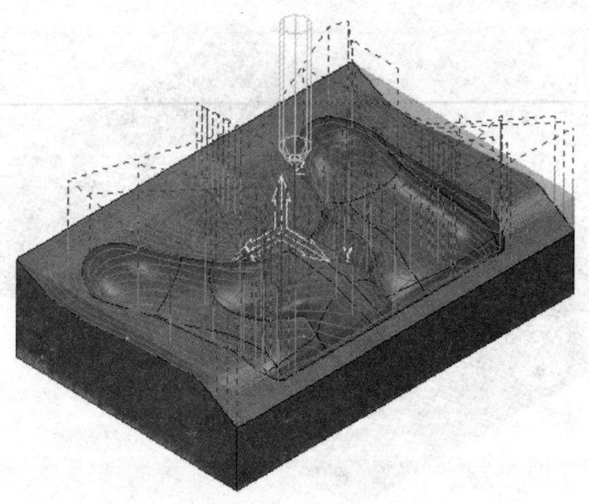

图 3—12—3 陡峭和浅滩精加工刀具路径

4. 具体参数设置

重新打开 D8R4 陡峭和浅滩精加工刀具路径，进入设置主界面，单击基于此刀具路径生成新的刀具路径按钮，刀具路径名称更改为 D8R4 陡峭和浅滩精加工_ 1，参数功能及应用介绍如下：

主界面设置中的【顺序】是指加工浅滩和陡峭的先后顺序，包括顶部在先和陡峭在先两种。顶部在先是指先加工浅滩区域再加工陡峭区域，而陡峭在先则与之相反，即先加工陡峭再加工浅滩。

【分界角】用于区分零件上的浅滩和陡峭区域。小于分界角为浅滩，反之为陡峭。

【陡峭浅滩重叠】是指浅滩区域刀具路径将按照指定的距离延伸覆盖陡峭区域刀具路径。

【螺旋】是指生成的刀具路径为螺旋刀具路径，可在陡峭和浅滩刀具路径中分别指定。

【切削方向】是指刀具走刀方向，分为顺铣、逆铣或任意，可在陡峭和浅滩刀具路径中分别指定。

【类型】是指在浅滩边界生成的刀具路径策略，分为平行和三维偏置。

【光顺】是指当生成的刀具路径有尖角位置时进行倒圆处理。

5. 重新生成刀具路径

激活并打开 D8R4 陡峭和浅滩精加工_ 1 刀具路径，点击编辑刀具路径，主参数表格按图 3—12—4 所示设置，点击接受。重新生成的刀具路径如图 3—12—5 所示。

6. 优化刀具路径

修改切入切出和连接，重新生成的刀具路径如图 3—12—6 所示。

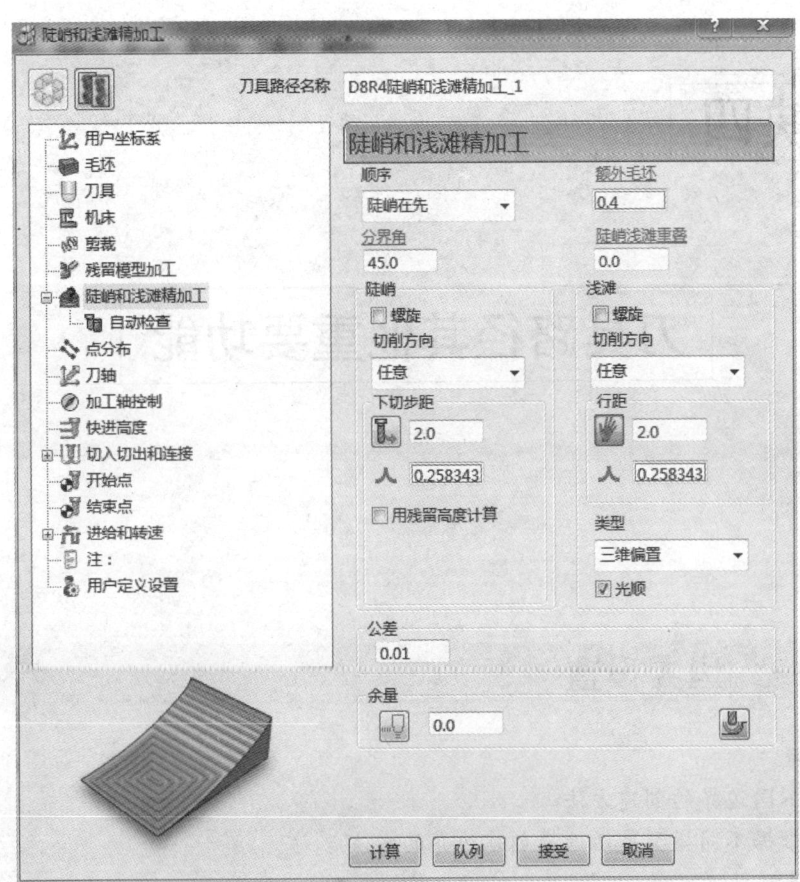


图 3—12—4　陡峭和浅滩精加工主参数表格

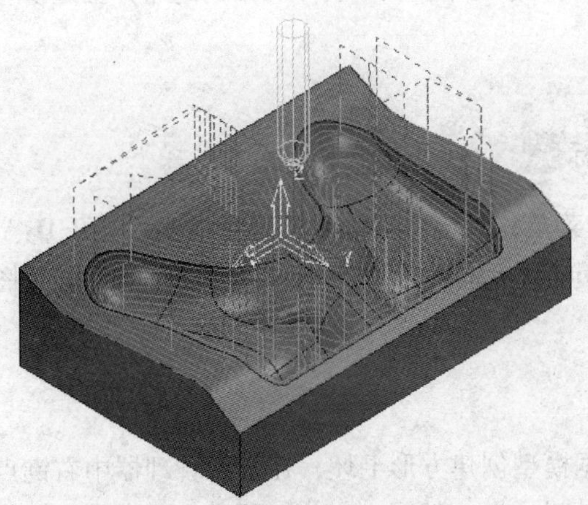

图 3—12—5　重新生成的陡峭和浅滩精加工刀具路径

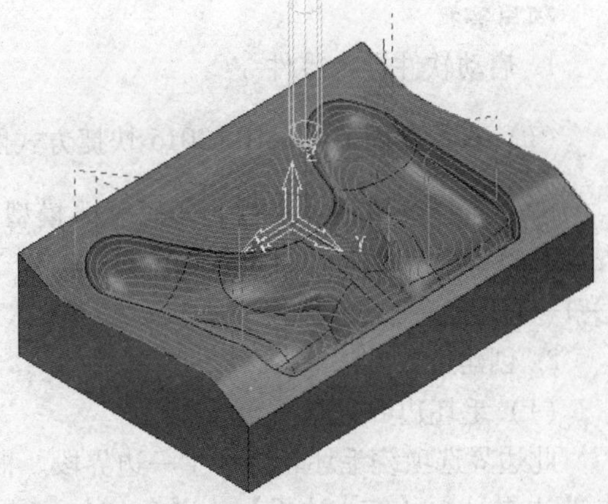

图 3—12—6　优化后的陡峭和浅滩精加工刀具路径

# 模块四

# 刀具路径其他重要功能

## 项目一　边界设置

**项目目标**

1. 掌握不同边界的创建方法。

2. 掌握根据不同模型灵活选择创建边界的方法。

**项目描述**

边界由包含有一条或多条闭合的线框组成，其主要功用是将加工部位限制在零件的某个特定区域，还可以用于剪裁刀具路径、转化为参考线。系统中提供了若干标准的边界产生选项。

**项目实施**

1. 启动软件导入零件

（1）双击桌面 PowerMILL2015 快捷方式图标。

（2）选择菜单栏【文件】｜【输入模型】菜单，系统弹出输入模型对话框，打开 D:\ Program Files \ Delcam \ PowerMILL 19. 0. 10 \ file \ examples 下的 cowling 案例，模型如图 4—1—1所示。

2. 创建边界方法

（1）毛坯边界

此边界选项绕毛坯轮廓产生一边界段。根据模型创建方形毛坯，在资源管理器中右键点击【边界】｜【定义边界】｜【毛坯】，弹出其对话框，如图 4—1—2 所示。点击毛坯按钮，弹出毛坯设置对话框，设置 $X$ 最大值为 0，点击接受完成毛坯设置。点击应用并接受，于是绕毛坯的外边缘在 $Z$ =0 处定义了一个二维边界，边界如图 4—1—3 所示。

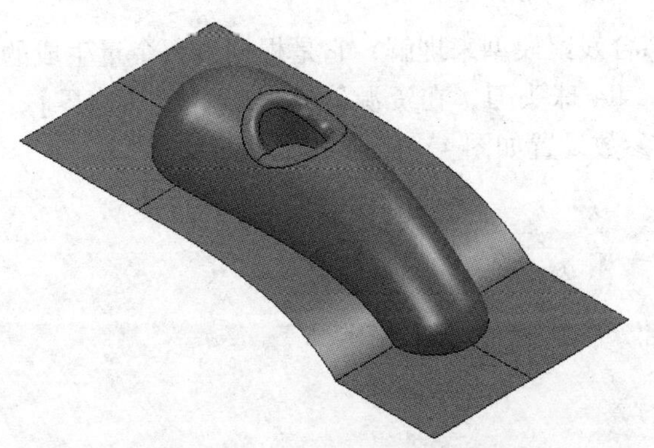

图 4—1—1　创建边界案例模型

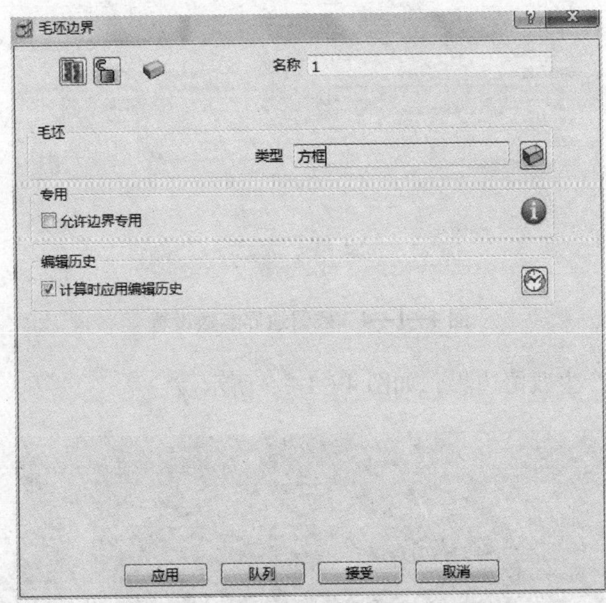


图 4—1—2　毛坯边界参数设置

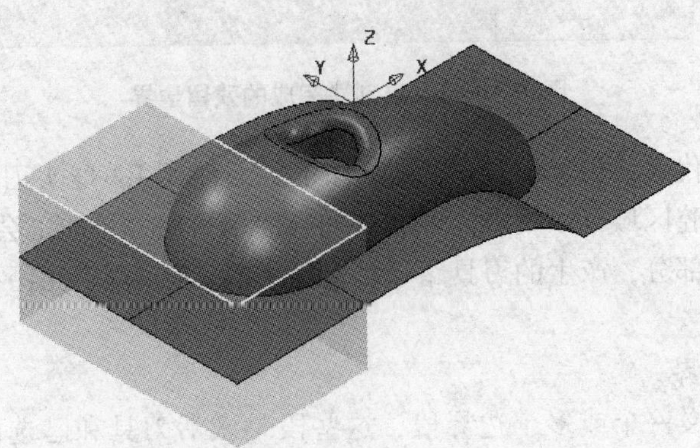


图 4—1—3　已创建完成的毛坯边界

（2）残留边界

此边界的概念要结合残留模型来理解，它是根据残留余量生成的边界。根据模型定义方形毛坯，分别创建 R8、R4 球头刀，在资源管理器中右键【边界】|【定义边界】|【残留】，弹出其对话框，参数设置如图 4—1—4 所示。

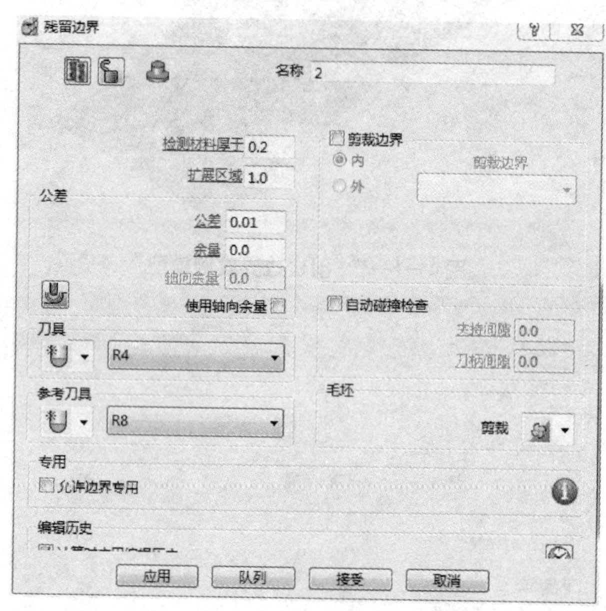


**图 4—1—4　残留边界参数设置**

点击应用并接受产生残留边界，如图 4—1—5 所示。

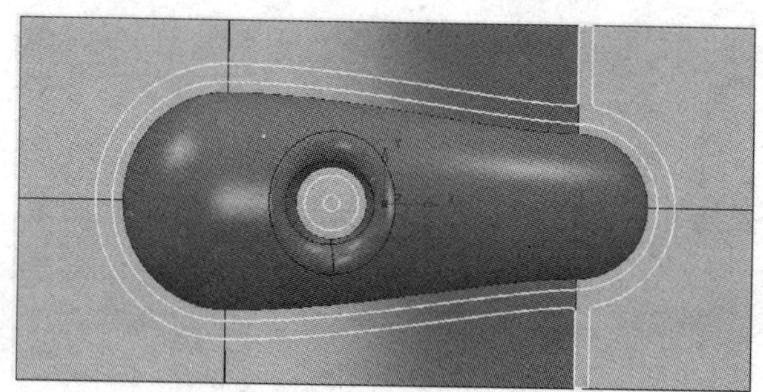

**图 4—1—5　已创建完成的残留边界**

上面的边界区域代表使用 R8 球头刀无法加工到而使用 R4 球头刀可加工到的区域。仔细查看模型中央的型腔区域可以发现，该区域如果使用平底刀具加工会更合适，同时如果能去掉外沿的两个突出部分，产生的刀具路径将会更平滑。这两个突出区域可随后使用单独的刀具路径加工。

（3）已选曲面边界

已选曲面边界定义一个或多个边界段，这些段是激活刀具和已选曲面边缘产生的边界线，这些段代表了激活刀具的刀尖轨迹。

根据模型定义方形毛坯，创建 R4 球头刀，选择需要加工的曲面，如图 4—1—6 所示。

图 4—1—6　已选曲面

在资源管理器中右键点击【边界】|【定义边界】|【已选曲面】，弹出其对话框，参数设置如图 4—1—7 所示。所创建的是精加工边界，公差设置为 0.01，余量设置为 0，刀具选择已创建好的 R4 球头刀，取消允许专用边界，点击应用并接受，产生的已选曲面边界如图 4—1—8 所示。

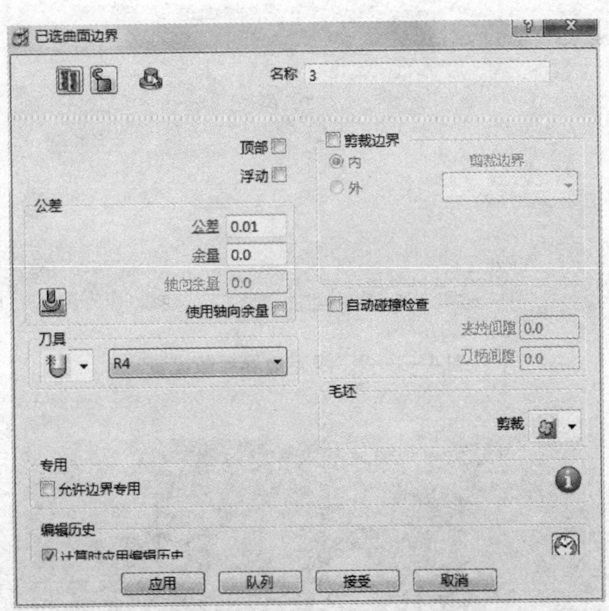


图 4—1—7　已选曲面边界参数设置

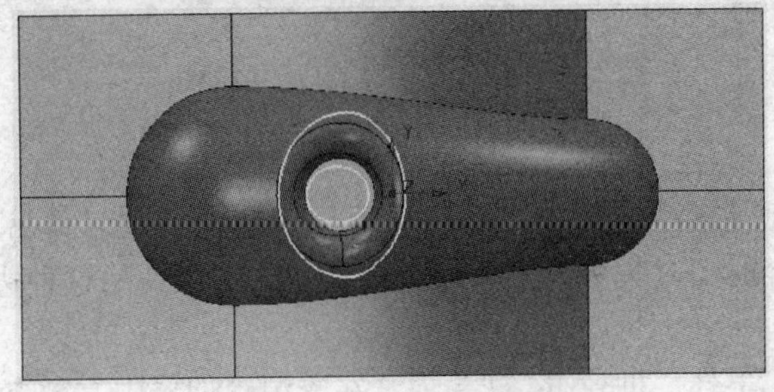

图 4—1—8　已创建完成的已选曲面边界

（4）浅滩边界

浅滩边界定义了模型上由上限角和下限角所定义的一个模型区域，它用来将模型分成陡峭和浅滩两个区域，从而对这两个区域分别使用不同的加工策略，提高加工效率。

根据模型定义方形毛坯，创建 R4 球头刀，在资源管理器中右键点击【边界】|【定义边界】|【浅滩】，弹出其对话框，参数设置如图 4—1—9 所示。点击应用并接受，产生的浅滩边界如图 4—1—10 所示。

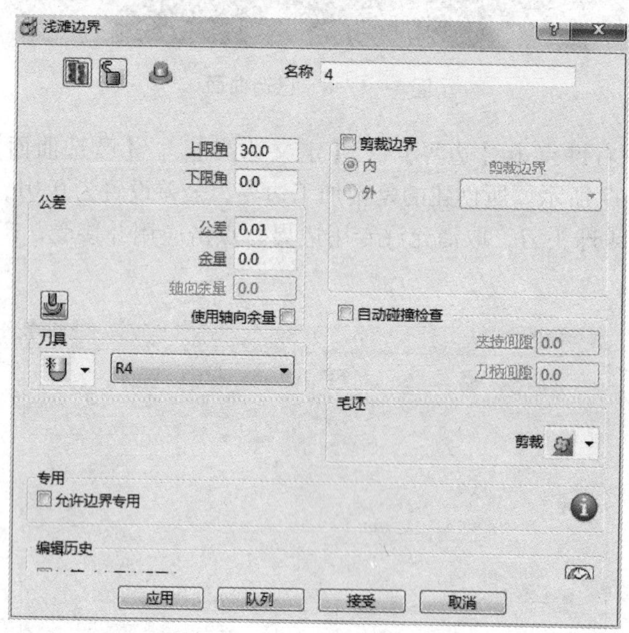


**图 4—1—9　浅滩边界参数设置**

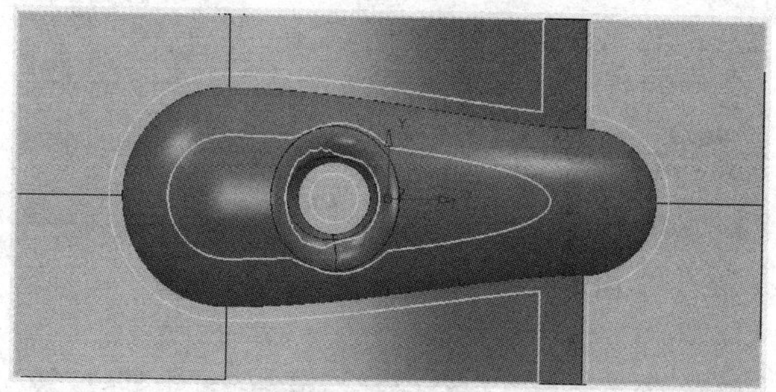

**图 4—1—10　已创建完成的浅滩边界**

（5）轮廓边界

轮廓边界生成绕已选模型定义的二维轮廓线并将它调整到刀具沿 *Z* 轴的接触点，产生的边界在计算刀具路径时刀具失去与三角模型的接触，因而使用这种边界计算刀具路径可以减少提刀次数。

根据模型定义方形毛坯，创建 R4 球头刀，在资源管理器中右键点击【边界】|【定义

边界】|【轮廓】，弹出其对话框，参数设置如图 4—1—11 所示。点击应用并接受，产生的轮廓边界如图 4—1—12 所示。

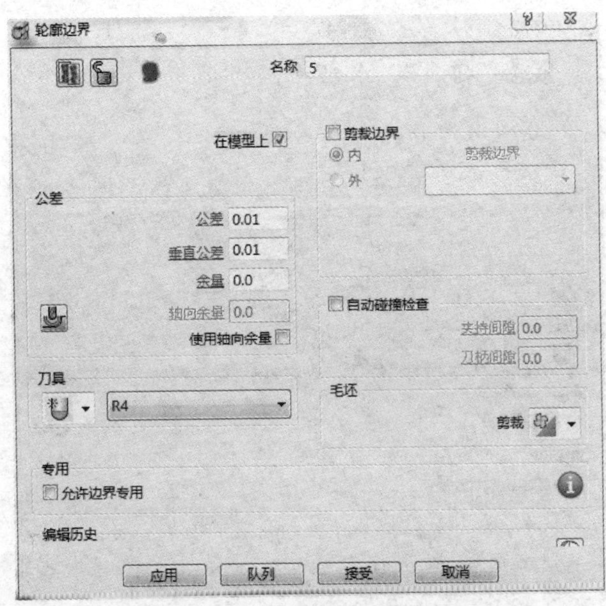


**图 4—1—11　轮廓边界参数设置**

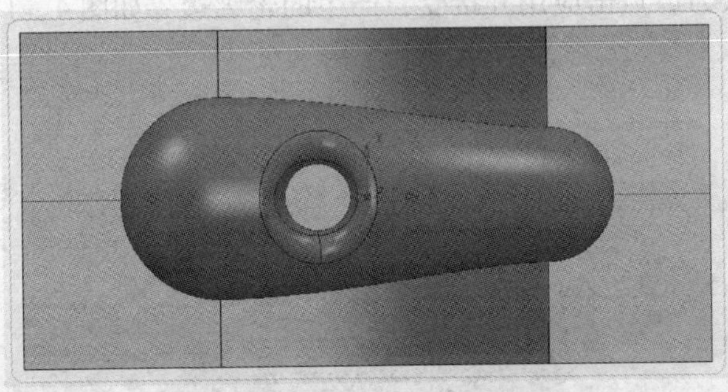

**图 4—1—12　已创建完成的轮廓边界**

（6）无碰撞边界

在铣削加工时，为了提高刀具刚度，减少振纹，提高表面加工质量，一般希望在条件允许的情况下，刀具伸出的长度越短越好。

无碰撞边界通过设置根据现有刀具的夹持长度和直径参数计算加工时不会与模型发生碰撞的安全区域，从而生成无碰撞边界。

根据模型定义方形毛坯，创建两把长短不同的 R4 球头刀，短的设置：刀尖长度 15 mm；刀柄顶部直径和底部直径为 8 mm，长度为 10 mm；夹持顶部直径和底部直径为 50 mm，长度为 30 mm，伸出长度为 20 mm。长的设置：刀尖长度 40 mm；刀柄顶部直径和底部直径为 8 mm，长度为 20 mm；夹持顶部直径和底部直径为 50 mm，长度为 30 mm，伸出长度为 50 mm。选择短的刀具生成边界，剩余加工不到的部位可选择长的刀具进行加工。

在资源管理器中右键点击【边界】|【定义边界】|【无碰撞边界】，弹出其对话框，参数设置如图 4—1—13 所示。

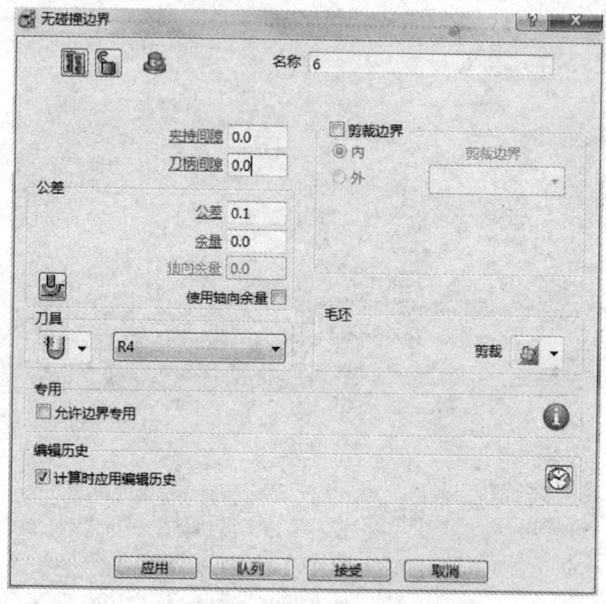


**图 4—1—13　无碰撞边界参数设置**

选择短的 R4 球头刀，点击应用并接受，产生的轮廓边界如图 4—1—14 所示。

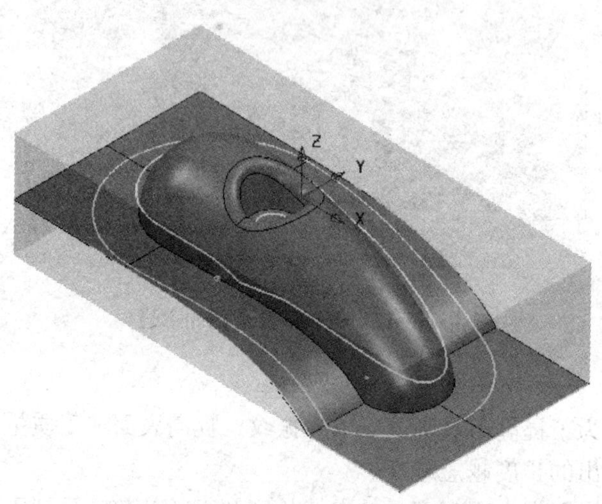


**图 4—1—14　已创建完成的无碰撞边界**

（7）残留模型残留边界

残留模型残留边界依赖于已有的刀具路径和残留模型。残留模型残留边界与残留边界这两种边界的计算方法在本质上是相同的。不同之处在于，残留边界要求设置参考刀具和加工刀具，然后计算出边界，不需要设置刀具路径和残留模型；而残留模型残留边界需要设置已经计算好的刀具路经和残留模型，设置加工刀具后计算出边界。

根据模型定义方形毛坯，分别创建 R8、R4 球头刀。使用三维偏置精加工策略选择 R8 球头刀，生成精加工刀具路径 1，并创建残留模型 1，将刀具路径增加到残留模型 1。

在资源管理器中右键点击【边界】｜【定义边界】｜【残留模型残留边界】，弹出其对话框，参数设置如图 4—1—15 所示。选择 R4 球头刀，点击应用并接受，产生的残留模型残留边界如图 4—1—16 所示。

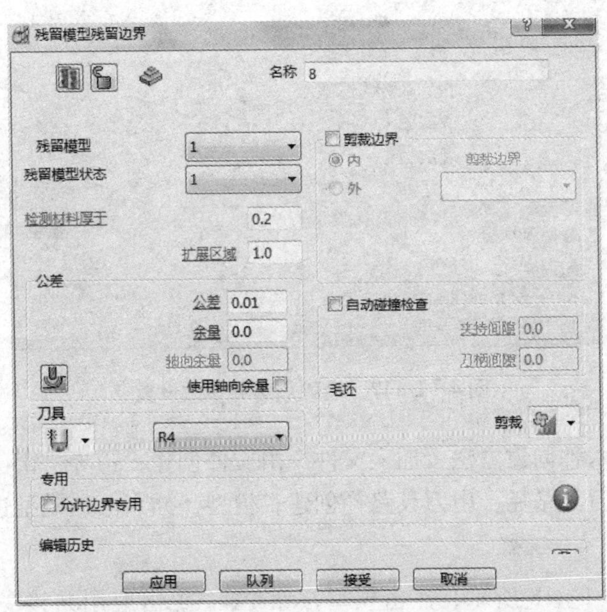


图 4—1—15 残留模型残留边界参数设置

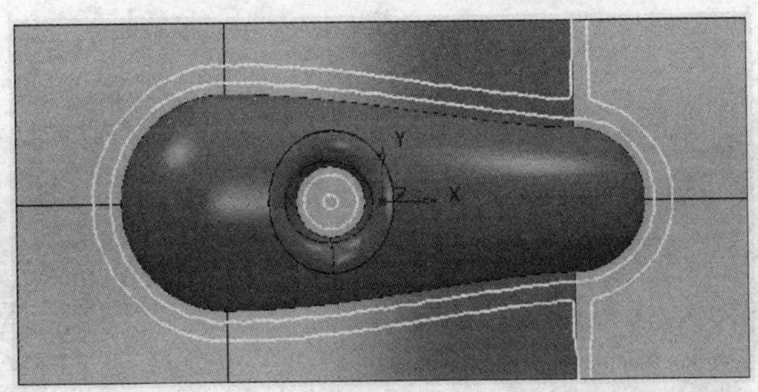

图 4—1—16 已创建完成的残留模型残留边界

（8）接触点边界

接触点边界创建方法以刀具触点而不是刀尖来计算边界，控制刀具的接触点在给定的边界上。

在资源管理器中右键点击【边界】｜【定义边界】｜【接触点】，弹出其对话框，参数设置如图 4—1—17 所示。

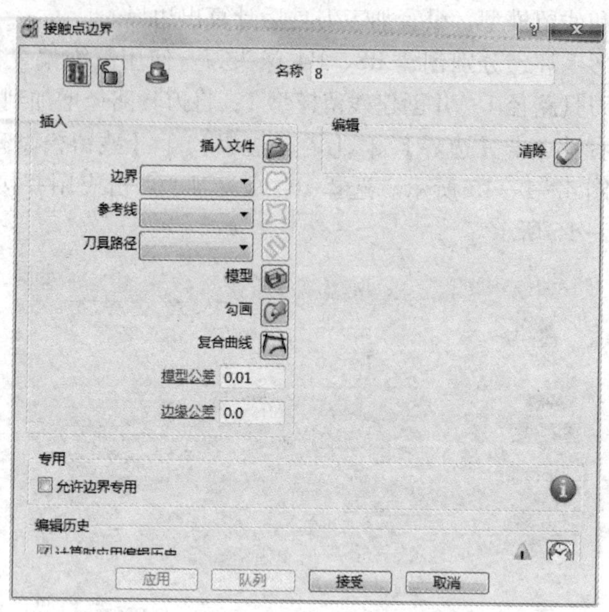


图 4—1—17 接触点边界参数设置

其中，插入中有六种创建方法：插入文件，由文件创建；边界，由已有边界创建；参考线，由参考线创建；刀具路径，由刀具路径创建；模型，插入已选模型边缘；勾画，启用自由形状坐标输入。

选择曲面如图 4—1—18 所示，点击模型按钮，点击应用并接受，产生的接触点边界如图 4—1—19 所示。

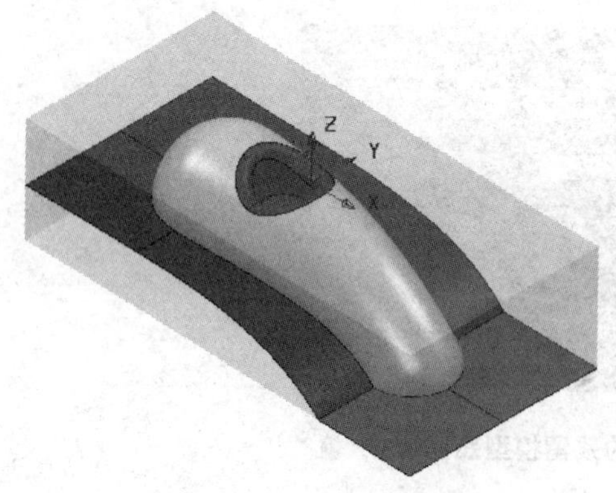


图 4—1—18 已选曲面

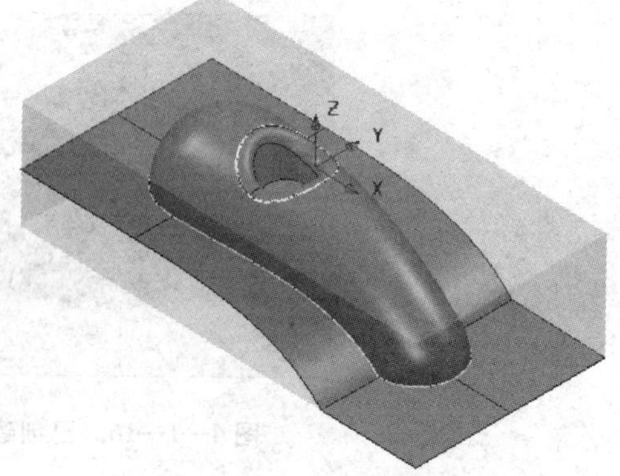


图 4—1—19 已创建完成的接触点边界

（9）接触点转换边界

这种边界创建方法是将已有的边界转换为用于指定刀具加工的边界。它与接触点边界不同之处在于接触点边界的生成与刀具无关，而接触点转换边界是按照加工刀具计算生成的。

根据模型定义方形毛坯，创建 R4 球头刀，在资源管理器中右键点击【边界】｜【定义

边界】|【由接触点转换的边界】，弹出其对话框，参数设置如图 4—1—20 所示。

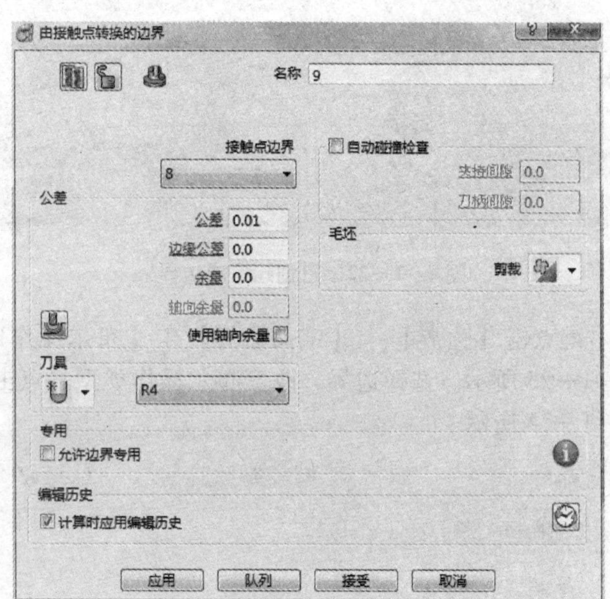


**图 4—1—20　接触点转换边界参数设置**

接触点边界选择待转换的边界，点击应用并接受，产生的接触点转换边界如图 4—1—21 所示。大多数情况下，在接触点边界中创建的边界无须在接触点转换边界中转换，因为在接触点边界中创建的边界在 PowerMILL 系统中会自动转化为与当前加工刀具关联的边界。

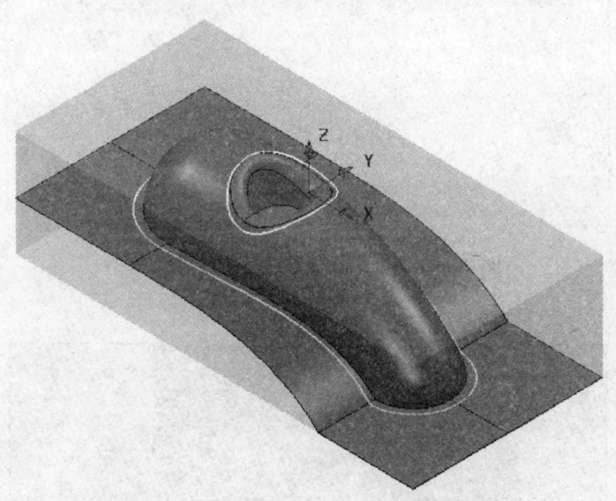


**图 4—1—21　已创建完成的接触点转换边界**

（10）布尔操作边界

布尔操作边界是通过对一条边界与另一条边界的布尔运算产生一条新的边界，其中包括求和、求差和交集运算。由毛坯边界分别定义两条边界 10 和 11，如图 4—1—22 所示。

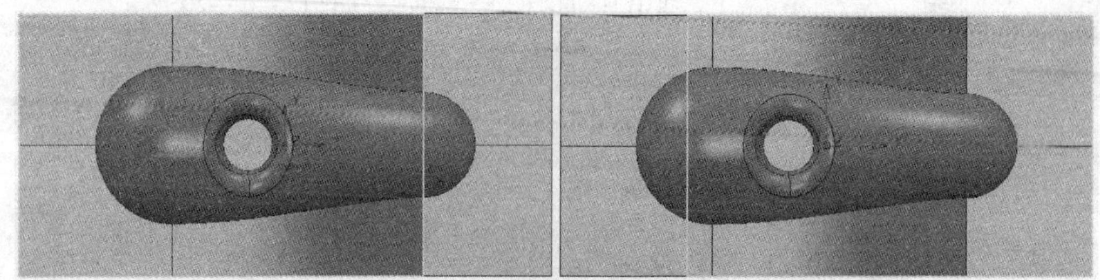

图 4—1—22　已创建完成边界

在资源管理器中右键点击【边界】|【定义边界】|【布尔操作边界】，弹出其对话框，参数设置如图 4—1—23 所示。选择边界，改变布尔操作类型。点击应用并接受产生布尔操作边界，如图 4—1—24 所示。

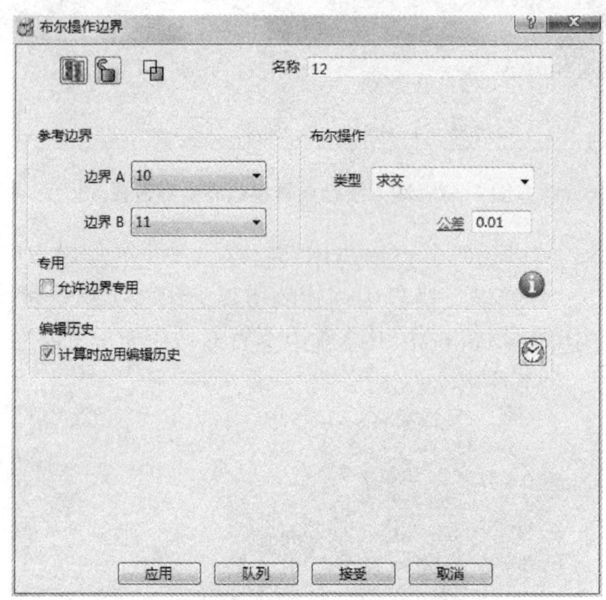


图 4—1—23　布尔操作边界参数设置

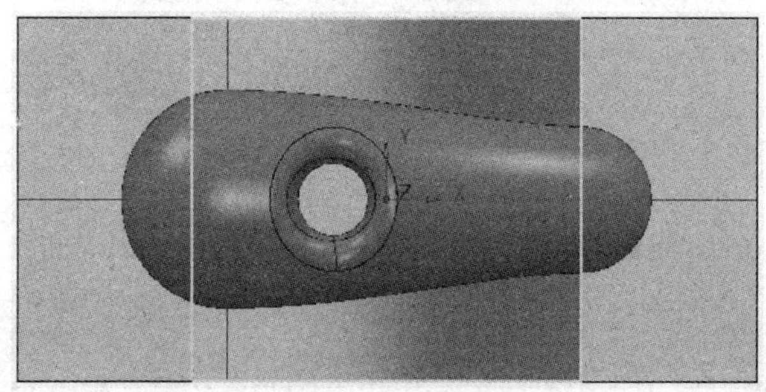

图 4—1—24　已创建完成的布尔操作边界

（11）用户定义边界

这种类型的边界通过额外子菜单中的一些选项产生。与其他的主边界选项不同的是，这种类型的边界一般来说仅牵扯到已有线框转换，而其他主边界选项和 PowerMILL 中的其他元素相关。

在资源管理器中右键点击【边界】｜【定义边界】｜【用户定义边界】，弹出其对话框，参数设置如图 4—1—25 所示。

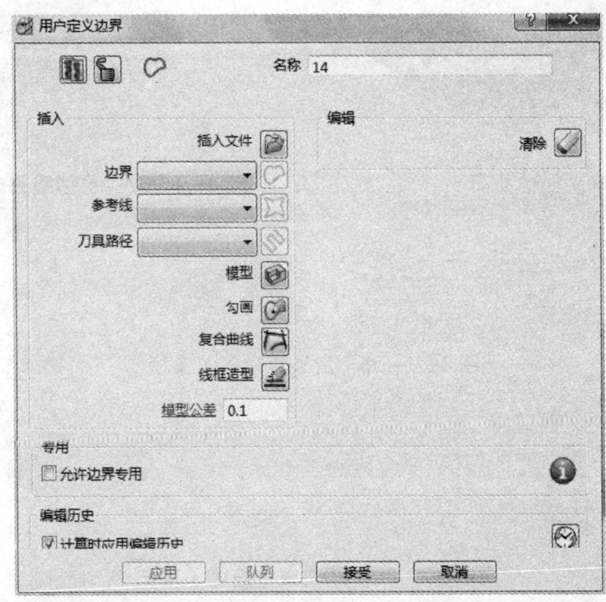


**图 4—1—25　用户定义边界参数设置**

其中，插入中有八种创建方法：插入文件，由文件创建；边界，由已有边界创建；参考线，由参考线创建；刀具路径，由刀具路径创建；模型，插入已选模型边缘；勾画，启用自由形状坐标输入；曲线造型，打开复合曲线产生器；线框造型，打开 PowerSHAPE 线框造型器。

在资源管理器中右键点击【边界】｜【定义边界】｜【用户定义边界】，弹出其对话框。选择定义边界的曲面如图 4—1—26 所示。点击插入模型按钮，点击应用并接受，产生的用户定义边界如图 4—1—27 所示。

在资源管理器中右键点击【边界】｜【定义边界】｜【用户定义边界】，弹出其对话框。点击勾画边界按钮，弹出曲线编辑器工具栏，如图 4—1—28 所示。然后可以勾画所需要的边界，勾画完成后点击接受按钮 ✓ 完成边界创建。

在资源管理器中右键点击【边界】｜【定义边界】｜【用户定义边界】，弹出其对话框。点击曲线造型按钮，弹出曲线编辑器和产生复合曲线工具栏，如图 4—1—29 所示。然后可以选择所需要的边界，点击轮廓边界线如图 4—1—30 所示，根据所提示的方向选择边界线，完成后点击接受按钮 ✓ 完成边界创建，如图 4—1—31 所示。

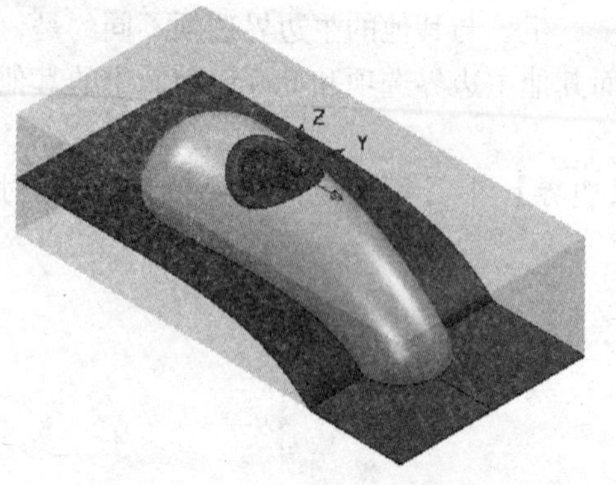


图 4—1—26　已选曲面

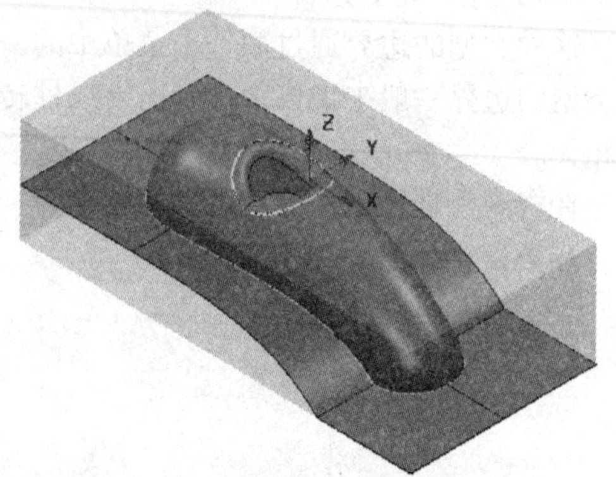


图 4—1—27　已创建完成的用户定义边界

图 4—1—28　曲线编辑器工具栏

产生复合曲线

图 4—1—29　产生复合曲线工具栏

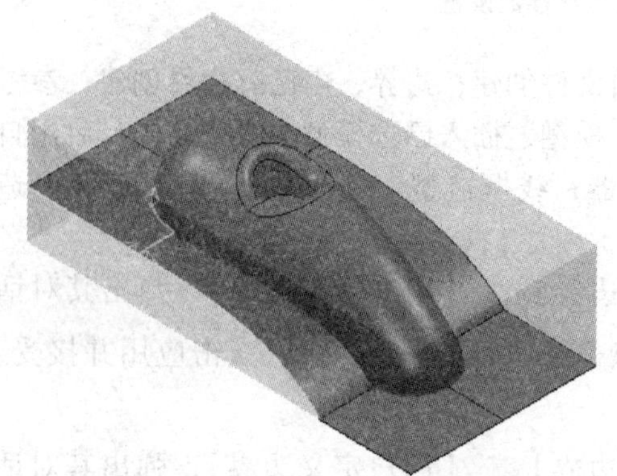

图 4—1—30　轮廓边界线选择图

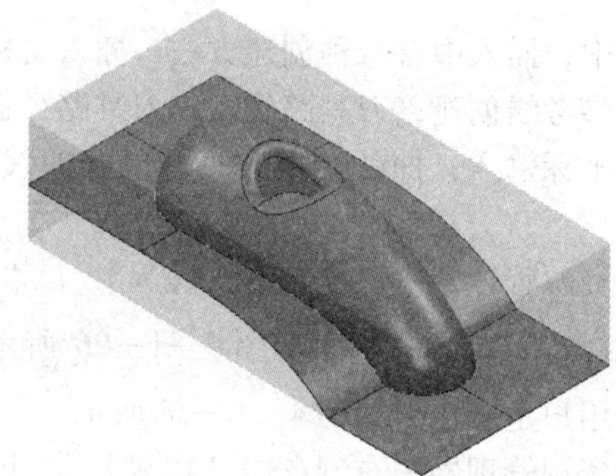

图 4—1—31　已创建完成的由轮廓边界线生成的边界

## 项目二　参考线设置

**项目目标**

1. 掌握参考线的创建方法。

2. 掌握实际零件的参考线编辑方法。

**项目描述**

参考线是一种2D或3D线框元素，主要用来帮助规范刀具路径。可以将参考线投影到模型上，也可以保持不变地应用在参考线精加工中。参考线也叫作引导线，可以用来引导系统做出参考线样式的刀具路径。与边界不同的是，参考线可包含开放段。

**项目实施**

参考线功能多样，有作为引导线的作用，或者转换为边界，或直接用作刀具路径。下面将详细介绍参考线的创建方法及编辑。

1. 创建参考线

（1）参考线的创建

从资源管理器中右击参考线 参考线，从弹出菜单中点击工具栏选项，如图4—2—1所示。或者在主菜单中点击【查看】｜【工具栏】｜【参考线】，打开参考线工具栏。

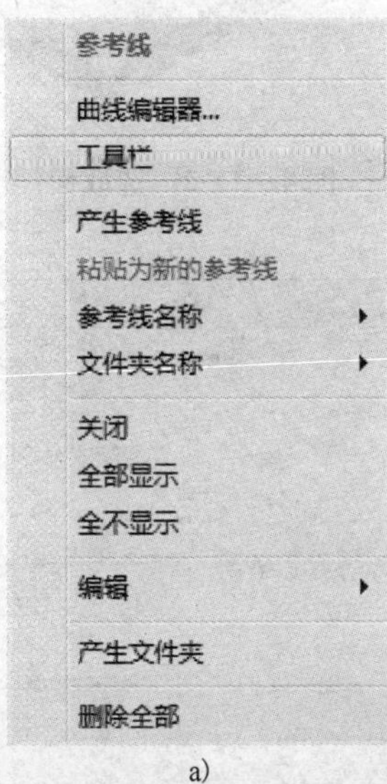


a)

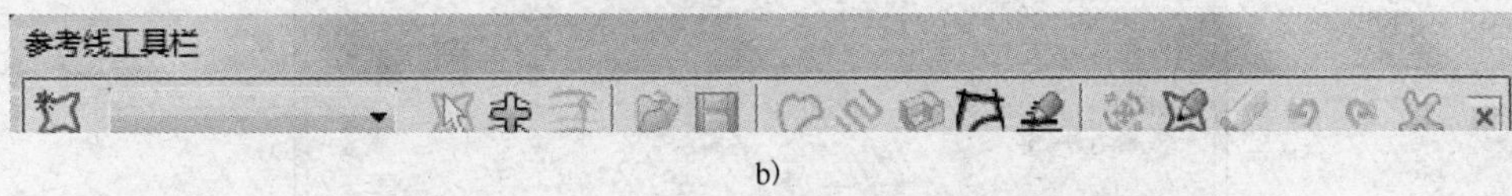


b)

图4—2—1 打开参考线工具栏选项

从工具栏中点击点取产生参考线图标，系统会在资源管理器中“参考线”目录下产生一条新的参考线，展开参考线目录会看到一条名称为1的参考线，用户随后可在此参考线中加上具体的几何图形内容。

（2）参考线的创建方法

参考线的创建可以通过点击选取面产生曲线，或打开自动参考线产生器产生曲线，或者通过插入图形图框到参考线，或者通过已有的边界点击插入边界到参考线，也可以点击曲线造型手动选取边缘线框形成复合曲线产生参考线。

1）插入边界到激活参考线。创建边界，选取如图 4—2—2 所示的面，定义刀具毛坯如图 4—2—3 所示。在资源管理器中右键点击【边界】｜【产生边界】｜【已选曲面】。

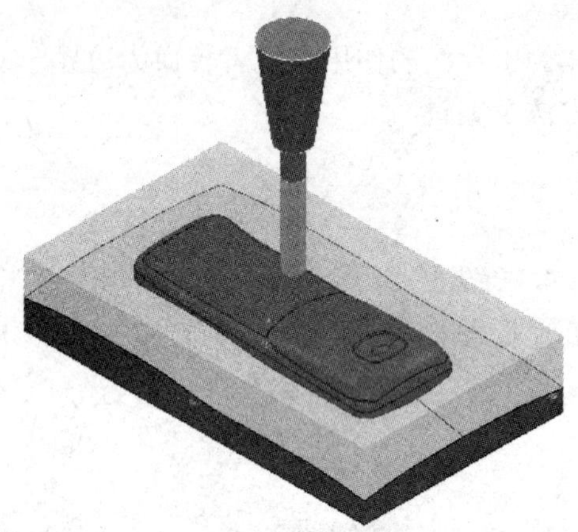

图 4—2—2　选取面

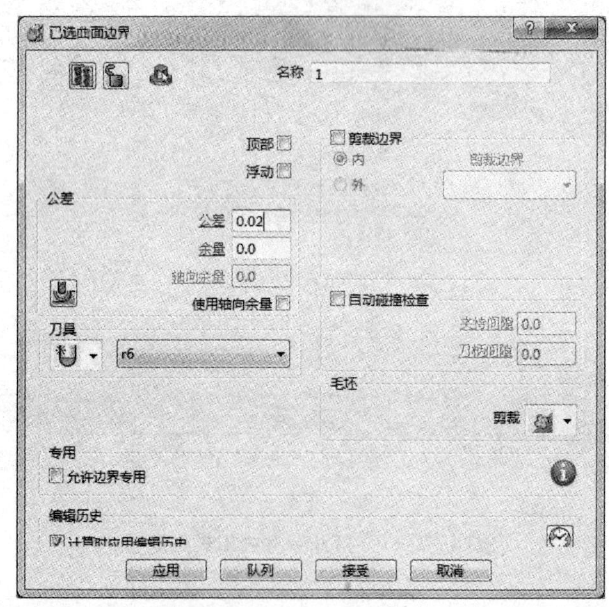


图 4—2—3　定义刀具毛坯

最后产生如图 4—2—4 所示的边界。

选取内部的一条边界段，如图 4—2—4 所示。右击资源管理器中新产生的空的参考线，从弹出的菜单中选取【插入】｜【边界】。输入边界名称并点击绿色的钩，接受该边界，如图 4—2—5 所示。于是即通过已选边界段产生一条参考线。

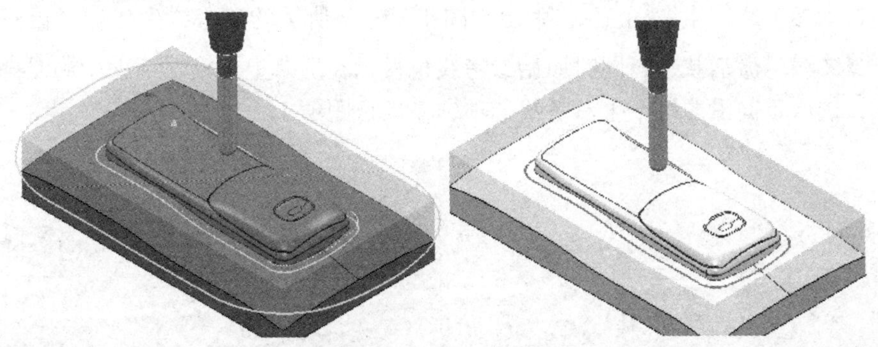

图 4—2—4　产生边界

图 4—2—5　边界产生参考线选择框

选取并右击此参考线段，从弹出菜单中点击曲线编辑器找到偏置按钮并点击。在弹出的图 4—2—6 所示表格中输入偏置距离 50 并点击回车键产生偏置参考线，如图 4—2—7 所示。

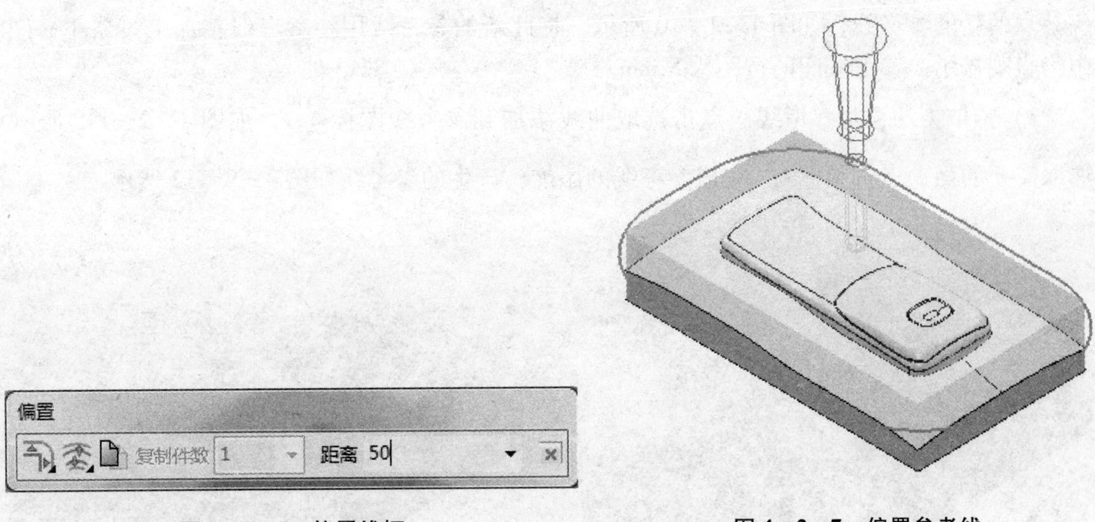


图 4—2—6　偏置线框

图 4—2—7　偏置参考线

右击图 4—2—7 所示的参考线，从弹出菜单中选取显示方向选项，于是方向箭头显示在参考线段上。选取图 4—2—8 中外面的那条参考线段，从弹出菜单中选取【编辑】|【反向已选】（此时两条参考线应具有相同的走向）。

2）自动参考线生成器。从参考线工具栏选取产生参考线图标，产生一空的新参考线。点击自动参考线产生图标，弹出如图 4—2—9 所示的参考线生成器对话框。此时新产生的空参考线呈激活状态，同时原始参考线也显示在屏幕上。在对话框中同时选取两条原始参考线，选取单向沿曲线产生参考线选项，输入行距值 1。

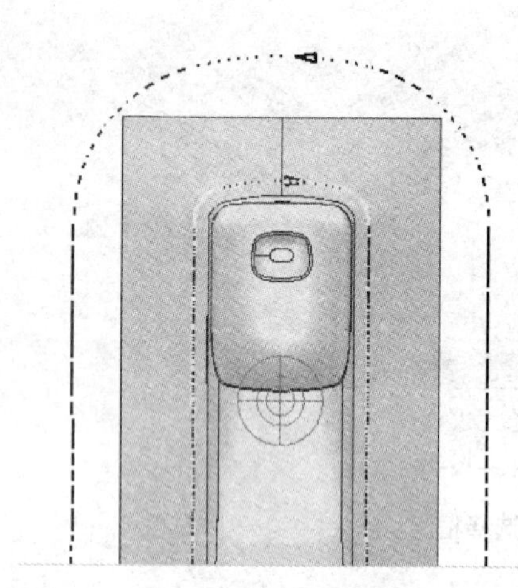

图 4—2—8　显示方向

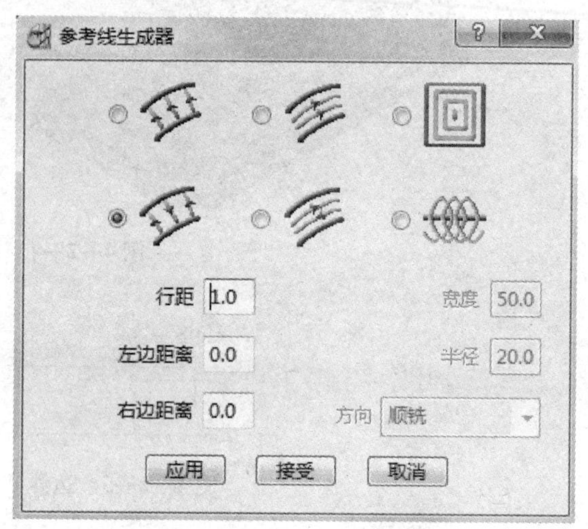


图 4—2—9　产生自动参考线

用户可使用图 4—2—9 所示的参考线生成器对话框，通过一条或两条驱动曲线产生多种多段样式的参考线，应用并接受表格设置，于是在已选的两个原始非激活参考线段之间产生一独立的新的参考线，如图 4—2—10 所示，将此新的参考线用在参考线精加工策略中，图中为直观显示，参考线间的行距为 5 mm。

3）拾取方法添加参考线。点击选取曲线添加到参考线图标，如图 4—2—11 所示，选取需要的面，点击图标完成参考线的添加。产生的参考线如图 4—2—12 所示。

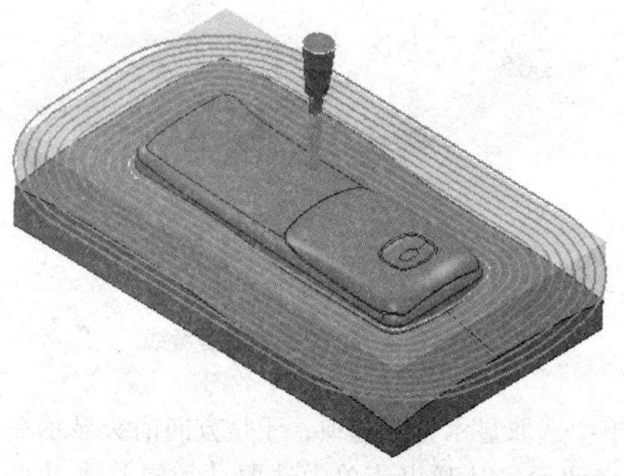

图 4—2—10　参考线生成器生成参考线

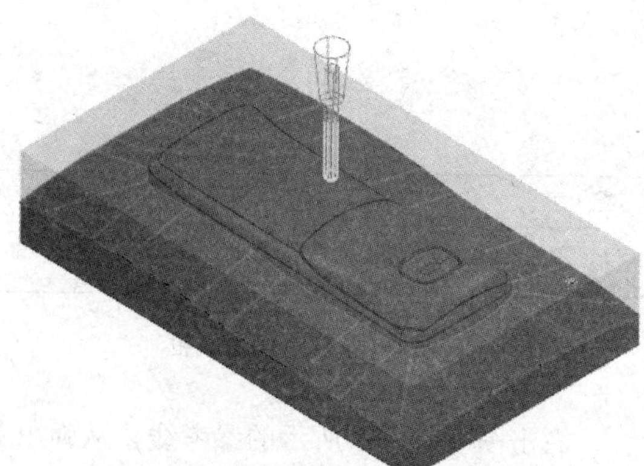

图 4—2—11　选取面

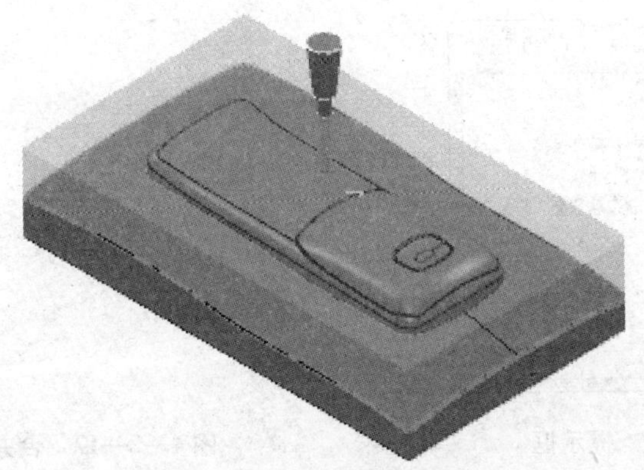

图 4—2—12 通过拾取方法添加的参考线

2. 编辑参考线

当通过参考线工具栏产生曲线后可能会出现一些不需要的线段，此时可以通过曲线编辑器来编辑多余的线段。点击 参考线产生新建空白参考线 ，右击新产生的参考线 1，在弹出的菜单中选择曲线编辑器。弹出曲线编辑工具栏，如图 4—2—13 所示。

图 4—2—13 编辑工具栏

（1）方向指示：参考线是具有方向的，点击打开方向图标 可以指示如图 4—2—14 所示参考线的方向，点击反向已选图标 可以将参考线方向反向。

（2）分离已选：点击分离已选图标 可以分离如图 4—2—15 所示的线段。

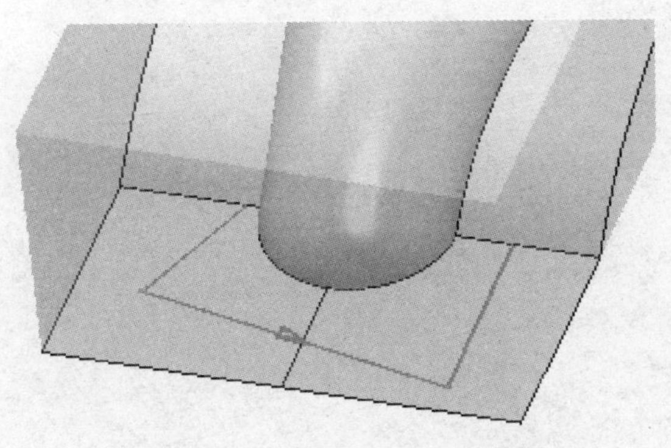

图 4—2—14 显示线框方向

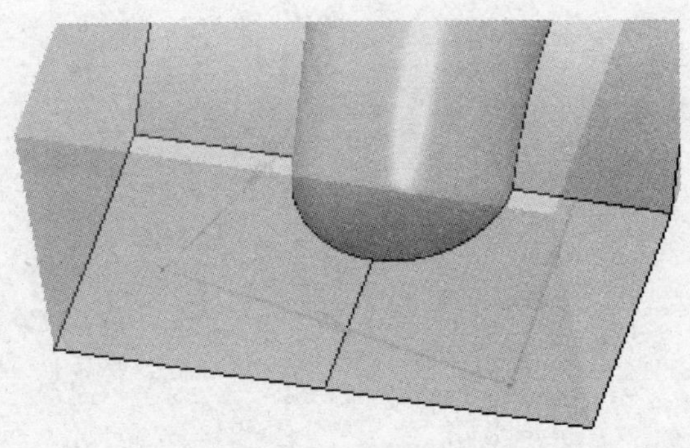

图 4—2—15 分离线段

（3）合并已选：点击合并已选图标 ，弹出合并提示信息，如图 4—2—16 所示。将已选线段合并，如图 4—2—17 所示。

图 4—2—16 提示框

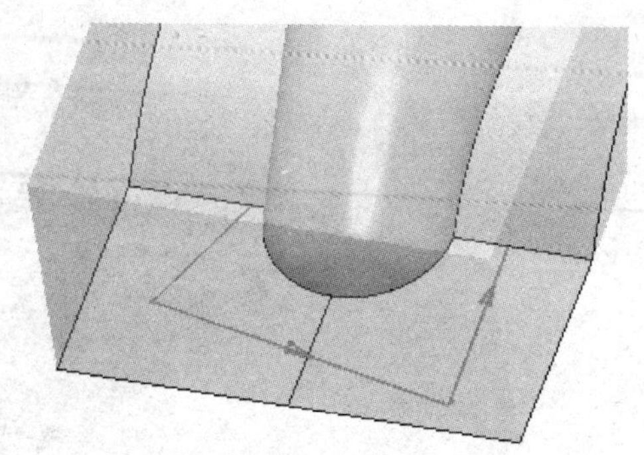

图 4—2—17 合并已选线段

（4）合并拾取：与合并已选一样，点击合并拾取图标 可以将之后选取的线段全部合并，如图 4—2—18 所示。

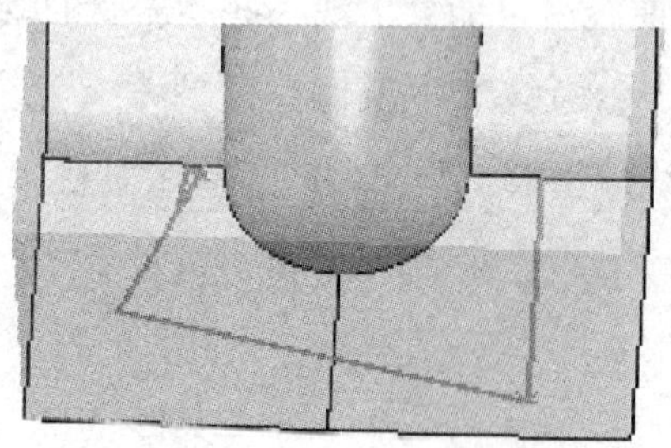

图 4—2—18 合并选取线段

# 模块五

# 刀具路径的优化

## 项目一　切入切出和连接

### 项目目标

1. 灵活运用合适的连接移动。
2. 掌握切入切出和连接的基本设置。
3. 掌握如何利用切入切出和连接提高切削效率。

### 项目描述

通过前面介绍的粗、精编程可以看出，刀具路径间的连接分为两种情况。一种是在零件外连接，这种连接会产生不必要的空程移动，并且抬刀次数较多，这样极大地增加了额外的加工时间。另一种则是刀具沿刀具路径进行移动，这样很容易在零件上留下刀痕，使零件的表面质量下降，同时导致刀具的额外磨损。PowerMILL 软件的切入切出和连接功能可以避免刀具在零件上留下刀痕，减少刀具路径间的空程运动，缩短额外的加工时间。

### 项目实施

点击主工具栏的切入切出和连接图标，也可以在刀具路径策略中的切入切出和连接选项卡打开，并应用到此策略。打开切入切出和连接对话框，如图 5—1—1 所示。切入切出和连接是刀具路径的有效延伸，与模型作比较的刀具路径策略生成中，必须对其进行过切保护处理，为此一定要设置表格中的过切检查选项（默认值为勾选），以免发生过切。其中二维曲线轮廓、二维曲线区域、面铣削等策略的过切检查选项功能需取消。

识别刀具路径颜色代码能够更快地判断出需要调节合适连接的部分，如图 5—1—2 所示。橙色：切入切出；紫色：掠过；浅蓝色：下切；绿色：切削；红色虚线：快速。

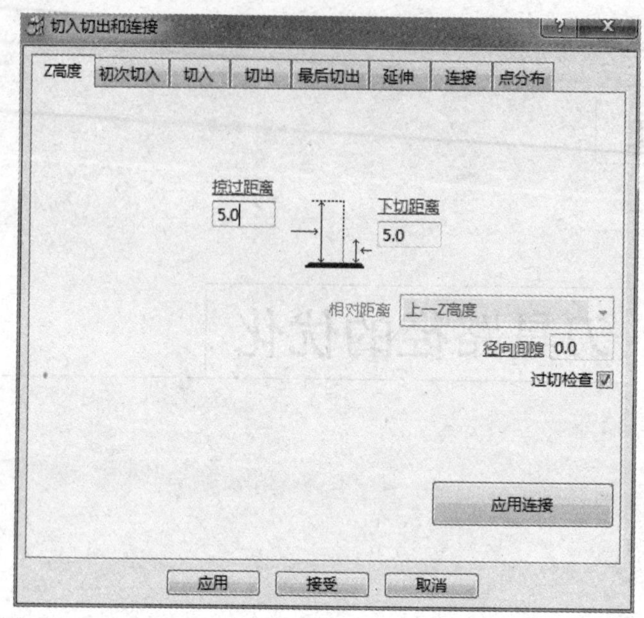


图 5—1—1　切入切出和连接对话框

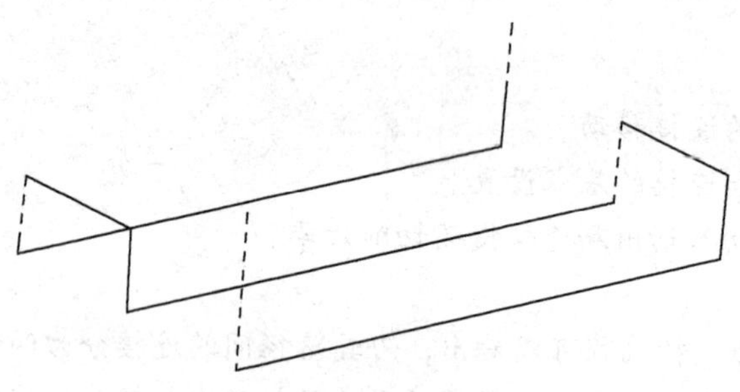

图 5—1—2　刀具路径颜色代码

1. Z 高度

掠过距离和下切距离用来控制刀具在相对于零件之上快速移动的安全距离。根据零件设置适当的安全距离可以最大限度减小加工过程中刀具低速移动和不必要的空程移动。通常都是按照默认设置。

掠过距离是刀具在相对于零件的安全高度之上从一条刀具路径末端提刀到下一刀具路径始端进行快速移动的距离。刀具在掠过距离所设定的高度之上做快进移动，快速跨过模型，到达下一下切位置。

下切距离是零件表面之上的一相对距离，刀具下切到此距离值后将由快进速率下切转变为以下切速率下切。

相对距离是指掠过距离与下切距离是以何种方式作基准计算的。它的选项有上一 Z 高度和刀具路径点两种。上一 Z 高度是指掠过距离与下切距离以上一刀具路径为基准计算，刀具路径点指掠过距离与下切距离是以所要加工的刀具路径为基准计算的。

2. 切入与切出

切入和切出方式分为第一选择和第二选择，两种选择的选项内容是完全相同的。在任何情况下，系统默认使用第一选择的切入与切出方式，如果因过切检查致使第一选择无法实施，系统将自动应用第二选择。如果两种选择都无法实施，系统将切入方式设置为“无”。

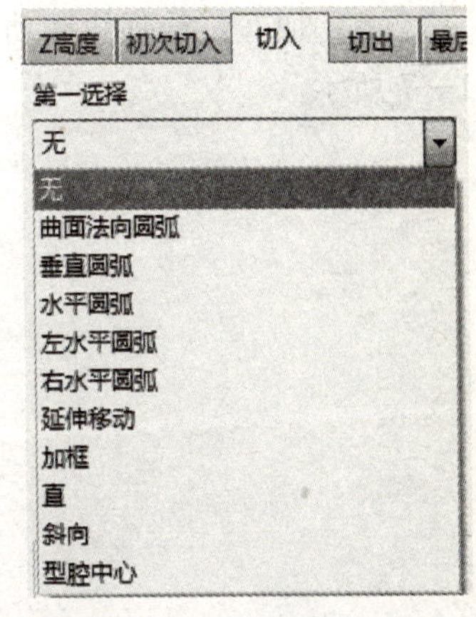


图 5—1—3 切入切出选项

切入切出选项有无、曲面法向圆弧、垂直圆弧、水平圆弧、左水平圆弧、右水平圆弧、延伸移动、加框、直、斜向和型腔中心，如图 5—1—3 所示。

（1）无：刀具直接沿刀具路径切入毛坯。

（2）曲面法向圆弧：刀具选择垂直加工面方向作圆弧方式切入毛坯，如图 5—1—4 所示。曲面法向圆弧与垂直圆弧十分类似，本项目将一起介绍，其参数内容为距离（切入刀具路径延伸距离）、角度（切入圆弧的角度）、半径（切入圆弧的半径）。

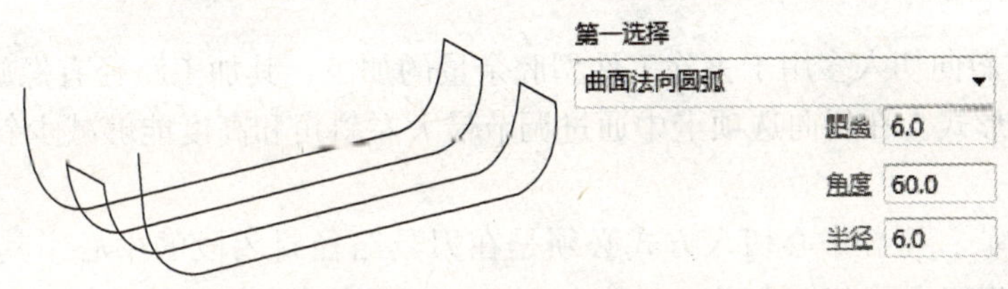


图 5—1—4 曲面法向圆弧

（3）水平圆弧：刀具选择平行加工面方向作圆弧方式切入毛坯，如图 5—1—5 所示，其切入方式简单、便捷，通过过切检查，系统自动判断圆弧的最佳方向。其参数内容与曲面法向圆弧相同。

（4）左水平圆弧：与水平圆弧使用方法和参数内容完全相同，唯一的区别是水平圆弧只产生在刀具路径的左侧。右水平圆弧同理。

（5）延伸移动：为防止刀具在提刀和主轴停止转动时划伤已加工表面，破坏工件的表面质量，需要将刀具移出工件外。如图 5—1—6 所示，与圆弧切出方式类似，区别在于延伸移动是沿刀具路径的法向方向采用直线延伸运动。参数内容为距离，数值通常大于刀具半径。

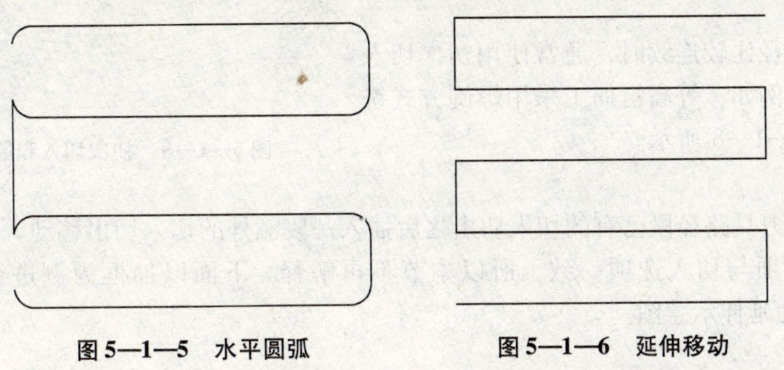

图 5—1—5 水平圆弧　　图 5—1—6 延伸移动

（6）加框：与延伸移动相同，区别在于直线延伸移动是沿着水平方向运动，如图 5—1—7 所示。

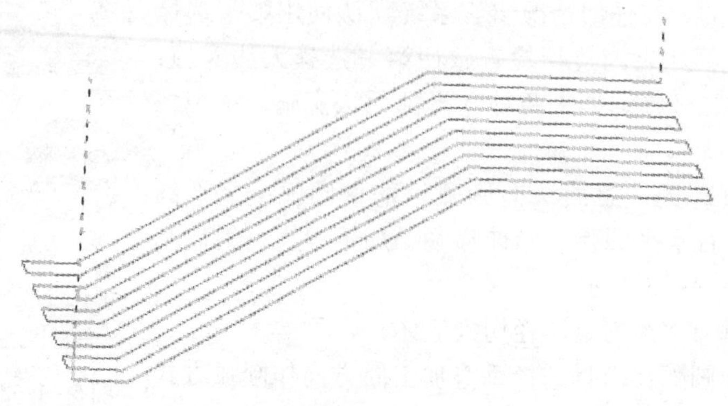

图 5—1—7　加框

（7）直：与延伸移动相同，区别在于通过调节角度数值可以改变刀具路径直线延伸方向。

（8）斜向：斜向切入多用于去除工件型腔余量的加工，其加工路径有螺旋线、Z 字形斜线、轮廓线三种形式。在斜向选项卡中通过调节最大左斜角和高度能够减少斜向切入的移动距离。

（9）型腔中心：型腔中心切入方式必须是在刀具路径封闭段的中心，其切入始于型腔的中心，并且切出终于型腔的中心。型腔中心切入方式在精加工腔体特征时特别实用，如圆孔铣削。

切入切出的合理运用能够提高工件表面质量，如果工件表面因切入切出接刀出现凹凸不平，会增大重叠距离的数值。在切入切出选项卡中将其他参数按照默认值设置。

3. 初次切入/最后切出

初次切入是指在连续的一段刀具路径刀具采用首次切入毛坯的切入方式。由于初次切入和最后切出选项的参数是完全相同的，在设置完“初次切入”选项卡后可通过点击按钮 复制到最后切出 将初次切入设置复制到最后切出。对于刀具路径中的非切削段，系统默认按连接方式处理。

当刀具路径比较连续时，通常使用初次切入和最后切出，例如，等高精加工采用螺旋方式铣削时，如图 5—1—8 所示。

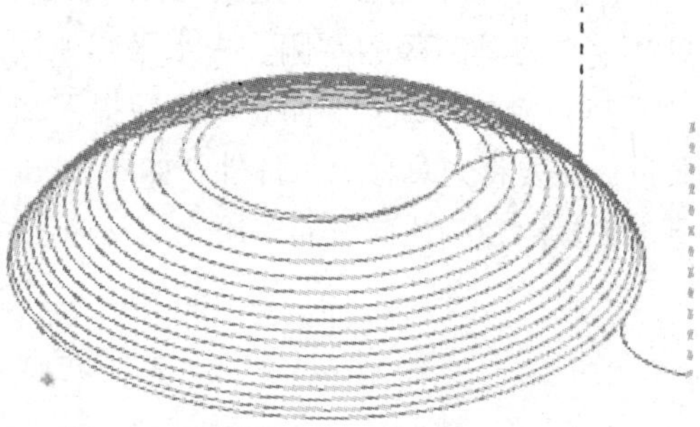

图 5—1—8　初次切入和最后切出

4. 延伸

延伸将在刀具路径段已有的切入切出之后插入一段额外的切入切出移动。由于延伸选项卡向内向外选项与切入选项一致，所以本节不再解释。下面以加框为例进行说明，如图 5—1—9所示为延伸示意图。

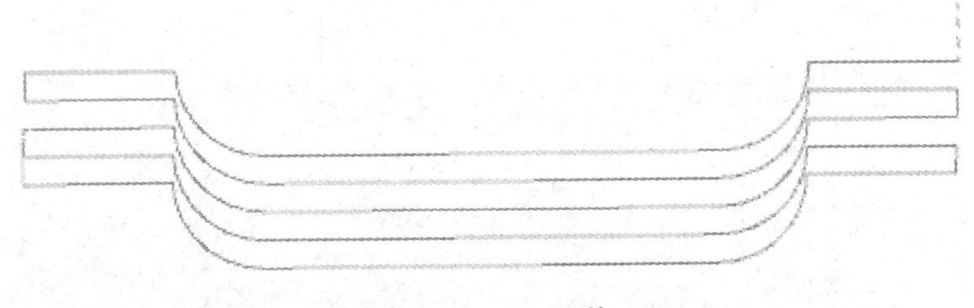

图 5—1—9　延伸

5. 连接

连接运动是从一条刀具路径末端到下一条刀具路径始端之间的过渡形式。为了使刀具路径切削效率更高，我们总是希望相邻刀具路径间连接运动的距离尽可能短，在不出现过切的情况下，连接运动越短越好。系统提供的刀具路径的连接包括短连接、长连接、缺省连接三种方式。连接选项卡如图 5—1—10 所示，其他参数数值按默认值设置。

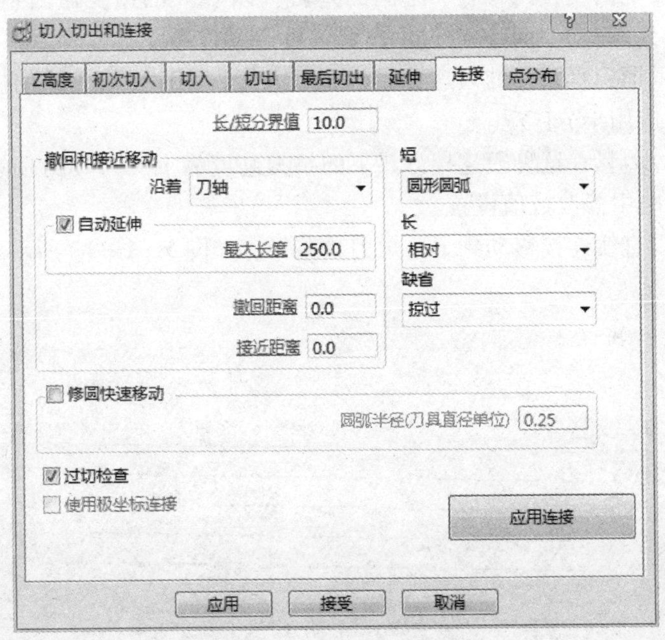


图 5—1—10　连接选项卡

（1）长/短分界值

长/短分界值是用于区分长连接和短连接的分界值，刀具路径间的距离比此值小时，系统将认为是短连接，按短连接处理，反之按长连接处理。该分界值的系统默认值为 10。

（2）短

短连接有安全高度、相对、掠过、在曲面上、下切步距、直、圆形圆弧七种连接方式。

1）安全高度：刀具以 G00 速度快速撤回安全高度，在安全高度平面移动到下一下刀点，安全高度数值通过主工具栏中的“快进高度”进行设置。这种连接方式较为安全，但是刀具路径中提刀次数过多且高度过高，切削效率低下。如图 5—1—11 所示为安全高度示意图。

图 5—1—11　安全高度示意图

2）相对：与安全高度相同，唯一不同的是刀具以 G00 的速度撤回到下切距离的高度，在该高度平面移动到下一下刀点。下切距离数值可通过 Z 高度进行设置。

3）掠过：与安全高度相同，唯一不同的是刀具以 G00 的速度撤回到掠过距离的高度，在该高度平面移动到下一下刀点。掠过距离数值可通过 Z 高度进行设置。

4）在曲面上：即刀具路径的短连接在曲面上进行，这种连接方式的提刀次数较少，在精加工刀具路径中应用十分广泛。

5）下切步距：刀具在这种短连接方式下的抬刀高度为上一刀具路径的高度，下切步距可通过刀具路径策略中修改数值设置。

6）直：刀具以直线连接移动到下一短刀具路径，如图 5—1—12 所示。

图 5—1—12　直

7）圆形圆弧：这种连接方式与直连接方式十分类似，区别在于刀具以圆弧方式进行连接移动，如图 5—1—13 所示。

图 5—1—13　圆形圆弧

（3）长连接/缺省

这两种连接方式选项完全相同，选项的使用方法可参考短连接。通常长连接采用相对连接方式，缺省采用掠过连接方式。

上述内容就是切入切出和连接的主要参数，设置完以上参数点击应用并接受，即可更新刀具路径。

# 项目二 刀具路径的编辑

**项目目标**

1. 掌握刀具路径编辑工具栏的调用。
2. 掌握刀具路径编辑中常用功能的使用。

**项目描述**

刀具路径编辑功能是针对已生成的刀具路径，对其进行平移、复制、旋转及裁剪，另外还具有强大的重排刀具路径功能，能够缩减编程步骤，优化刀具路径，统计刀具路径的切削时间、切入切出和连接时间、抬刀时间等方面，在 PowerMILL 软件中非常常用。

**项目实施**

在 PowerMILL 中，刀具路径编辑不是作为系统默认的工具栏出现在软件中，需手动调出其工具栏，关闭软件后再次启动软件，刀具路径工具栏则会保留在软件上。仅当选取了某条激活刀具路径后，才可使用工具栏中的选项。调用刀具路径工具栏，如图 5—2—1 所示。

图 5—2—1 刀具路径工具栏

1. 变换刀具路径

变换刀具路径主要包括移动、旋转、镜像、多重变换等功能，点击变换刀具路径图标，在工作区上方出现变换刀具路径工具条，如图 5—2—2 所示。

图 5—2—2 变换刀具路径工具条

（1）移动/复制：点击移动图标，打开移动工具条，如图 5—2—3 所示。若要复制并移动刀具路径，需点击移动工具条中的，然后打开信息工具栏中的位置对话框，给 X、Y、Z 一定的数值，如图 5—2—4 所示，点击接受后再点击变换工具栏的接受改变图标可移动已选刀具路径。

图 5—2—3 移动工具条

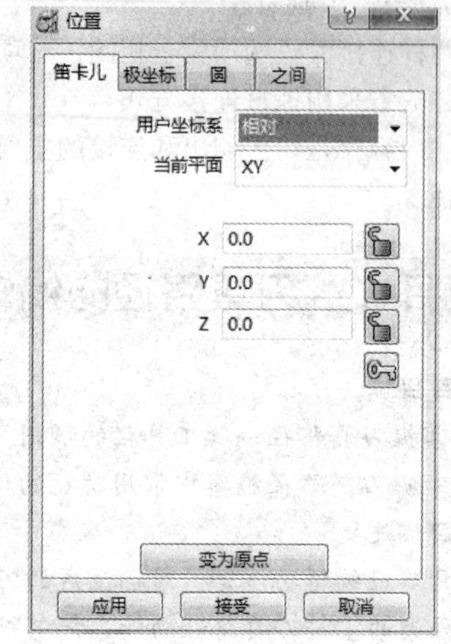


图 5—2—4 位置对话框

（2）旋转：点击旋转图标，打开旋转工具条，如图 5—2—5 所示。默认旋转轴在激活用户坐标系，给定角度值（其中正值是逆时针旋转，负值是顺时针旋转），按回车键确认，点击接受改变图标可旋转已选刀具路径。当然也可以选择另外两种方式的旋转轴，轴在边界方框中心和重新定位旋转轴。

图 5—2—5 旋转工具条

（3）镜像：点击镜像图标，打开镜像工具条，如图 5—2—6 所示。默认镜像原点在激活用户坐标系，也可通过重新定位原点来更改镜像原点。选择镜像参考，XY、YZ、XZ 或者用户定义直线方式，点击可反转切削方向，点击可反转顺序，点击接受改变图标可镜像已选刀具路径。

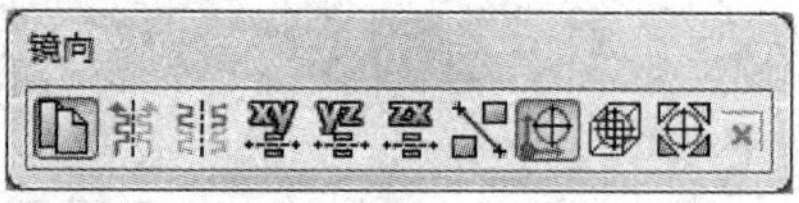

图 5—2—6 镜像工具条

（4）多重变换：点击多重变换图标，打开多重变换对话框，如图 5—2—7 所示。

多重变换分为两种方式。一种是矩形（见图 5—2—7），通过分别设置参考线行数和列数、行间距离和列间距离，即可将刀具路径沿着矩形进行多重变换。另一种是圆形，如图 5—2—8 所示，设定参考线的元素数量，或参考线元素间的角度即可。

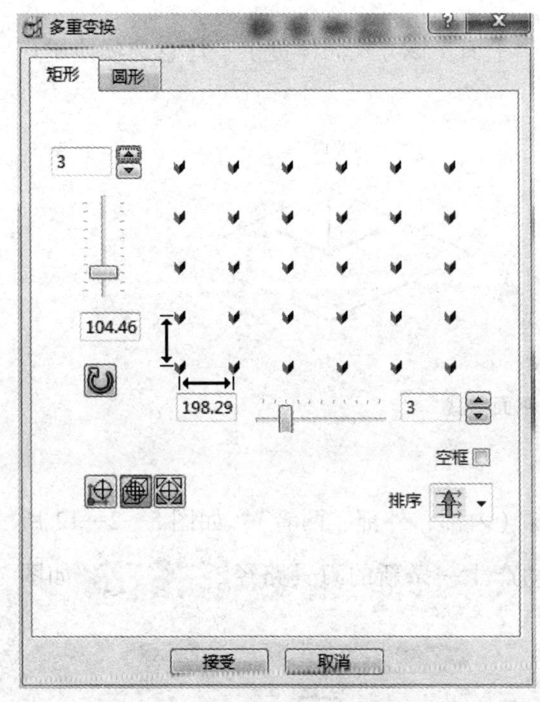


图 5—2—7 矩形多重变换

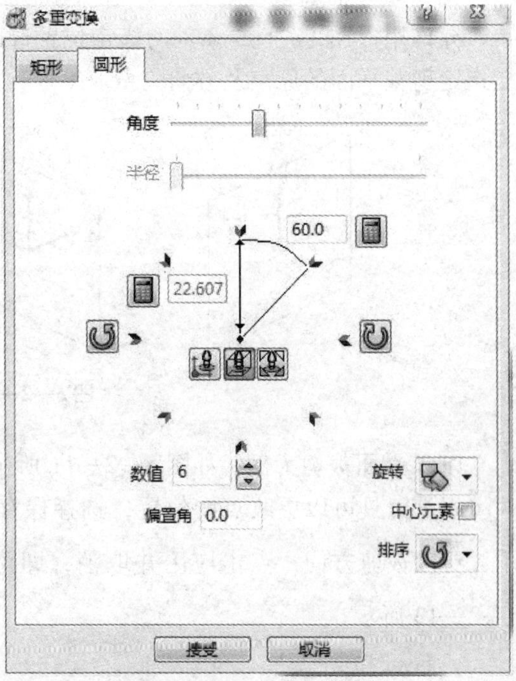

图 5—2—8 圆形多重变换

2. 剪裁刀具路径

剪裁刀具路径可以使用剪裁工具对刀具路径进行裁剪，选择保留刀具路径区域（内、外）。剪裁刀具路径有三种裁剪方式：平面、多边形、边界。点击剪裁图标，弹出刀具路径剪裁对话框，如图 5—2—9 所示。

图 5—2—9 刀具路径剪裁

（1）按平面剪裁

允许用户在 X、Y 或 Z 轴的指定位置选取一个平面。该方式同样提供了任意选项使用户能指定剪裁平面的原点及方向矢量。

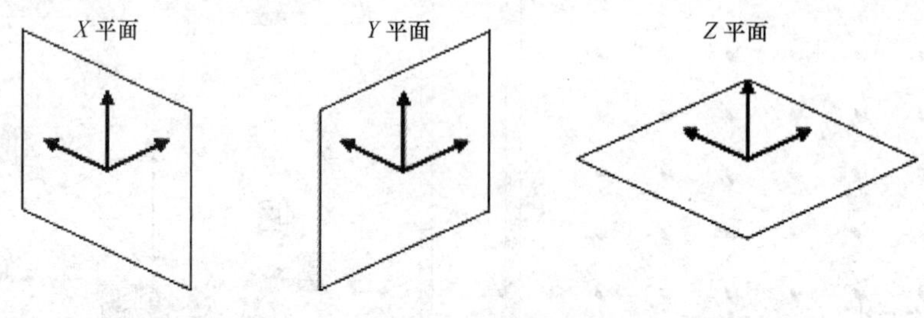


图 5—2—10　平面剪裁

以 X 平面裁剪为例，如图 5—2—11 所示。

根据刀具可以更改点的位置，选择保存选项（内部、外部、两者），如图 5—2—12 所示，更改裁剪方向，点击应用并取消，即可自动产生一条新的刀具路径 1 > 1_1，如图 5—2—13 所示。

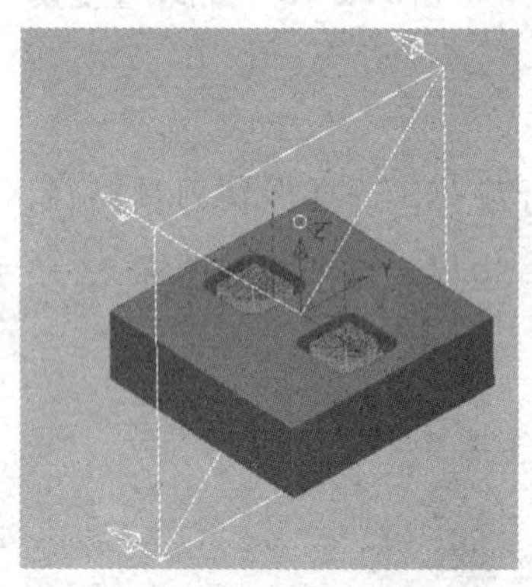


图 5—2—11　X 平面裁剪

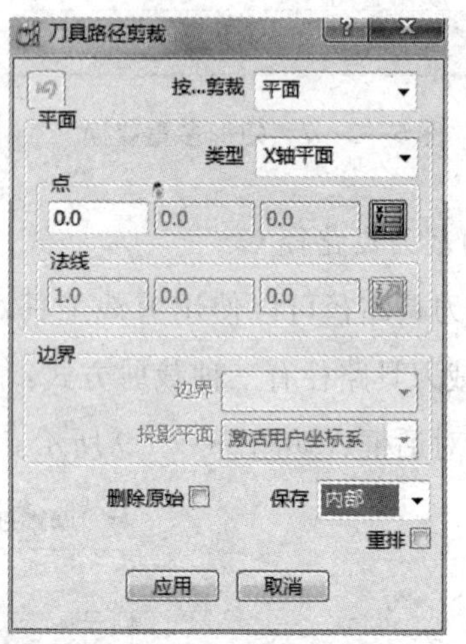


图 5—2—12　裁剪刀具路径

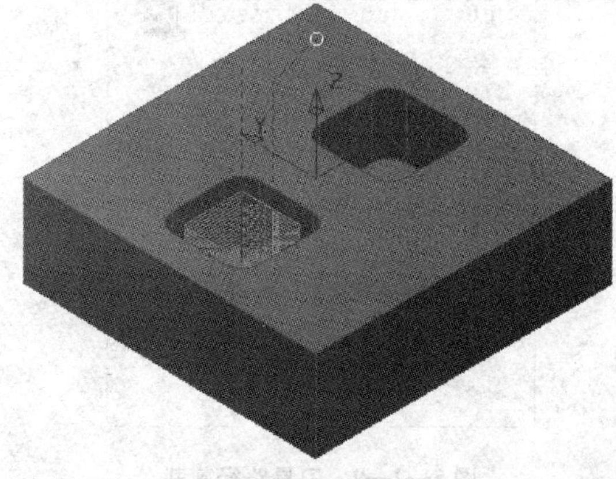


图 5—2—13　剪裁后的刀具路径

（2）按多边形裁剪

调整视图，用鼠标可勾画出任意条边的多边形。使用这种方法可产生复杂形状的边界并通过保存选项来保存多边形边界内部、外部或两者的刀具路径部分。图 5—2—14 所示为原始与裁剪后的刀具路径比较。

注：产生多边形前请确认已经将捕捉过滤器设置为任意地方。

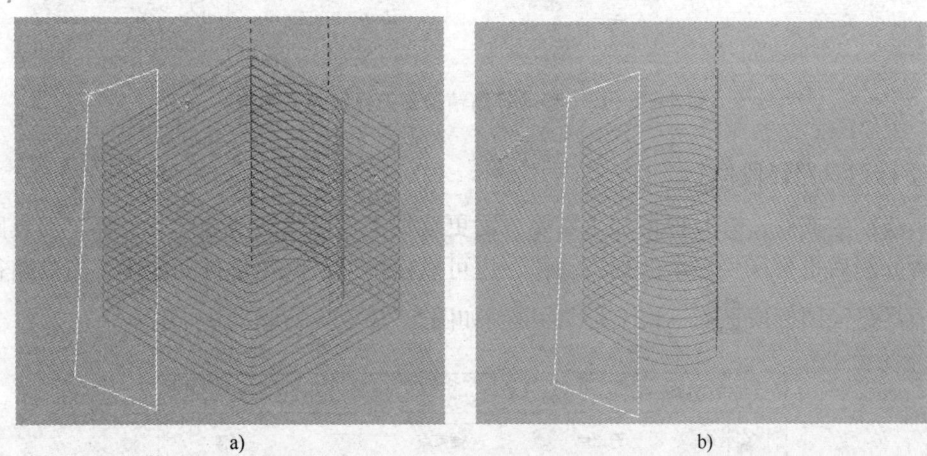

a) b)

**图 5—2—14 多边形裁剪前后刀具路径比较**

a）裁剪前 b）裁剪后

（3）按边界裁剪

此选项按已定义的边界剪裁刀具路径，同时可以保存边界内、外和两者区域的刀具路径。

3. 分割刀具路径

该选项可以按照角度、方向、长度、时间、撤回五种方式来分割已经生成好的刀具路径。

4. 移动路径开始点

设置合适的刀具路径开始点对于保证加工安全是非常重要的，移动刀具路径开始点是针对于封闭刀具路径的，如等高精加工、三维偏置精加工、二维曲线区域及轮廓等策略。使用此功能时需设置两点以产生一条直线，然后用这条直线与现有刀具路径的每一条轨迹线求交点，该交点即为新的开始点。

图 5—2—15 所示为等高精加工轨迹移动开始点，点击移动刀具路径开始点图标，弹出其工具条，默认为通过绘制一直线移动开始点，在左边绘制两点产生一直线与刀具轨迹相交，点击接受改变。

注：在移动刀具路径开始点功能启用后，刀具路径为蓝色显示，结束后刀具路径为绿色显示。

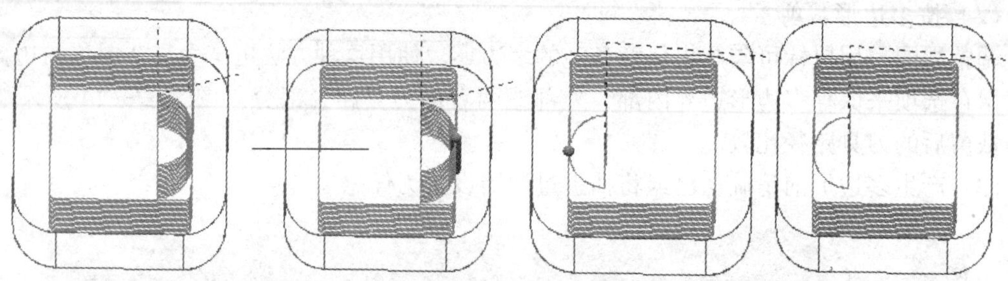

图 5—2—15　移动等高精加工刀具路径开始点

5. 重排刀具路径段

刀具路径生成后，有时根据加工需要，需更改加工顺序或切削方向。另外，刀具路径被裁剪或者分割后也会产生多余的提刀动作，也可以使用刀具路径重排功能优化刀具路径。点击重排刀具路径图标段，弹出其对话框，如图 5—2—16 所示。

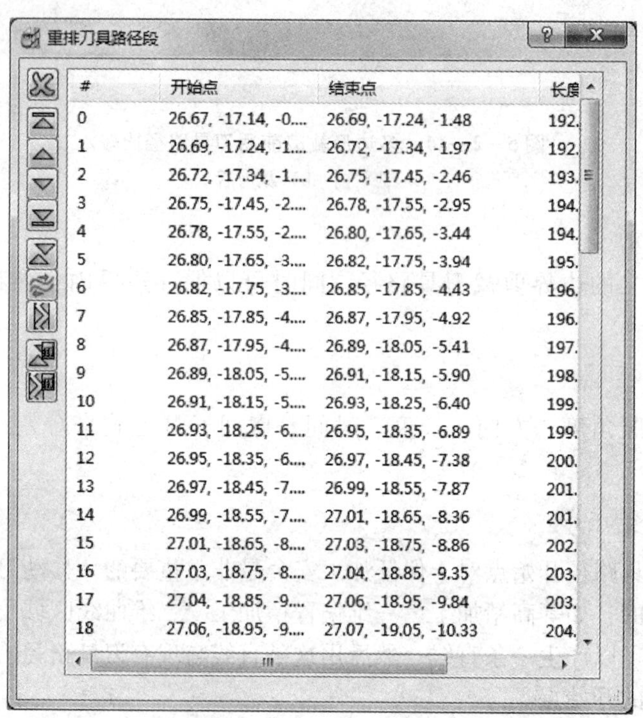


图 5—2—16　重排刀具路径段

（1）删除已选：删除选定的一段或者多段刀具路径。

（2）移到始端：将某段刀具路径移至开始位置。

（3）上移：将某段刀具路径上移一个位置。

（4）下移：将某段刀具路径下移一个位置。

（5）移到末端：将某段刀具路径移至结束位置。

（6）反转顺序：反转已选刀具路径切削顺序，若未选择刀具路径段，则对全部刀具路径反转顺序。

（7）反转方向：反转切削方向。

（8）改变方向：更改切削方向。

（9）自动重排：在保证切削方向的条件下，自动重排刀具路径，以使段与段之间的连接距离最短。

（10）自动重排并反向：自动重排刀具路径，以使段与段之间的连接距离最短，同时改变切削方向。

注：重排刀具路径段一般是针对精加工刀具路径而言的，粗加工刀具路径一般不使用此功能。

6. 复制刀具路径

当需要对生成的刀具路径进行编辑时，常常先复制出一条刀具路径，用来与原始刀具路径对比。激活要复制的刀具路径，点击复制刀具路径按钮，系统即复制出一条新的刀具路径，名称为原有刀具路径名称加上“_ 1”。

7. 查看刀具路径编辑

点击查看刀具路径编辑按钮可以查看当前刀具路径的编辑历史，如图 5—2—17 所示。

8. 删除刀具路径

激活要删除的刀具路径，点击删除刀具路径按钮，系统即删除激活的刀具路径。

9. 刀具路径组成元素的显示控制

依次点击显示切削移动、显示连接、显示切入切出、显示点、显示刀轴、显示接触点法线、显示进给率、显示接触点路径等功能，可以观察激活刀具路径的相关显示。

10. 刀具路径统计

生成刀具路径后，对刀具路径进行编辑、优化，设置完切削进给率后，通过刀具路径统计可以观察刀具路径中的切入切出和连接时间、切削移动的时间以及刀具路径的总时间，如图 5—2—18 所示。

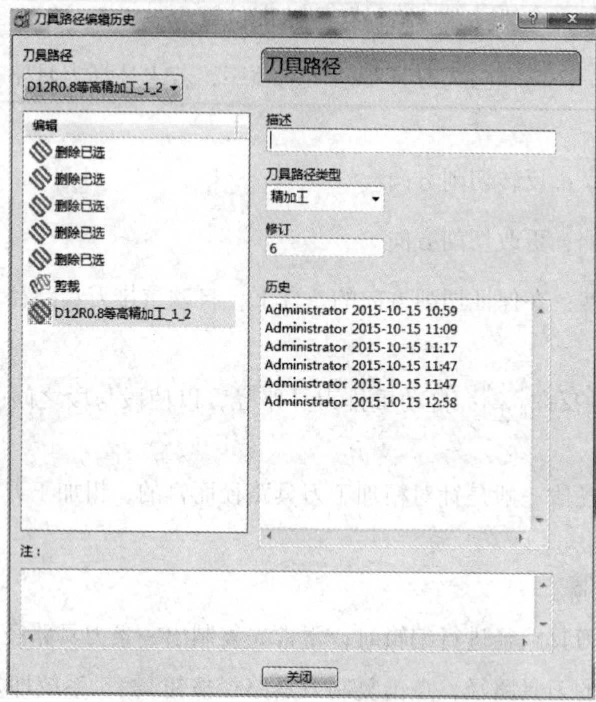


图 5—2—17　当前刀具路径编辑历史

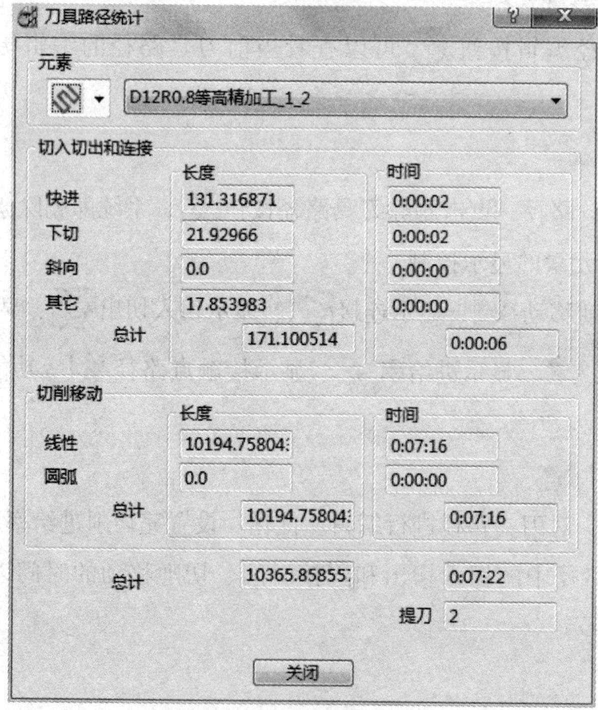


图 5—2—18　刀具路径统计

# 模块六

# PowerMILL数控编程典型案例

## 项目一 典型二维轮廓零件加工编程

**项目目标**

1. 能够熟练选择高效粗加工及精加工策略。
2. 熟练掌握各个加工策略的参数设置。

**项目描述**

二维轮廓的加工是数控铣床上主要加工的模型轮廓，包括外轮廓及内腔的加工，本项目通过对此模型零件进行加工，学习 PowerMILL 常用的粗精加工策略。

**项目分析**

1. 模型分析

(1) 方法一：加工前需对零件进行尺寸分析，分析零件尺寸的大小及凹圆弧半径值有利于选择刀具和设置刀具直径。在主工具栏打开测量器，弹出测量对话框，选择两点间距离及半径，分别测出其数值，如图6—1—1所示。

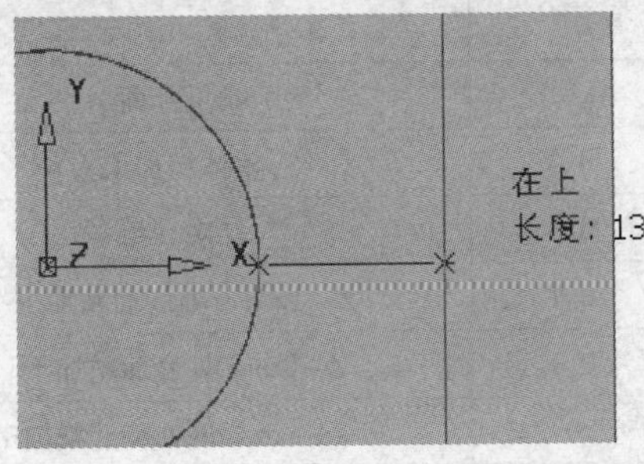


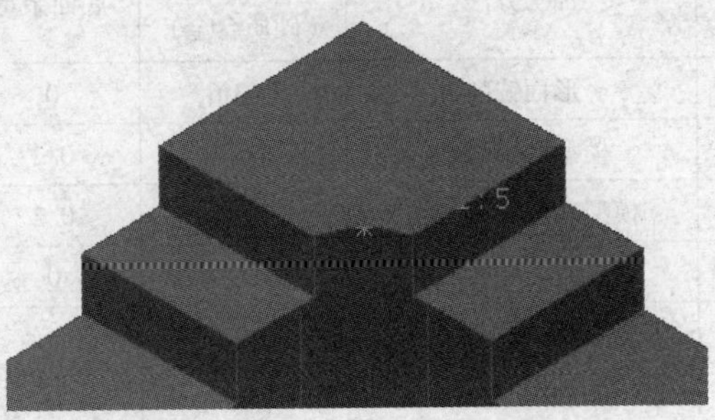

图6—1—1 尺寸分析

(2) 方法二：将鼠标指针放在查看工具栏的普通阴影后，点击最小半径阴影，点击菜单栏的【显示】|【模型】，弹出模型显示选项对话框，更改最小刀具半径值，当此数值大于模型中的圆弧半径时，模型中会以红色显示这些曲面，这些红色曲面用当前设置的刀具半径值是加工不出来的，如图 6—1—2 所示。

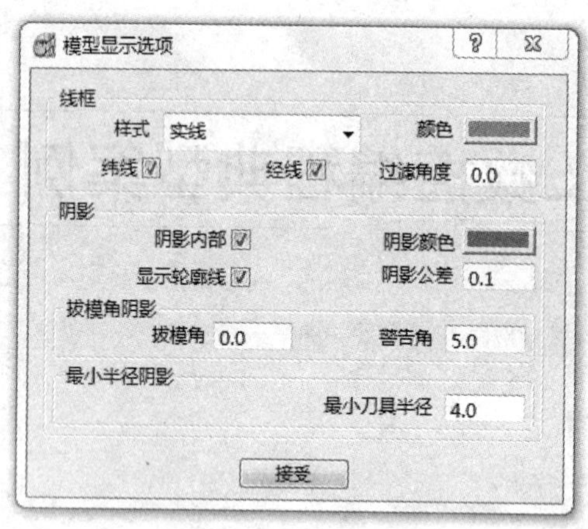


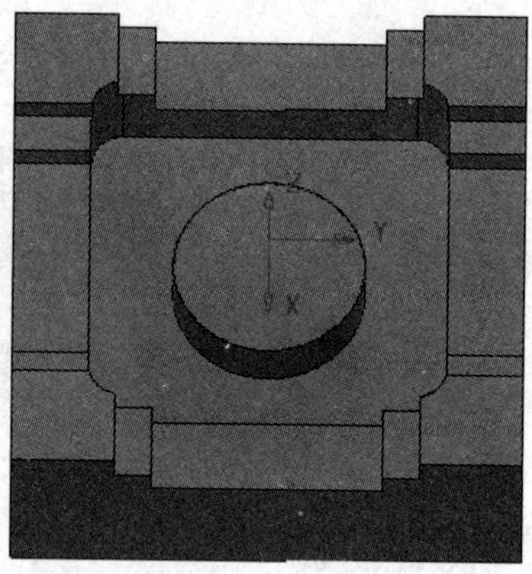

图 6—1—2 最小半径阴影分析

2. 制定加工工艺

此工件采用的材料为 45 钢，根据分析，制定加工工艺如下：

(1) 毛坯尺寸为 80 mm × 80 mm × 29 mm，长宽已加工到合格尺寸，高度留有 1 mm 余量。

(2) 在立式数控铣床或者加工中心上加工，使用平口钳进行工件装夹，工件露出高度 9 mm以上。

(3) 工件坐标系零点设定在模型零件上平面的中心处。

(4) 为了尽可能多地演示加工策略，我们将底面精加工分解，并且用不同的策略来加工，见表 6—1—1 中的第 4、5、6 项；将侧壁精加工分解，并且用不同的策略来加工，见表 6—1—1 中的第 7、8、9 项。

表 6—1—1 加工方法及使用刀具

| 序号 | 加工方法 | 使用刀具（硬质合金） | 底面余量 | 侧壁余量 | 备注 |
|---|---|---|---|---|---|
| 1 | 形面铣削 | D63r6 | 0 | — | 铣上平面 |
| 2 | 模型区域清除 | D12 | 0.2 | 0.3 | 整体粗加工 |
| 3 | 模型残留区域清除 | D8 | 0.2 | 0.3 | 二次开粗 |
| 4 | 等高切面区域清除 | D8 | 0 | 0.1 | Z - 16 mm 处底面精加工 |
| 5 | 二维曲线轮廓 | D12 | 0 | 0.1 | Z - 8 mm 处底面精加工 |
| 6 | SWARF 精加工 | D12 | 0 | 0 | Z - 4 mm 处底面侧壁精加工 |
| 7 | 二维曲线轮廓 | D12 | 0 | 0 | Z - 8 mm 处侧壁精加工 |

续表

| 序号 | 加工方法 | 使用刀具（硬质合金） | 底面余量 | 侧壁余量 | 备注 |
|---|---|---|---|---|---|
| 8 | 线框轮廓加工 | D8 | 0 | 0 | Z-16 mm 处矩形侧壁精加工 |
| 9 | 轮廓精加工 | D8 | 0 | 0 | Z-16 mm 处圆柱侧壁精加工 |

**项目实施**

1. 启动软件导入零件

（1）双击桌面 PowerMILL2015 快捷方式图标。

（2）选择菜单栏【文件】｜【输入模型】命令，系统弹出输入模型对话框，文件类型选择 IGES 格式，打开典型二维轮廓加工案例模型，模型如图 6—1—3 所示。

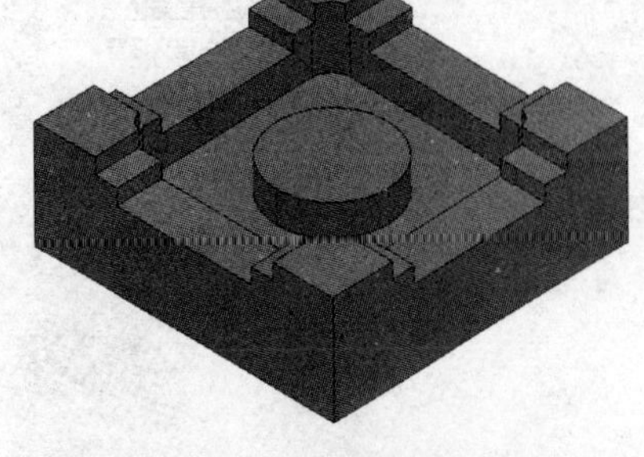

图 6—1—3 典型二维轮廓加工案例模型

2. 设置公共参数

创建用户坐标系在选项顶部。创建方形毛坯，设置 Z 轴最大值为 1，接受毛坯创建。分别创建 D63r6 刀尖圆角端铣刀、D12 端铣刀、D8 端铣刀。设置快进高度开始点和结束点。设置进给和转速。

3. 生成刀具轨迹

（1）形面铣削（铣上平面）

1）形面铣削刀具路径。激活 D63r6 刀具，在主工具栏中单击刀具路径策略按钮，弹出策略选择器对话框，点击【2.5 维区域清除】｜【形面铣削】，点击接受，弹出形面铣削表格，主参数表格按照图 6—1—4 所示设置；若要进行多重切削，只需在切削距离选项卡中给定毛坯深度值和下切步距，具体步骤参考模块三项目一，此处不再赘述，其他参数按照默认设置，点击计算，生成形面铣削刀具路径，如图 6—1—5 所示。

2）刀具路径编辑。查看已生成的刀具路径，俯视图查看，用快捷键 Ctrl + T 将鼠标显示为刀具状态，可以观察到刀具的边缘刚好和毛坯相切，如图 6—1—6 所示。

为了加工完全，需要将刀具路径延伸到毛坯外边，点击工具栏切入切出和连接按钮，弹出其对话框，在切入选项卡中点击延伸移动，距离设置为 3 mm，在下方点击切出和切入相同按钮，把切出和切入设置相同，由于形面铣削命令属于 2.5 维区域清除，在进行刀具路径生成时不与模型作比较，因此在设置切入和切出时过切检查需关闭。打开连接选项卡，更改长/短分界值，把刀具轨迹连接起来，中间无抬刀，如图 6—1—7 所示。

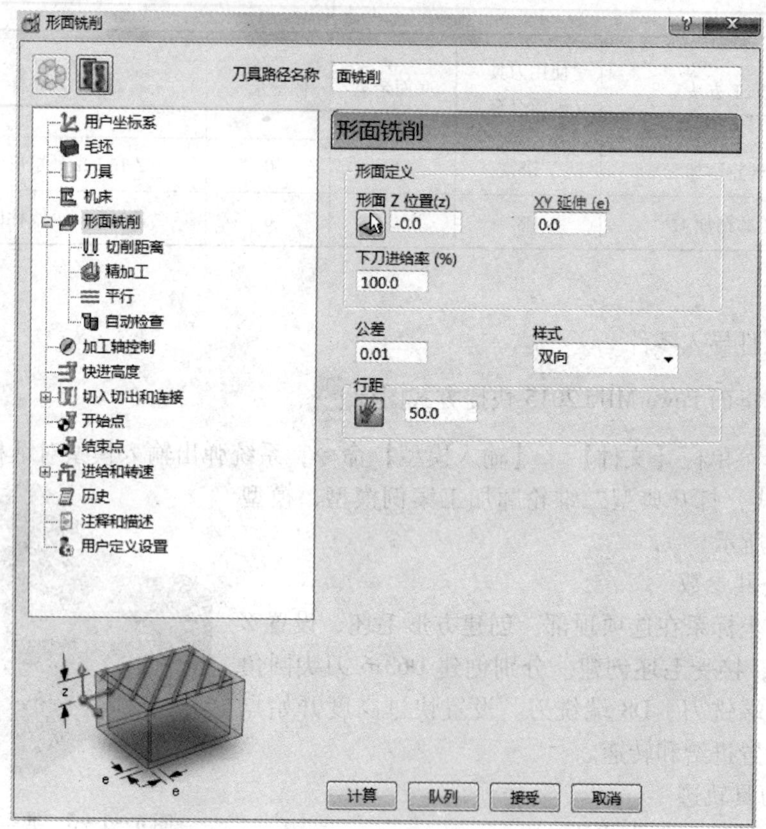


图 6—1—4　形面铣削主参数设置

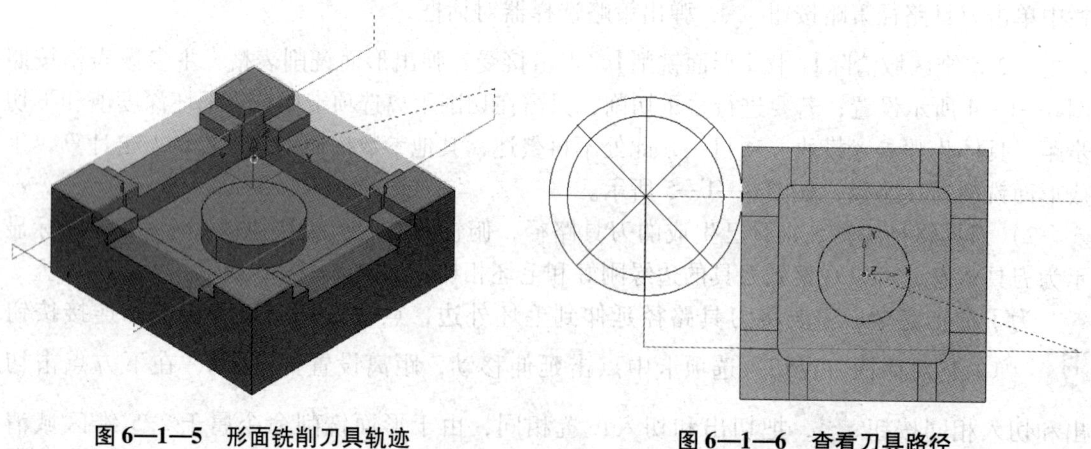

图 6—1—5　形面铣削刀具轨迹　　图 6—1—6　查看刀具路径

通过对刀具路径进行切入切出和连接的设置，可将形面铣削的刀具路径调整到最佳状态，如图 6—1—8 所示。

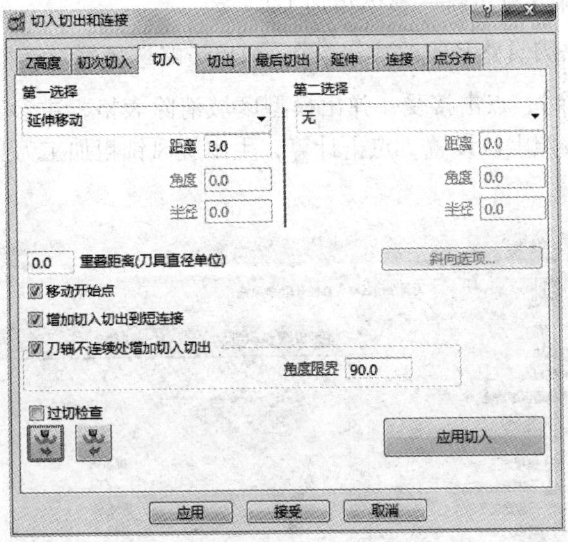

切入切出和连接

Z高度 初次切入 切入 切出 最后切出 延伸 连接 点分布

第一选择 延伸移动 距离 3.0 角度 0.0 半径 0.0

第二选择 无 距离 0.0 角度 0.0 半径 0.0

0.0 重叠距离(刀具直径单位) 斜向选项...

移动开始点

增加切入切出到短连接

刀轴不连续处增加切入切出 角度限界 90.0

过切检查 应用切入

应用 接受 取消

a)

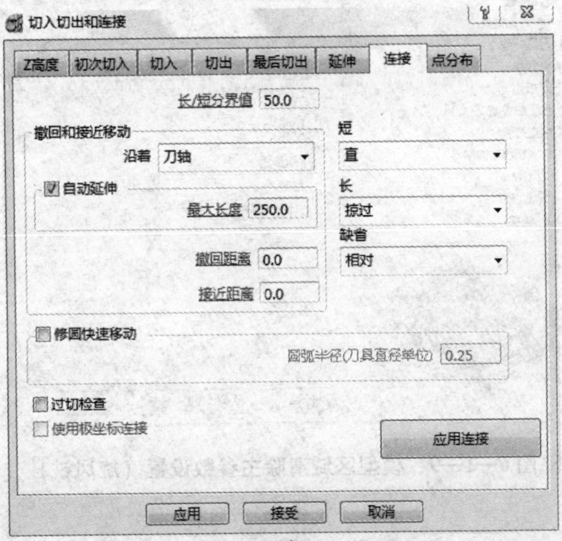

切入切出和连接

Z高度 初次切入 切入 切出 最后切出 延伸 连接 点分布

长/短分界值 50.0

撤回和接近移动 沿着 刀轴

自动延伸 最大长度 250.0

撤回距离 0.0

接近距离 0.0

短 直

长 掠过

缺省 相对

修圆快速移动 圆弧半径(刀具直径单位) 0.25

过切检查

使用极坐标连接 应用连接

应用 接受 取消

b)

**图 6—1—7　切入切出和连接**

a）切入选项卡　b）连接选项卡

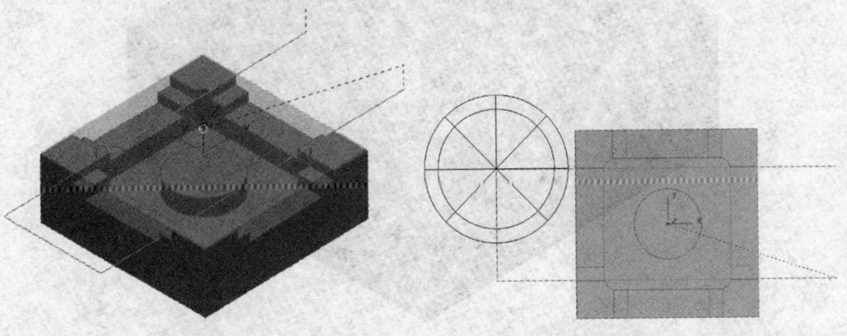

**图 6—1—8　编辑后的形面铣削刀具路径**

（2）模型区域清除（旋风铣—整体粗加工）

在主工具栏中单击刀具路径策略按钮，弹出策略选择器对话框，点击【三维区域清除】｜【模型区域清除】，点击接受，弹出模型区域清除表格，主参数表格按照图 6—1—9 所示设置，其他参数按照默认设置，点击计算，生出旋风铣粗加工刀具轨迹，如图6—1—10 所示。

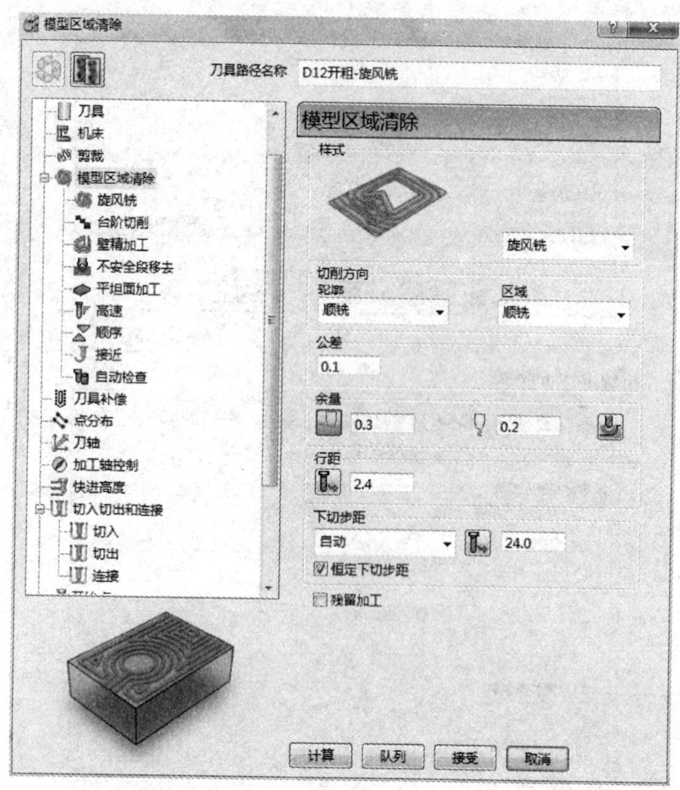


图 6—1—9　模型区域清除主参数设置（旋风铣）

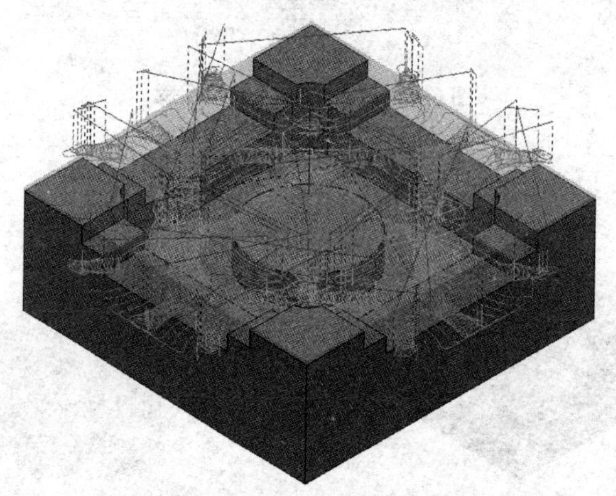

图 6—1—10　旋风铣粗加工刀具轨迹

注：当模型区域清除使用样式为旋风铣时，需要调整接近选项卡里的参数，移动类型为斜向螺旋，最大左斜角改为 3° ~ 5°，如图 6—1—11所示。由于旋风铣本身具有独立的下刀方式，因此需在切入切出和连接选项卡中将切出设为无，点击切入和切出相同按钮，把切入和切出设置相同。

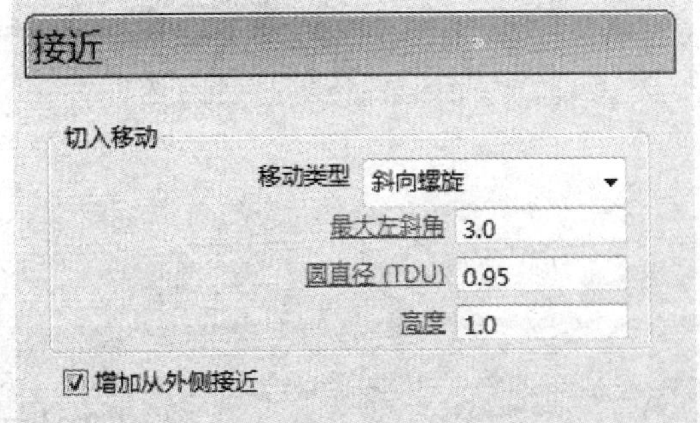


图 6—1—11　接近选项卡的设置

（3）模型残留区域清除（二次开粗）

激活 D8 端铣刀，在主工具栏中单击刀具路径策略按钮，弹出策略选择器对话框，点击【三维区域清除】｜【模型残留区域清除】，点击接受，弹出模型残留区域清除表格，在主参数表格中只需更改行距即可，如图 6—1—12 所示；在残留选项卡中按照图 6—1—13 所示设置。

图 6—1—12　模型残留区域清除主参数设置

在整体开粗中，旋风铣的切入方式是斜向切入，大部分的余量已经去除完成，在模型残留区域清除时，可以在其切入切出选项卡中设置切入切出方式为水平圆弧，给定角度及半径值，将连接中的短连接更改为圆形圆弧，如图 6—1—14 所示，其他参数按缺省值设置，点击计算，生成模型残留区域清除刀具轨迹，如图 6—1—15 所示。

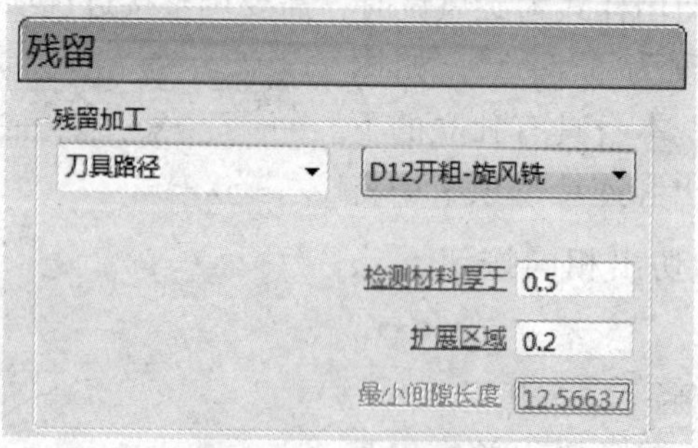

残留
残留加工
刀具路径 D12开粗-旋风铣
检测材料厚于 0.5
扩展区域 0.2
最小间隙长度 12.56637

图 6—1—13 残留设置

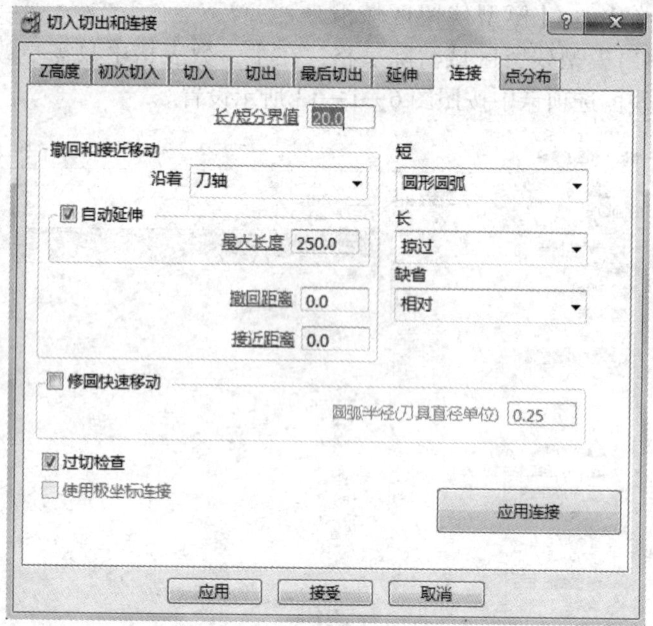


图 6—1—14 切入切出和连接设置

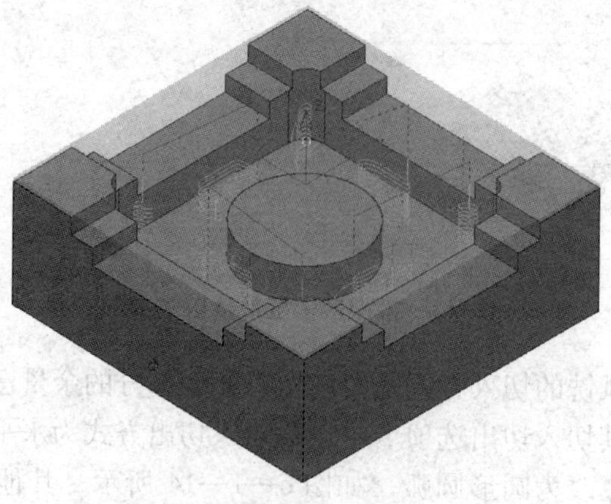

图 6—1—15 模型残留区域清除刀具轨迹

（4）等高切面区域清除（Z－16 mm 处底面精加工）

在主工具栏中单击刀具路径策略按钮，弹出策略选择器对话框，点击【三维区域清除】｜【等高切面区域清除】，点击接受，弹出等高切面区域清除表格，主参数表格的设置如图 6—1—16 所示。

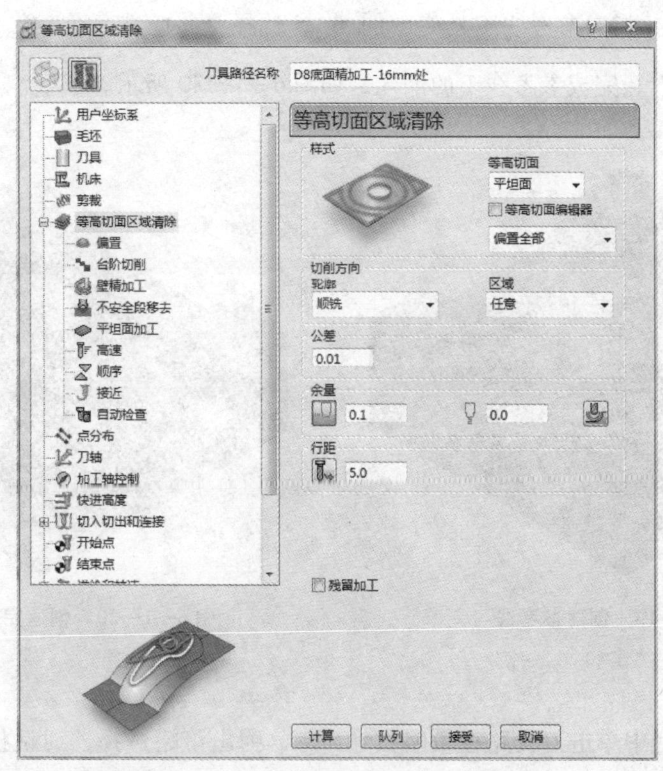


图 6—1—16　等高切面区域清除主参数设置

在剪裁选项卡中设置 Z 限界如图 6—1—17 所示，可以限定底面精加工的位置；切入切出和连接选项卡中设置切入方式为斜向，切出设置为无，短连接设置为直，其他参数按缺省值设置，点击计算，生成等高切面区域清除刀具轨迹，如图 6—1—18 所示。

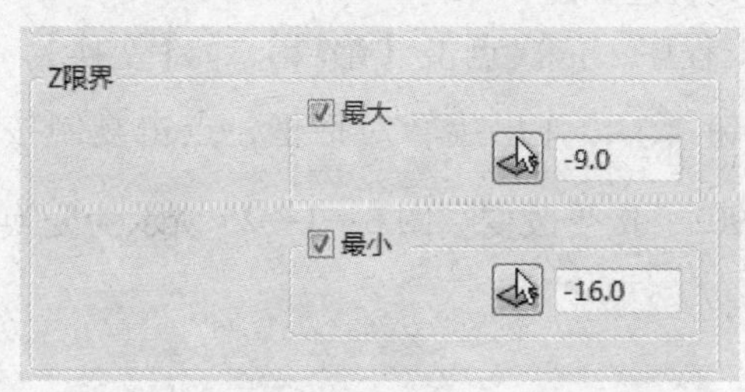


图 6—1—17　剪裁选项卡中 Z 限界的设置

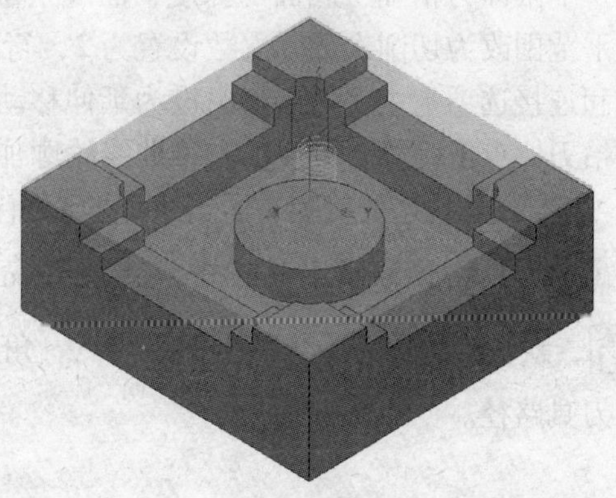

图 6—1—18　等高切面区域清除刀具轨迹

（5）二维曲线轮廓（Z -8 mm 处底面精加工）

1）在资源管理器中点击参考线，右击产生一条空参考线 1，右击新建参考线，点击曲线编辑器，点击直线图标，作出如图 6—1—19 所示两条直线，观察直线方向，若方向相反，则右击反向，分别双击两条直线，更改长度，延长直线长度大于一个刀具直径值即可，用直线连接。指向参考线工具栏中的，选择合并已选命令，将参考线合并成一条，点击接受，完成参考线 1 的创建，如图 6—1—20 所示。

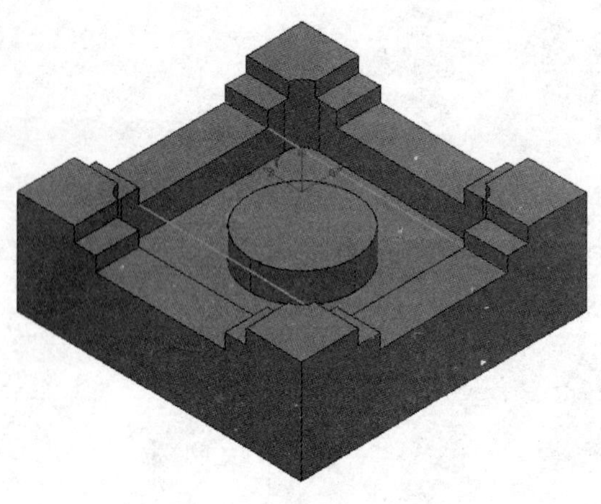

**图 6—1—19　创建参考线**

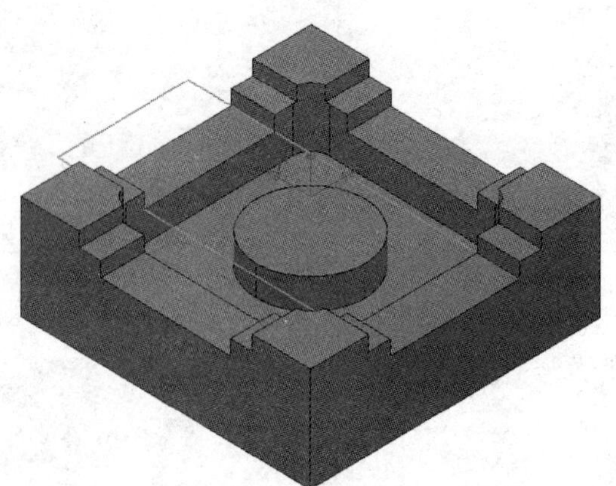

**图 6—1—20　创建完成的参考线 1**

2）在主工具栏中单击刀具路径策略按钮，弹出策略选择器对话框，点击【2.5 维区域清除】|【二维曲线轮廓】，点击接受，弹出二维曲线轮廓表格，如图 6—1—21 所示，在主参数表格中曲线定义选择新建的参考线 1，点击右侧交互修改加工段按钮，观察刀具与直线的位置，若刀具在直线外侧，则点击刀具，可更改刀具的位置，如图 6—1—22 所示。

下限即为精加工底面的深度，曲线余量 0.1 即侧壁留余量 0.1；在切削距离选项卡中将水平范围改为切削次数，次数设置为 2，行距设置为 8 mm，如图 6—1—23 所示。在切入切出和连接选项卡中将切入切出设为延伸移动，距离为 5 mm，更改连接分解值为 30，避免刀具抬刀。点击计算，生成的二维曲线轮廓加工刀具轨迹如图 6—1—24 所示。

3）刀具轨迹的变换：右击生成的底面精加工程序，依次点击【编辑】|【变换】，在弹出的刀具路径编辑工具栏中点击旋转命令按钮，弹出旋转对话框，点击复制按钮，默认旋转中心为工件坐标系零点，角度为 90°，接受改变。图 6—1—25 所示为变换后的刀具路径。

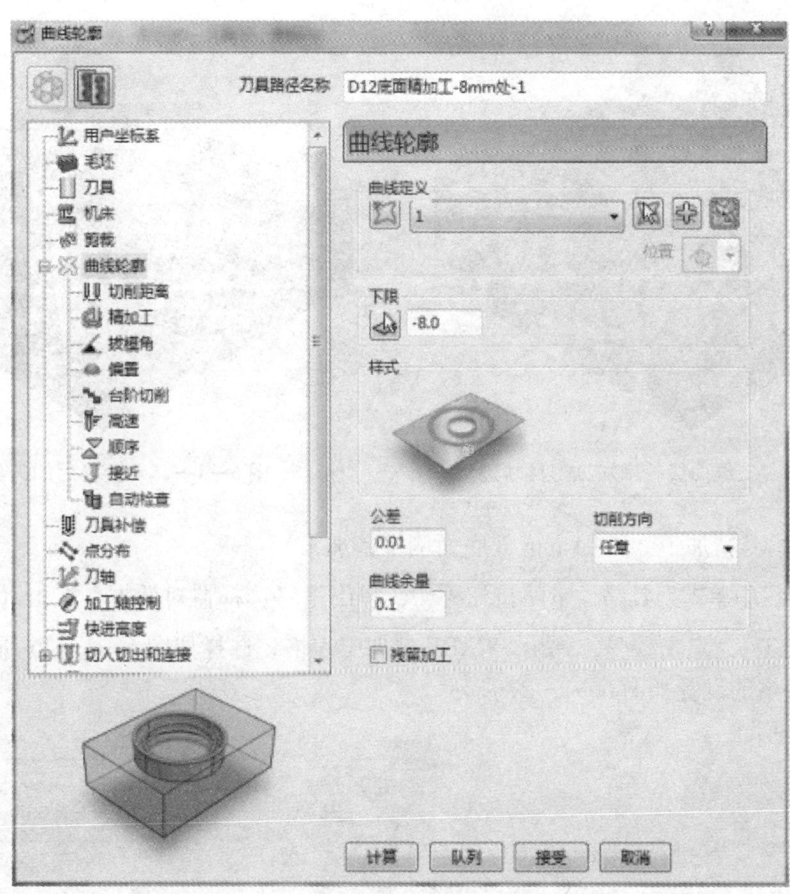


图 6—1—21　二维曲线轮廓主参数设置

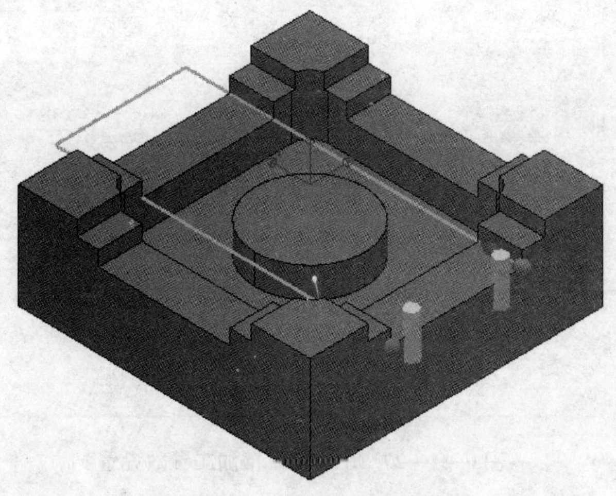

图 6—1—22　刀具与参考线的位置

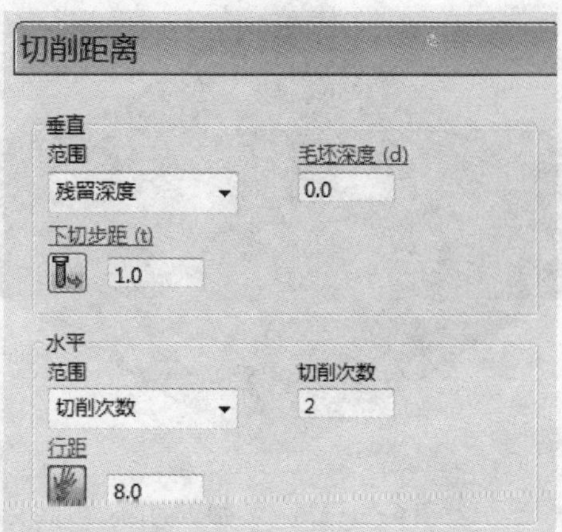


图 6—1—23　切削距离的设置

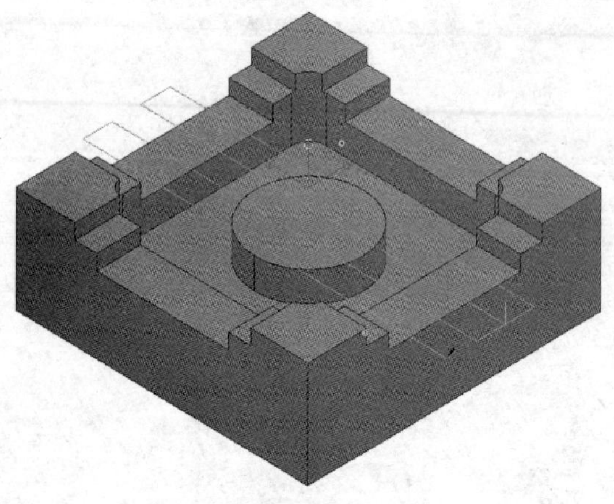

图 6—1—24　二维曲线轮廓加工刀具轨迹

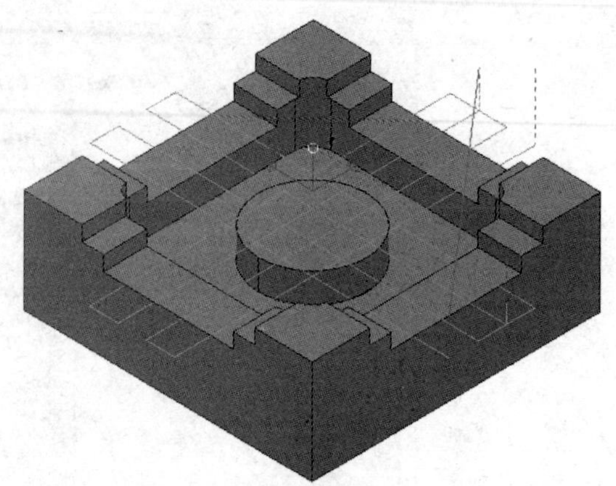

图 6—1—25　变换后的刀具路径

（6）SWARF 精加工（Z -4 mm 处底面侧壁精加工）

在主工具栏中单击刀具路径策略按钮，弹出策略选择器对话框，点击【精加工】|【SWARF 精加工】，点击接受，弹出 SWARF 精加工表格，选择如图 6—1—26 所示的四组平面，主参数表格的设置如图 6—1—27 所示。

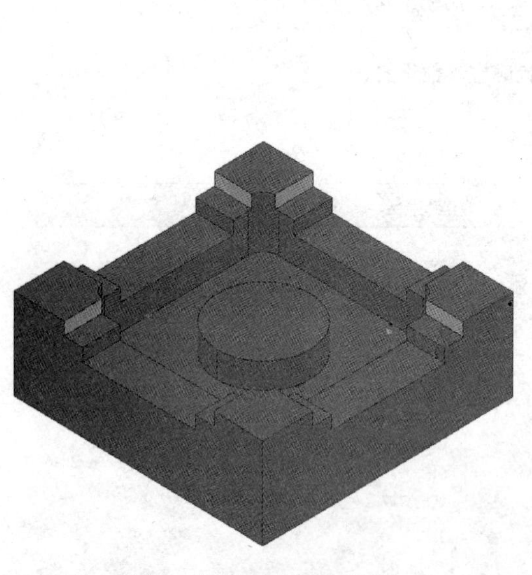

图 6—1—26　要加工的面

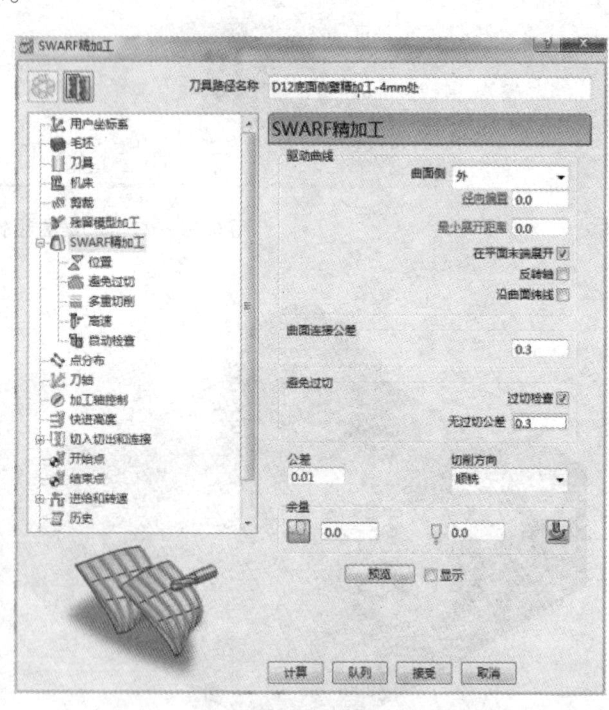


图 6—1—27　SWARF 精加工参数设置

在切入切出和连接选项卡中将切入切出设为延伸移动，距离为 10 mm，更改连接长短分解值为 50，避免刀具抬刀。点击计算，生成的刀具轨迹如图 6—1—28 所示。

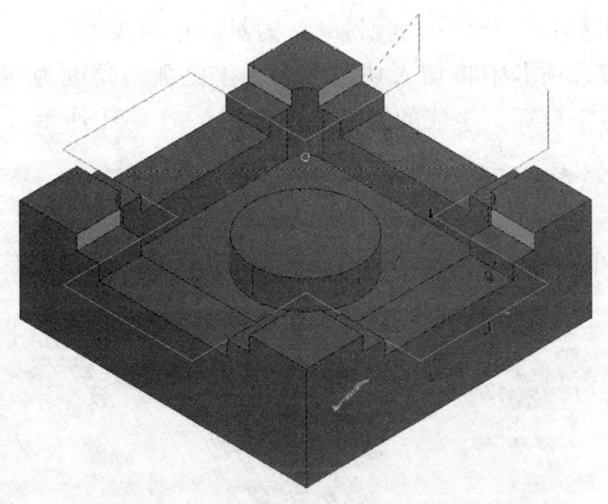

图 6—1—28　SWARF 精加工刀具轨迹

（7）二维曲线轮廓（Z－8 mm 处侧壁精加工）

双击第（5）步的二维曲线轮廓，激活其策略，右击设置，进入二维曲线轮廓设置表格，将曲线余量改为 0；切削距离选项卡中的切削次数改为 1 次；在切入切出和连接选项卡中将过切检查关闭，切入切出改为延伸移动。点击计算生成二维曲线轮廓刀具轨迹。参照（5）中刀具轨迹的变换步骤对此刀具轨迹进行变换，旋转 90°，接受改变，完成 Z－8 mm 处轮廓的侧壁精加工，刀具轨迹如图 6—1—29 所示。

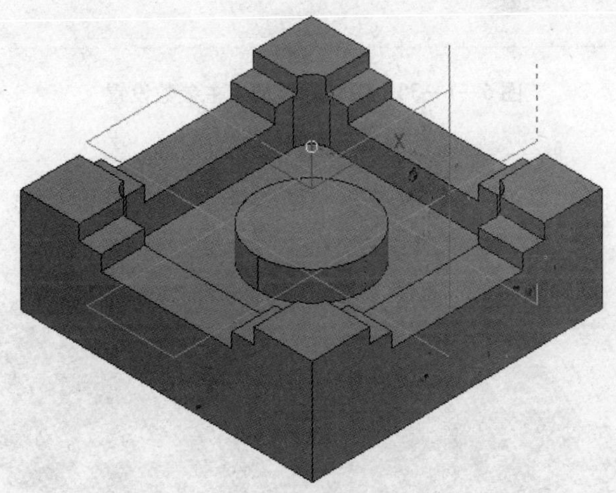

图 6—1—29　Z－8 mm 处轮廓侧壁精加工刀具轨迹

（8）线框轮廓加工（Z－16 mm 处矩形侧壁精加工）

1）产生参考线 2，右击曲线编辑器，点击获取曲线，选择 Z－16 mm 处的底面，点击接受获取的曲线，选定圆柱的边缘线，删掉即可。点击接受改变。

2）在主工具栏中单击刀具路径策略按钮，弹出策略选择器对话框，点击【精加工】｜【线框轮廓加工】，点击接受，弹出线框轮廓加工表格，在主参数表格中，驱动曲线选择参考线 2，曲线侧选择左（当采用顺铣时，刀具应在曲线侧的左边），如图 6—1—30 所示；在切入切出和连接选项卡中将切入切出设为水平圆弧，角度为 90°，半径为 5 mm，短连接设置为直即可。点击计算，生成的刀具轨迹如图 6—1—31 所示。

图 6—1—30　线框轮廓加工主参数设置

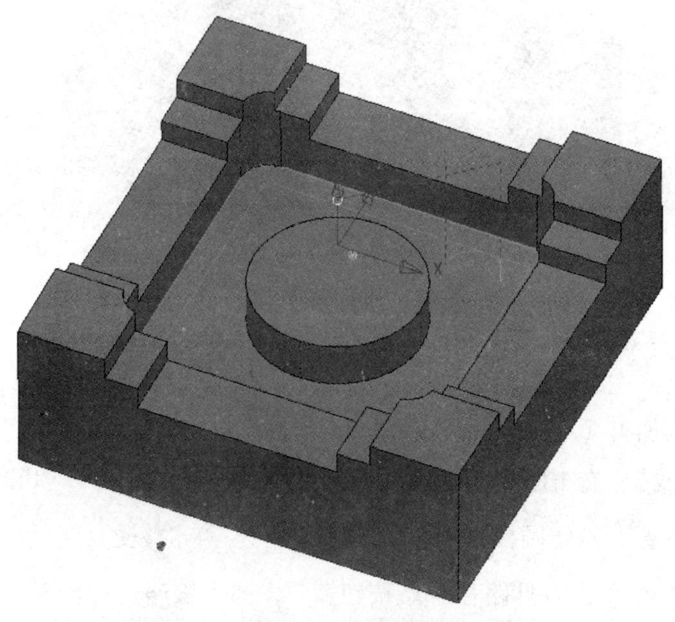

图 6—1—31　线框轮廓加工刀具轨迹

（9）轮廓精加工（Z－16 mm 处圆柱侧壁精加工）

在主工具栏中单击刀具路径策略按钮，弹出策略选择器对话框，点击【精加工】|【轮廓精加工】，点击接受，弹出轮廓精加工表格，点击选择圆柱侧面，主参数表格的设置如图 6—1—32 所示；在切入切出和连接选项卡中将切入切出设为水平圆弧，角度为 90°，半径为 5 mm，短连接设置为直即可。点击计算，生成的刀具轨迹如图 6—1—33 所示。

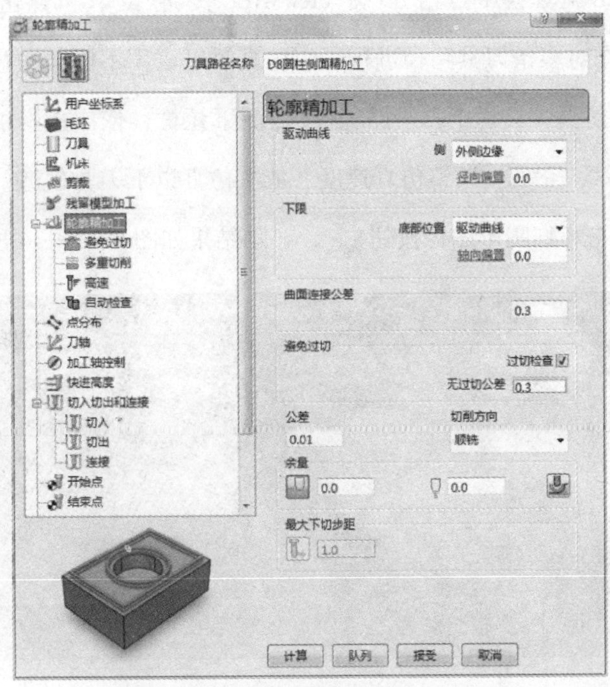


图 6—1—32 轮廓精加工主参数设置

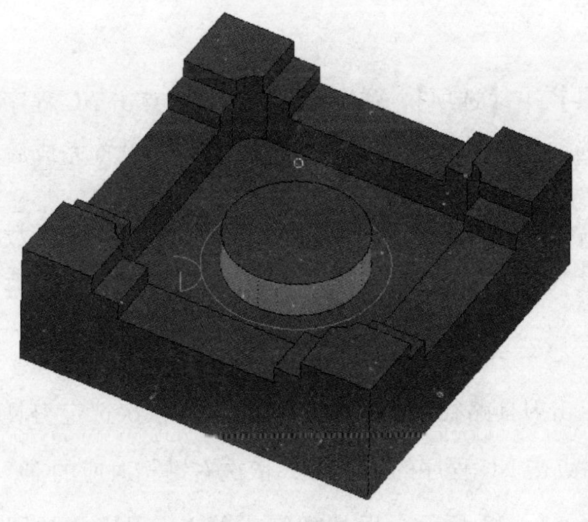

图 6—1—33 轮廓精加工刀具轨迹

注：通过以上步骤完成了对此零件的加工，本例中二维轮廓较多，开放的、闭合的轮廓都有，所用的加工策略也很多，读者可根据轮廓灵活选择策略对其进行加工。

4. 仿真模拟

（1）调整视图，将模型调整到一个尽可能查看到全部结构的视角，从而可以看清刀具路径切削零件的情况。

（2）在 ViewMILL 工具栏中点击开/关 ViewMILL 按钮，再点击彩虹阴影图像按钮，彩虹阴影图像在对多条刀具路径进行逐一仿真时可以用不同的颜色来显示不同刀具的路径仿真结果。点击仿真工具栏中刀具路径后的下拉框，依次选择加工策略，点击运行按钮，拖动滑块调整仿真速度。依次仿真以下刀具轨迹。仿真结束后点击光亮阴影图像按钮与彩虹阴影图像按钮，显示结果如图 6—1—34 所示。

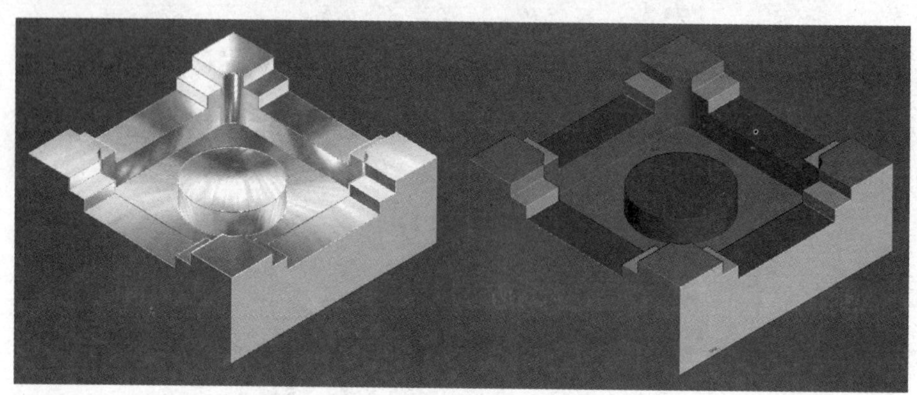

图 6—1—34 仿真模拟结果图

5. 后处理 NC 程序

（1）参数设置

点击菜单栏【工具】|【选项】，弹出选项对话框，点击 NC 程序前的，再点击输出选项卡，选择合适的选项文件并填写输出文件的扩展名，设置完成后点击接受按钮，如图 6—1—35 所示。

在资源管理器中右键【NC 程序】|【参数选择】，弹出 NC 参数选择对话框，在输出选项卡中设置输出文件夹及输出文件名，机床选项文件是指选择合适的后处理文件，如图 6—1—36 所示。

（2）生成程序

在资源管理器中点击刀具路径的扩展，按住 Shift 依次选定刀具路径轨迹，右键点击产生独立的 NC 程序；点击 NC 程序的扩展，依次右键相对应的 NC 程序，点击写入，弹出信息对话框，如图 6—1—37 所示，后处理完成的 NC 程序前的图标由蓝色变为绿色。

选项
公差
刀具路径
刀具
边界
查看
输入
输出
项目
NC程序
输出
刀具补偿
用户坐标系
设置清单
单位制式
曲线编辑器
智能光标
状态栏
孔产生
输出
输出
文件类型
NC程序
格式
二进制
单独写入每一路径
输出时使用刀具路径坐标系
产生信息文件
允许重复刀具路径
输出文件扩展名
选项文件
fanuc
txt
路径
恢复缺省
接受
取消

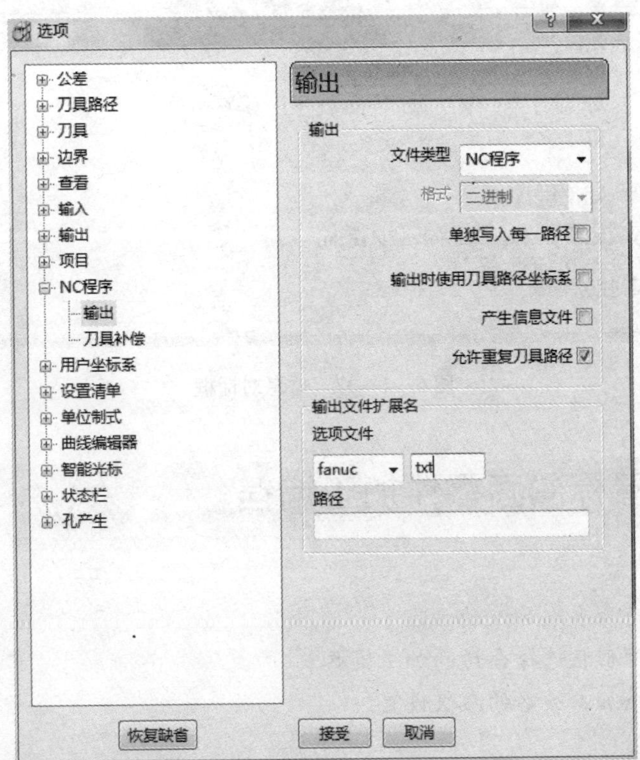

图 6—1—35　选项

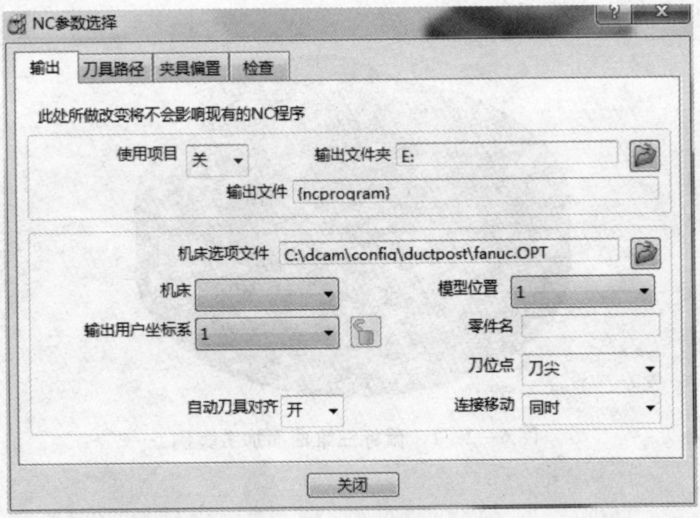

NC参数选择
输出
刀具路径
夹具偏置
检查
此处所做改变将不会影响现有的NC程序
使用项目
关
输出文件夹
E:
输出文件
{ncprogram}
机床选项文件
C:\dcam\config\ductpost\fanuc.OPT
机床
模型位置
1
输出用户坐标系
1
零件名
刀位点
刀尖
自动刀具对齐
开
连接移动
同时
关闭

图 6—1—36　NC 参数选择

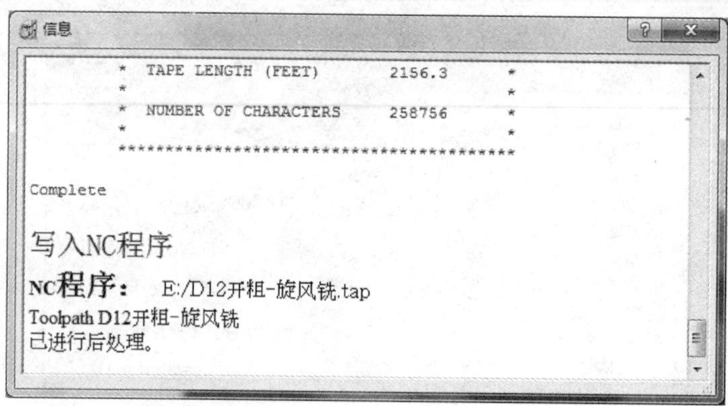


图 6—1—37 信息对话框

## 项目二 鼠标曲面零件加工编程

**项目目标**

1. 能够掌握三角形毛坯导入的方法。
2. 能够根据轮廓形状选择合适的加工策略。
3. 熟练掌握各个加工策略的参数设置。

**项目描述**

鼠标零件为三维曲面类零件，在数控铣床加工的零件中属于复杂曲面类零件。本项目通过对此零件进行加工，学习 PowerMILL2015 的曲面类加工策略以及加工此模型的方法，鼠标三维曲面模型如图 6—2—1 所示。

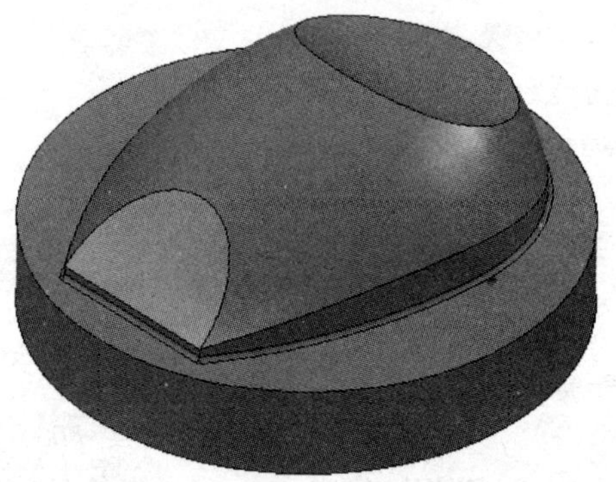

图 6—2—1 鼠标三维曲面加工案例

**项目分析**

1. 模型分析

加工前需对零件进行尺寸分析，分析零件尺寸的大小及凹圆弧半径值有利于选择刀具和设置刀具直径。在主工具栏打开测量器，弹出测量对话框，选择两点间距离及半径，分别测出其数值，如图 6—2—2 所示。

（1）零件的最凹圆弧半径为 0. 5 mm，加工时要保证光顺及粗糙度。

（2）曲面的最低端距圆柱体的高度约为 0. 933 mm。

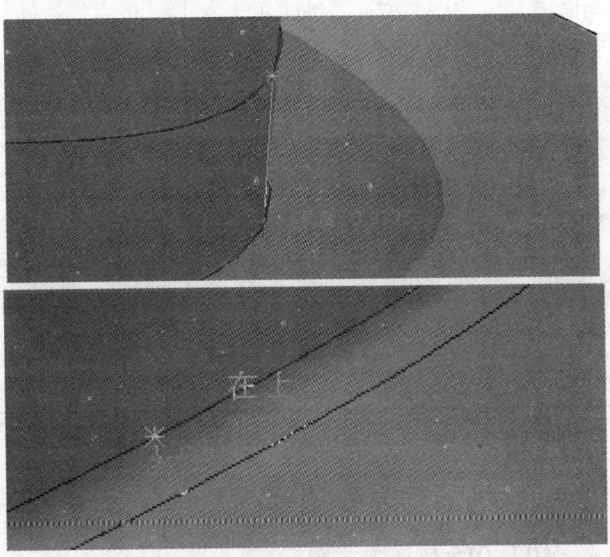


图 6—2—2　尺寸分析

2. 制定加工工艺

此工件采用的材料为 45 钢，根据分析制定加工工艺如下：

（1）毛坯选用三角毛坯，便于加工。需要在设计软件中做出底面圆柱尺寸 $\phi$60 mm × 10 mm，上面圆柱尺寸 $\phi$58 mm × 16 mm 的模型，如图 6—2—3 所示。然后将模型输出为 * . dmt格式即可生成三角形毛坯。

图 6—2—3　毛坯模型

（2）在立式数控铣床上加工，夹具选用卡盘，工件露出高度 16 mm 以上。

（3）加工坐标系设在毛坯下表面中心处。

（4）加工方法及使用刀具见表 6—2—1。

表 6—2—1　　加工方法及使用刀具

| 序号 | 加工方法 | 使用刀具（硬质合金） | 底面余量 | 侧壁余量 | 备注 |
|---|---|---|---|---|---|
| 1 | 模型区域清除 | D12 | 0.3 | 0.3 | 开粗 |
| 2 | 等高切面区域清除 | D10 | 0 | 0.1 | 底面精加工 |
| 3 | 轮廓精加工 | D10 | 0 | 0 | 侧壁精加工 |
| 4 | 三维偏置精加工 | R3 | 0 | 0 | 整体曲面精加工 |
| 5 | 最佳等高精加工 | D10 | 0 | 0 | 曲面清底精加工 |
| 6 | 平行精加工 | R3 | 0 | 0 | 左侧曲面精加工 |
| 7 | 曲面精加工 | R3 | 0 | 0 | 右侧曲面精加工 |
| 8 | 最佳等高精加工 | D10 | 0 | 0 | 精加工 *R*0.5 圆角 |

**项目实施**

1. 启动软件导入零件

（1）双击桌面 PowerMILL2015 快捷方式图标。

（2）选择菜单栏【文件】|【输入模型】命令，系统弹出输入模型对话框，打开鼠标三维曲面加工案例模型，如图 6—2—1 所示。

2. 设置公共参数

（1）创建用户坐标系

选定整个模型，在资源管理器中右键【用户坐标系】|【产生并定向用户坐标系】|【用户坐标系在选项底部】，双击激活用户坐标系。

（2）创建毛坯

在主工具栏中点击毛坯，弹出毛坯对话框，由三角形定义毛坯，点击打开已设置好的三角形毛坯（实际毛坯由车床加工至输入三角形毛坯的尺寸），点击接受完成毛坯创建，如图 6—2—4 所示。

（3）创建刀具

在资源管理器中右键【刀具】|【产生刀具】，分别创建 D12、D10 端铣刀及 R3 球头刀。

（4）设置快进高度、开始点和结束点

在主工具栏中依次点击设置快进高度、开始点和结束点。

（5）设置进给和转速

在主工具栏中点击进给和转速，设置刀具的主轴转速、切削进给率、下切进给率和掠过进给率。

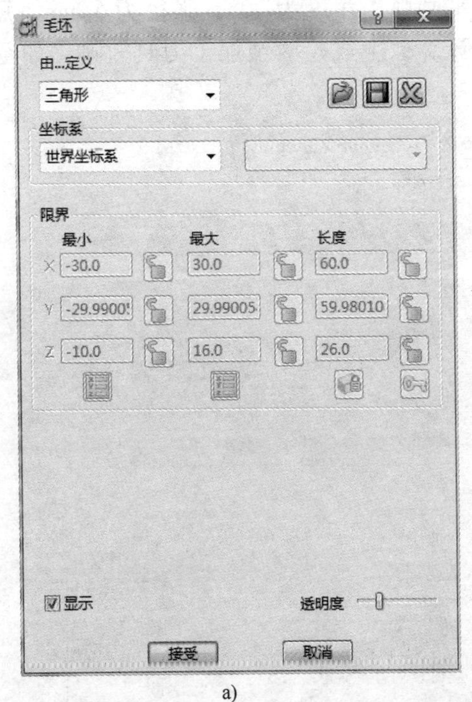


a)

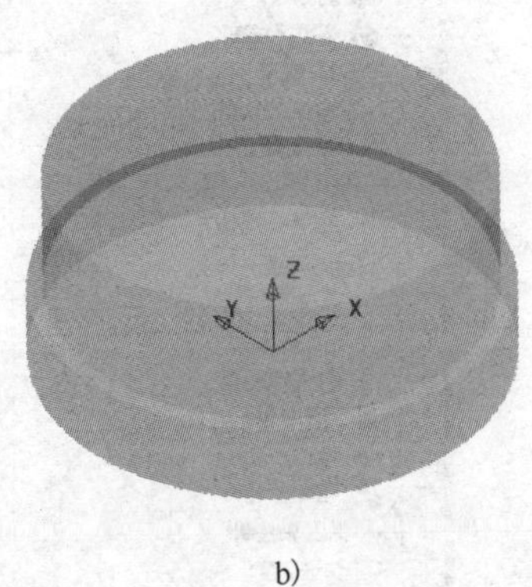


b)

**图 6—2—4　创建毛坯**

3. 生成刀具轨迹

（1）模型区域清除（开粗）

激活 D12 端铣刀，在主工具栏中单击刀具路径策略按钮，弹出策略选择器对话框，选择【三维区域清除】｜【模型区域清除】，点击接受，弹出模型区域清除表格，主参数表格按照图 6—2—5 所示设置。在切入切出和连接选项卡中，修改切入切出为水平圆弧，角度为 90°，半径为 6 mm，短连接设置为直，长连接设置为掠过，缺省为相对，其余参数按照默认设置。点击计算，生成模型区域清除刀具轨迹，如图 6—2—6 所示。

（2）等高切面区域清除（底面精加工）

激活 D10 端铣刀，在主工具栏中单击刀具路径策略按钮，弹出策略选择器对话框，点击【三维区域清除】｜【等高切面区域清除】，点击接受，弹出等高切面区域清除表格，主参数表格按照图 6—2—7 所示设置。在切入切出和连接选项卡中，切入切出设置为水平圆弧，角度为 90°，半径为 6 mm，短连接设置为直即可，其余参数按照默认设置。点击计算，生成等高切面区域清除刀具轨迹，如图 6—2—8 所示。

（3）轮廓精加工（侧壁精加工）

激活 D10 端铣刀，在生成刀具路径前选择需要加工的表面，如图 6—2—9 所示。在主工具栏中，单击刀具路径策略按钮，弹出策略选择器对话框，点击【精加工】｜【轮廓精加工】，点击接受，弹出轮廓精加工表格，主参数表格按照图 6—2—10 所示设置。在切入切出和连接选项卡中，切入切出设置为水平圆弧，角度为 90°，半径为 6 mm，短连接设置为直即可，其余参数按照默认设置。点击计算，生成轮廓精加工刀具轨迹，如图 6—2—11 所示。

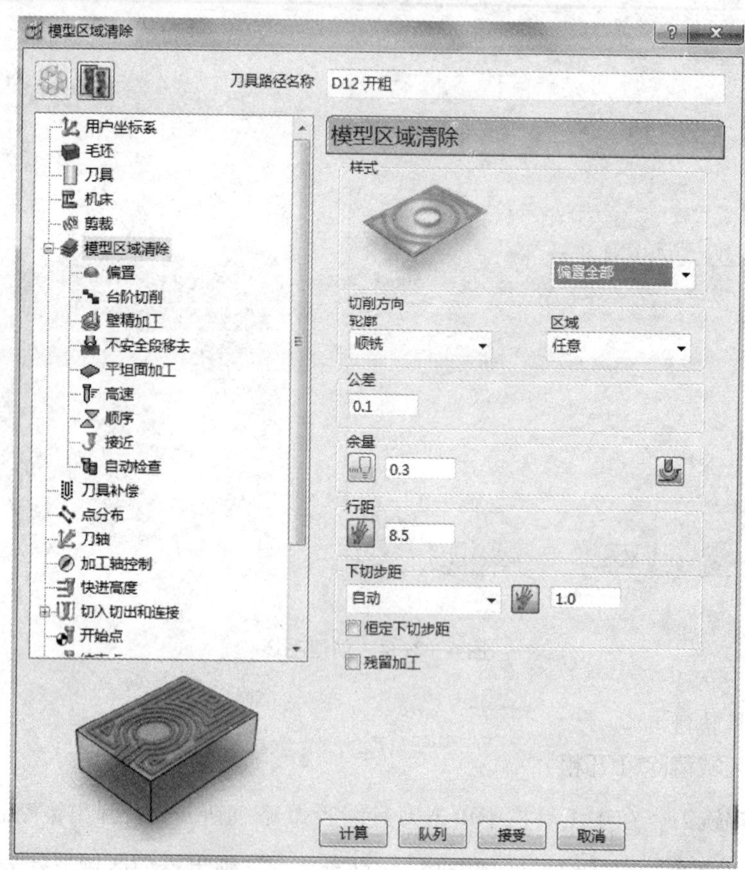


图 6—2—5　模型区域清除参数设置

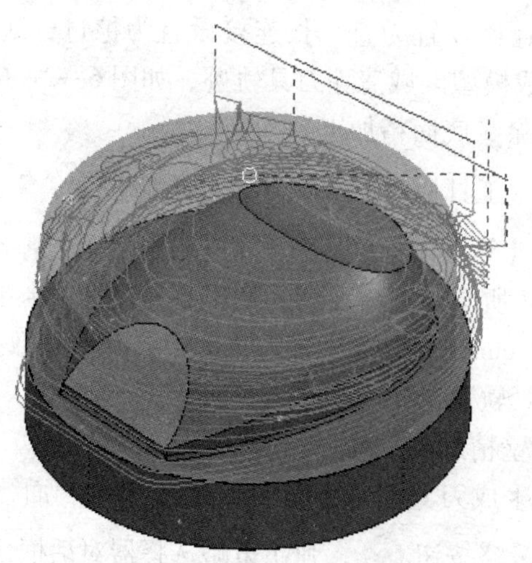

图 6—2—6　模型区域清除刀具轨迹

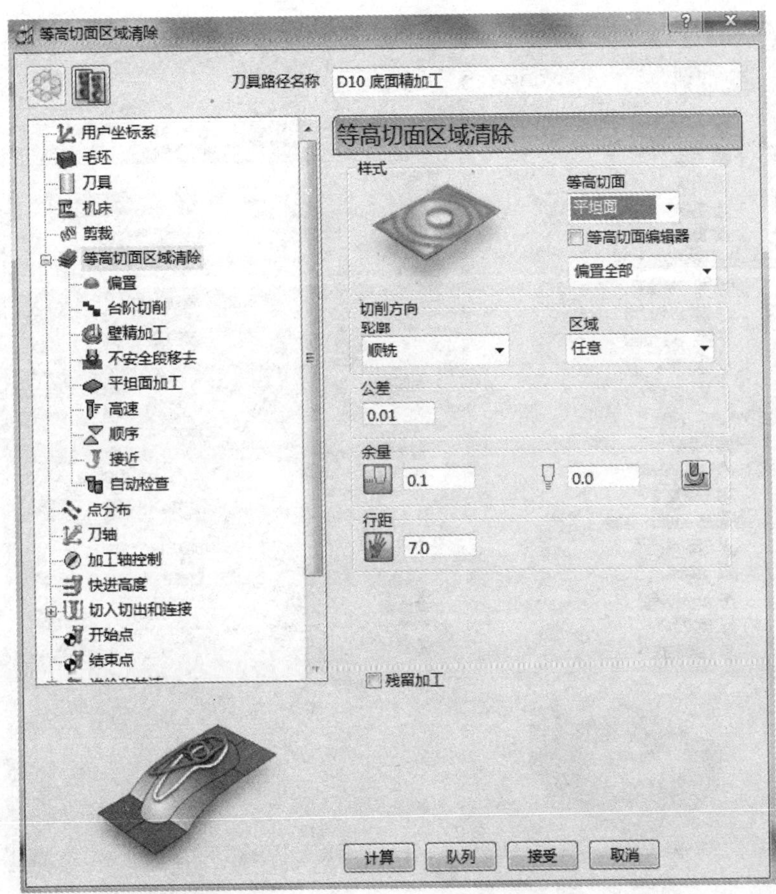


图 6—2—7　等高切面区域清除参数设置

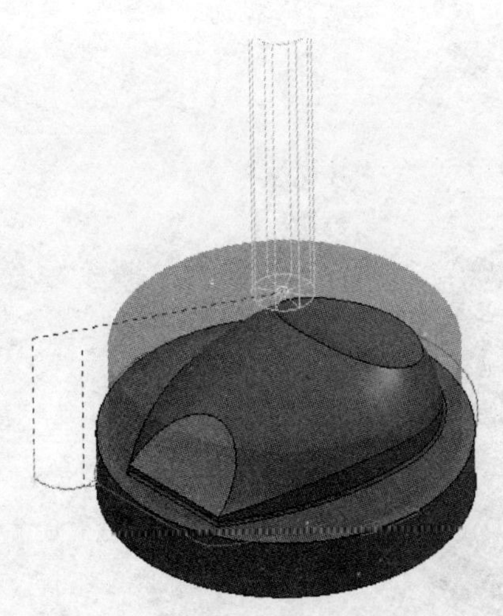

图 6—2—8　等高切面区域清除刀具轨迹

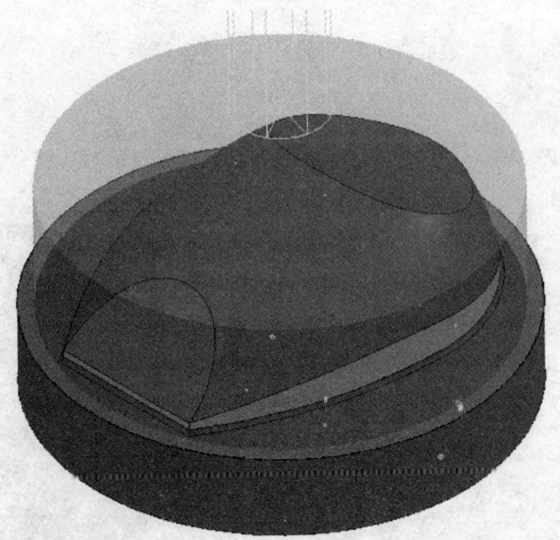

图 6—2—9　已选需要加工的表面

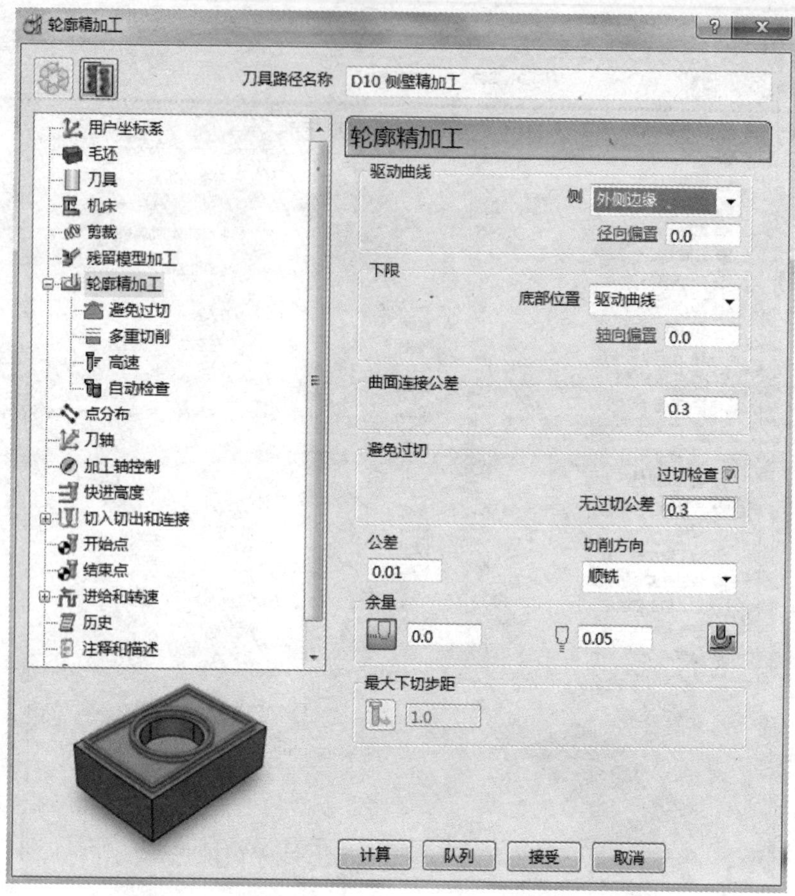


图 6—2—10　轮廓精加工参数设置

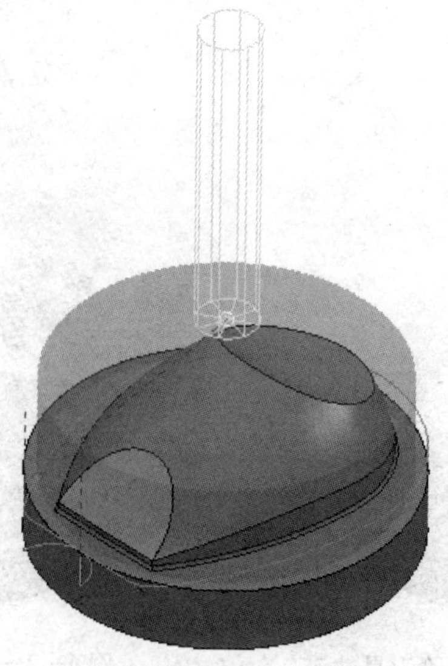

图 6—2—11　轮廓精加工刀具轨迹

（4）三维偏置精加工（整体曲面精加工）

1）分析鼠标曲面，鼠标的曲面在三维空间内分布无规则，不适合使用最佳等高精加工策略，选择三维偏置精加工策略。在生成复杂曲面精加工刀具路径前需对加工的范围进行限定，选择未剪切前的曲面设置刀具路径的边界（可将现模型删除，重新输入一个上面未裁剪的鼠标曲面）。选择需要加工的表面，右击资源管理器中的【边界】|【定义边界】|【已选曲面】，弹出对话框，根据图 6—2—12 所示设置表格，点击应用，生成的边界如图 6—2—13 所示。

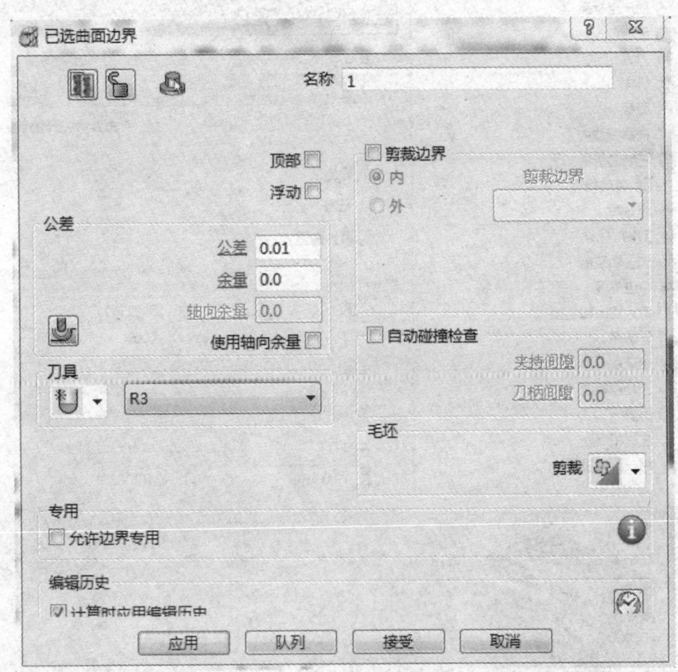


**图 6—2—12　已选曲面边界参数设置**

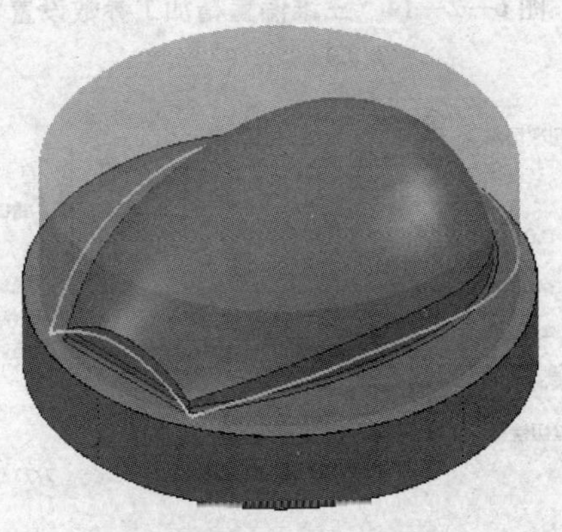

**图 6—2—13　已生成边界**

2）激活 R3 球头刀，在主工具栏中单击刀具路径策略按钮，弹出策略选择器对话框，点击【精加工】｜【三维偏置精加工】，点击接受，弹出三维偏置精加工表格，主参数表格按照图 6—2—14 所示设置，在剪裁选项卡中选择边界 1，在切入切出和连接选项卡中设置初次切入切出、修改切入切出、连接，如图 6—2—15 所示，其余参数按照默认设置。点击计算，生成三维偏置精加工刀具轨迹，如图 6—2—16 所示。

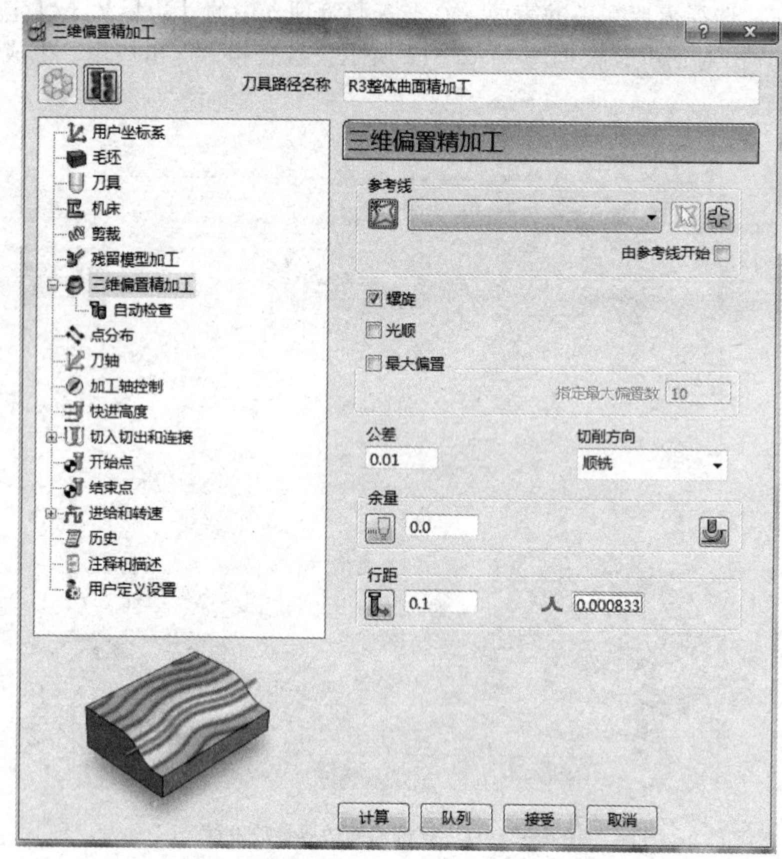


图 6—2—14　三维偏置精加工参数设置

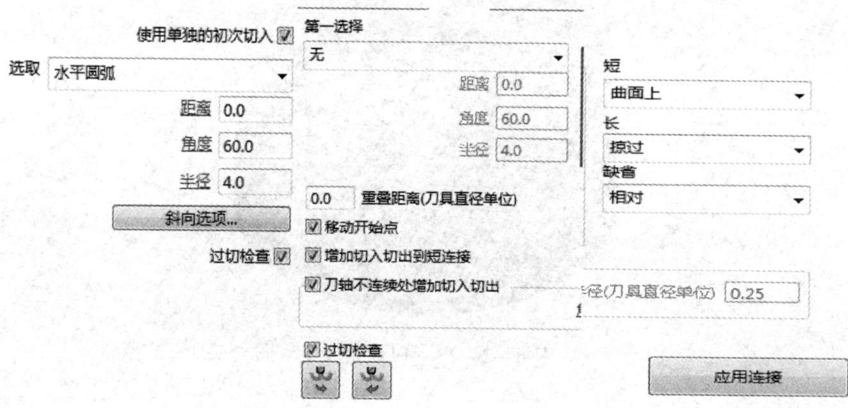


图 6—2—15　切入切出和连接的设置

（5）最佳等高精加工（曲面清底精加工）

1）底面圆柱距曲面最低端距离为 0. 932 mm，球头刀无法完全加工，需要用端铣刀清底。选择需要加工的曲面用 D10 端铣刀生成边界 2。

图 6—2—16　三维偏置精加工刀具轨迹

2）激活 D10 端铣刀，在主工具栏中单击刀具路径策略按钮，弹出策略选择器对话框点击【精加工】｜【最佳等高精加工】，点击接受，弹出最佳等高精加工表格，主参数表格按照图 6—2—17 所示设置，在剪裁选项卡中选择边界 2，设置最高点为 14 mm（圆柱端面 10 mm，端面距曲面 0. 932 mm，球头刀 3 mm 未加工区域，所以最高点设置为 14 mm），如图 6—2—18 所示。在切入切出和连接选项卡中，切入切出设置为水平圆弧，角度为 90°，半径为 6 mm，短连接设置为曲面上即可，其余参数按照默认设置。点击计算，生成最佳等高精加工刀具轨迹，如图 6—2—19 所示。

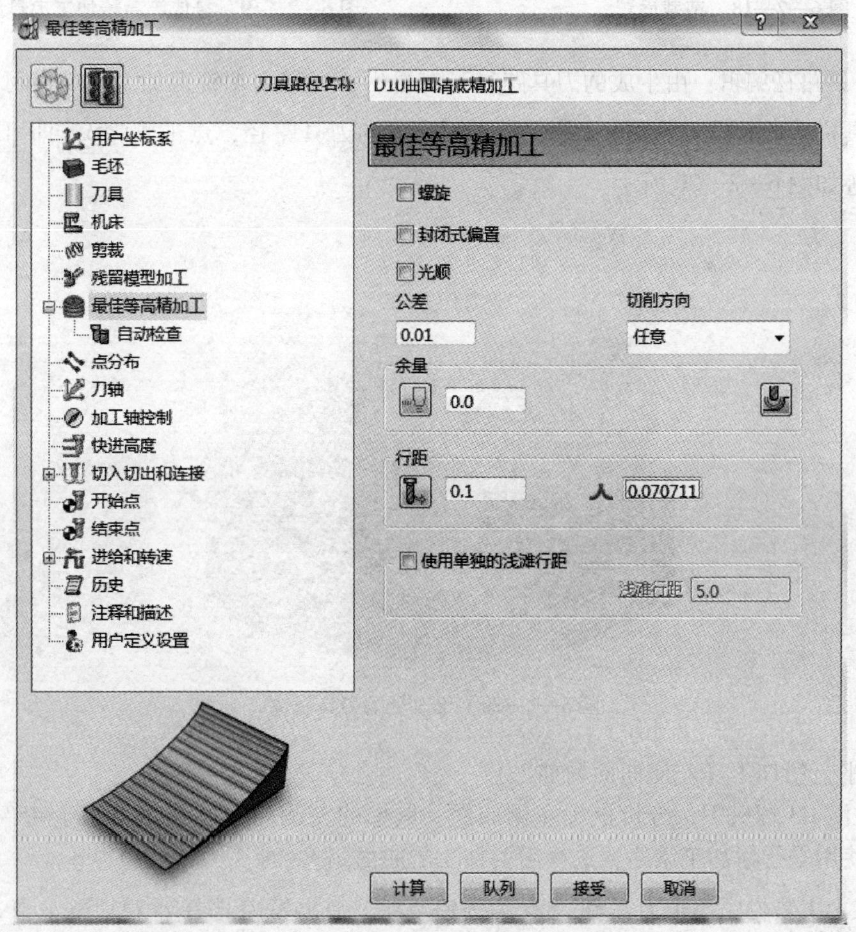


图 6—2—17　最佳等高精加工参数设置

图 6—2—18　剪裁设置

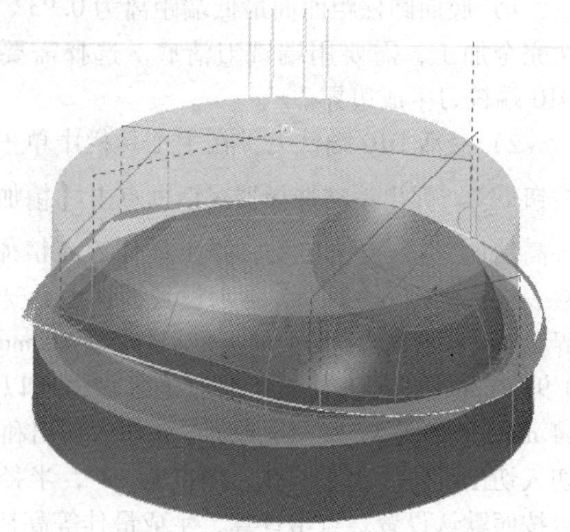

图 6—2—19　最佳等高精加工刀具路径

3）刀具路径编辑：由生成的刀具路径可以看出，只需用端铣刀加工右端即可，点击刀具路径工具栏中的重排刀具路径，选定不需要的刀具路径，点击删除即可。修改后的刀具轨迹如图 6—2—20 所示。

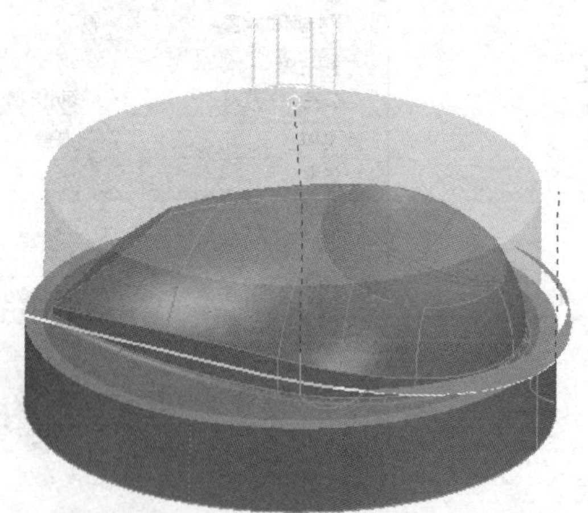

图 6—2—20　修改后的刀具轨迹

（6）平行精加工（左侧曲面精加工）

1）激活 R3 球头刀，分析鼠标左侧曲面，鼠标的左侧曲面倾斜角度小于 45°且分布规则，适合使用平行精加工策略，选择需要加工的曲面用 R3 球头刀生成边界 3。

2）在主工具栏中单击刀具路径策略按钮，弹出策略选择器对话框，点击【精加工】｜【平行精加工】，点击接受，弹出平行精加工表格，主参数表格按照图 6—2—21 所示设置，在刀具选项卡中选择 R3 球头刀，在剪裁选项卡中选择边界 3，在切入切出和连接选项卡中将切入切出设置为延伸移动，距离为 4 mm，短连接设置为曲面上即可，其余按缺省值设置。点击计算，生成平行精加工刀具轨迹，如图 6—2—22 所示。

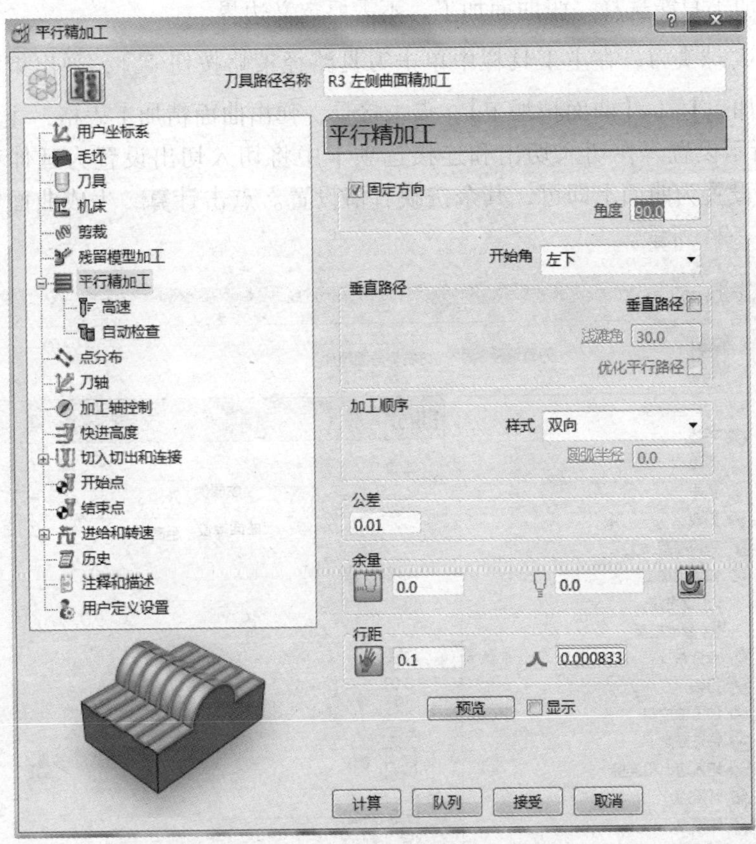


图 6—2—21　平行精加工参数设置

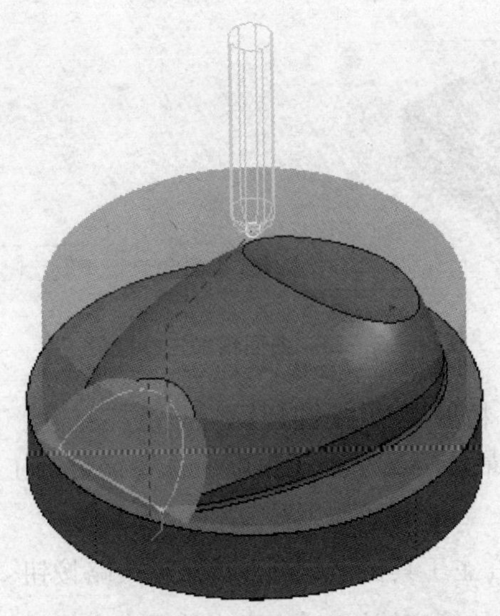

图 6—2—22　平行精加工刀具轨迹

（7）曲面精加工（右侧曲面精加工）

1）分析鼠标右侧曲面，鼠标的右侧曲面是一张单独的驱动曲面，适合使用曲面精加工策略，曲面精加工只能选择一张曲面加工，不需要定义边界。

2）激活 R3 球头刀，在主工具栏中单击刀具路径策略按钮 ，弹出策略选择器对话框，点击【精加工】｜【曲面精加工】，点击接受，弹出曲面精加工表格，主参数表格按照图 6—2—23 所示设置。在切入切出和连接选项卡中将切入切出设置为延伸移动，距离为 4 mm，短连接设置为曲面上即可，其余按缺省值设置。点击计算，生成曲面精加工刀具轨迹，如图 6—2—24 所示。

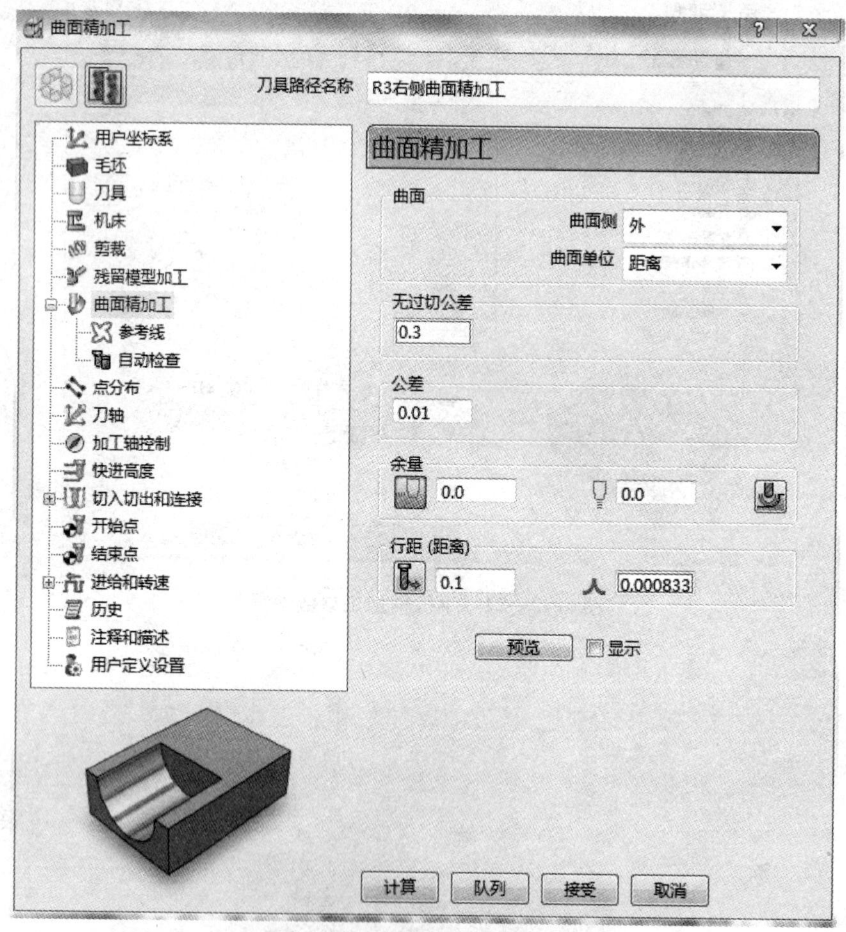


**图 6—2—23　曲面精加工参数设置**

（8）最佳等高精加工（精加工 R0.5 圆角）

1）R0.5 圆角适合使用最佳等高精加工策略，选择需要加工的曲面用 D10 端铣刀生成边界 4。

2）激活 D10 端铣刀，在主工具栏中单击刀具路径策略按钮 ，弹出策略选择器对话框，点击【精加工】｜【最佳等高精加工】，点击接受，弹出最佳等高精加工表格，主参数

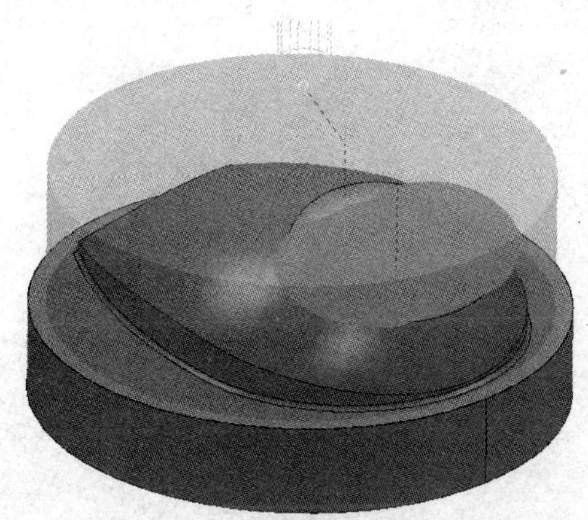

图 6—2—24 曲面精加工刀具轨迹

表格按照图 6—2—25 所示设置。在剪裁选项卡中选择边界 4，在切入切出和连接选项卡中将切入切出设置为无，短连接设置为曲面上即可，其余参数按照默认设置。点击计算，生成最佳等高精加工刀具轨迹，如图 6—2—26 所示。

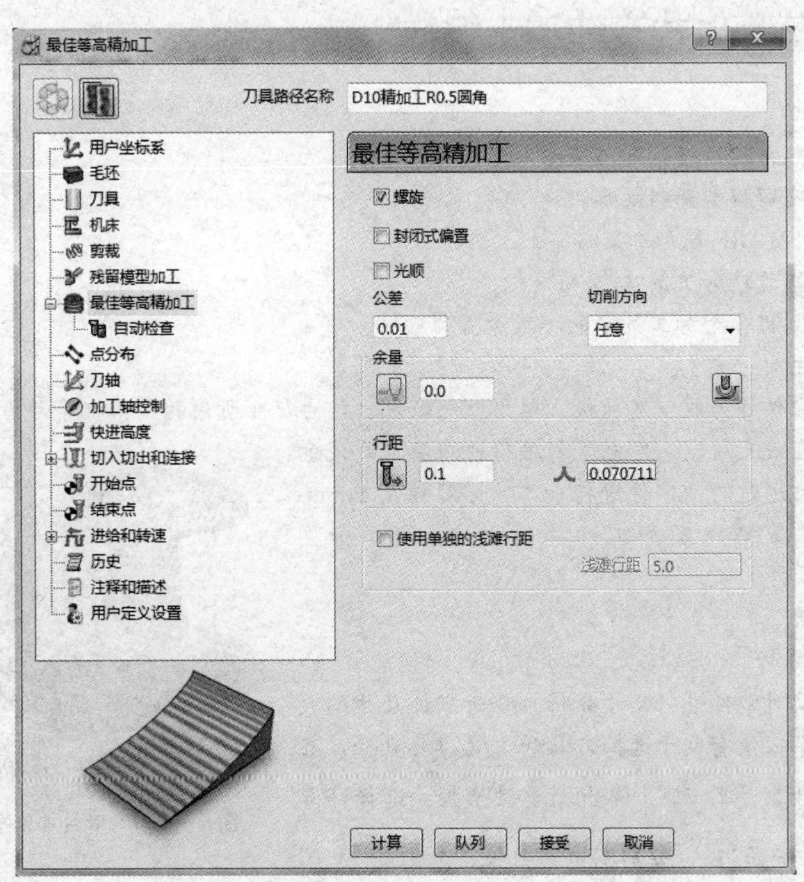


图 6—2—25 最佳等高精加工参数设置

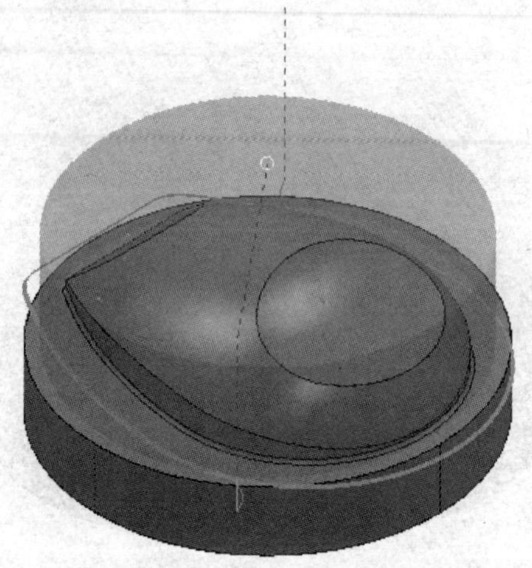

图 6—2—26　最佳等高精加工刀具轨迹

4. 仿真刀具路径
5. 产生 NC 程序并进行后处理

# 项目三　叶片零件加工编程

**项目目标**

1. 能够熟练选择叶片加工策略及加工方法。
2. 应用残留模型开粗策略。
3. 应用 SWARF 精加工策略。
4. 应用螺旋精加工策略。
5. 熟练掌握各个加工策略的参数设置。

**项目描述**

叶片类零件作为航空发动机、船用燃气轮机、电力行业所用的汽轮机等动力机械的主要部件，它们在航天航空、发电等基础行业中有着广泛的应用。本项目通过对此零件进行加工，学习使用 PowerMILL 的加工策略以及加工叶片的方法，模型如图 6—3—1所示。

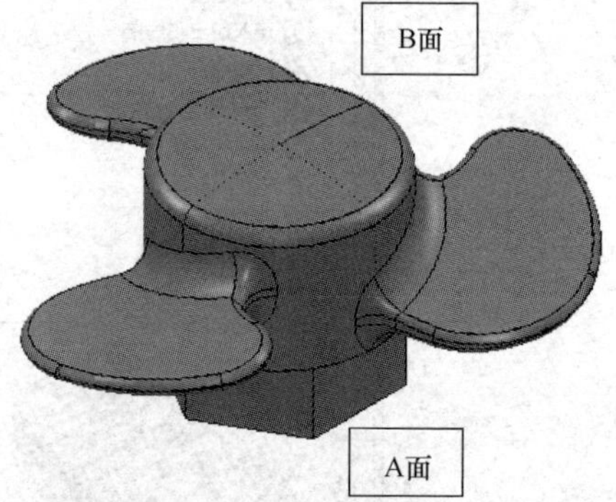


图 6—3—1　叶片加工案例模型

**项目分析**

1. 模型分析

加工前需对零件进行尺寸分析，分析零件尺寸的大小及凹圆弧半径值有利于选择刀具和设置刀具直径。在主工具栏打开测量器，弹出测量对话框，选择两点间距离及半径，分别测出其数值，如图 6—3—2 所示。

（1）零件的最凹圆弧半径 3 mm，加工时要保证光顺及粗糙度。

（2）叶片最窄的距离为 14 mm。

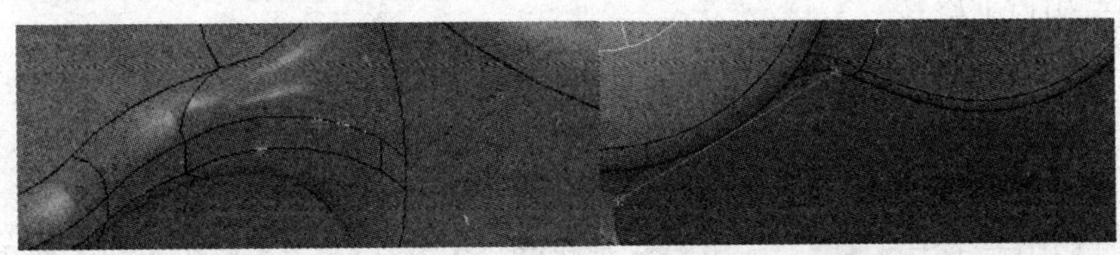

图 6—3—2　尺寸分析

2. 制定加工工艺

此工件采用的材料为 45 钢，根据分析制定加工工艺如下：

（1）毛坯尺寸为 $\phi$70 mm × 28 mm，模型尺寸为 $\phi$60 mm × 24 mm。毛坯留有余量便于工件装夹、加工。

（2）此叶片为三轴叶片，选择在立式数控铣床上加工，一次装夹无法完成整个零件的加工，需要正反两次装夹来完成，夹具选用卡盘和平口钳。

（3）A 面加工坐标系设在毛坯下表面中心处，B 面加工坐标系绕 *X* 轴旋转 180°，保证与 A 面坐标系对称。

（4）加工方法及使用刀具见表 6—3—1。

**表 6—3—1　　加工方法及使用刀具**

| 序号 | 加工方法 | 使用刀具（硬质合金） | 底面余量 | 侧壁余量 | 备注 |
|---|---|---|---|---|---|
| A 面：1 | 模型区域清除 | D12 | 0.3 | 0.3 | 开粗 |
| 2 | 模型残留区域清除 | D6 | 0.3 | 0.3 | 二次开粗 |
| 3 | 轮廓精加工 | D6 | 0 | 0 | 六边形侧壁、底面精加工 |
| 4 | SWARF 精加工 | D6 | 0 | 0 | 圆柱侧壁精加工 |
| 5 | 三维偏置精加工 | R3 | 0 | 0 | 叶片精加工 |
| 6 | 三维偏置精加工 | R2 | 0 | 0 | 叶片倒角精加工 |
| B 面：1 | 模型残留区域清除 | D12 | 0.3 | 0.3 | 开粗，残留模型 |
| 2 | SWARF 精加工 | D6 | 0 | 0 | 圆柱侧壁精加工 |
| 3 | SWARF 精加工 | D6 | 0 | 0 | 叶片侧壁精加工 |
| 4 | 三维偏置精加工 | R3 | 0 | 0 | 叶片精加工 |
| 5 | 螺旋精加工 | R3 | 0 | 0 | 圆柱曲面精加工 |
| 6 | 三维偏置精加工 | R2 | 0 | 0 | 叶片倒角精加工 |

**项目实施**

1. 启动软件导入零件

（1）双击桌面 PowerMILL2015 快捷方式图标。

（2）选择菜单栏【文件】｜【输入模型】命令，系统弹出输入模型对话框，打开典型外轮廓加工案例模型，模型如图 6—3—1 所示。

2. 设置 A 面公共参数

（1）创建用户坐标系

选定整个模型，在资源管理器中右键【用户坐标系】｜【产生并定向用户坐标系】｜【用户坐标系在选项顶部】，双击激活用户坐标系。

（2）创建毛坯

在主工具栏中点击毛坯，弹出毛坯对话框，由圆柱体定义毛坯，为了便于装夹加工 A 面对毛坯 $Z$ 向扩展 -4 mm，具体毛坯尺寸按照图 6—3—3 所示设置，点击接受完成毛坯创建，如图 6—3—4 所示。

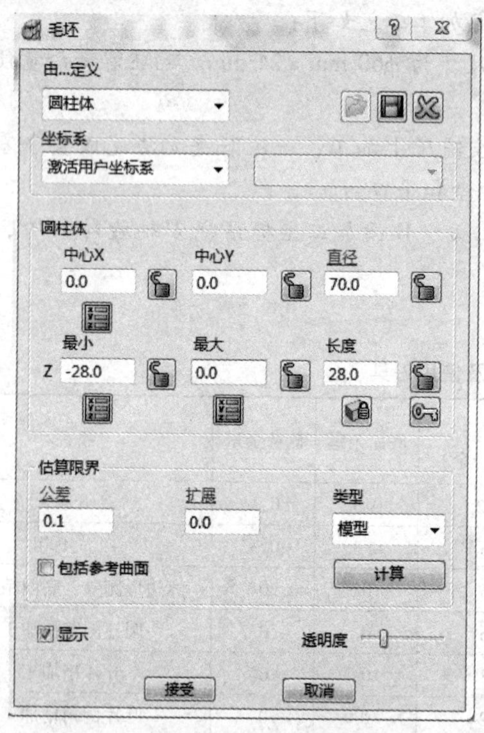


图 6—3—3　毛坯尺寸参数设置

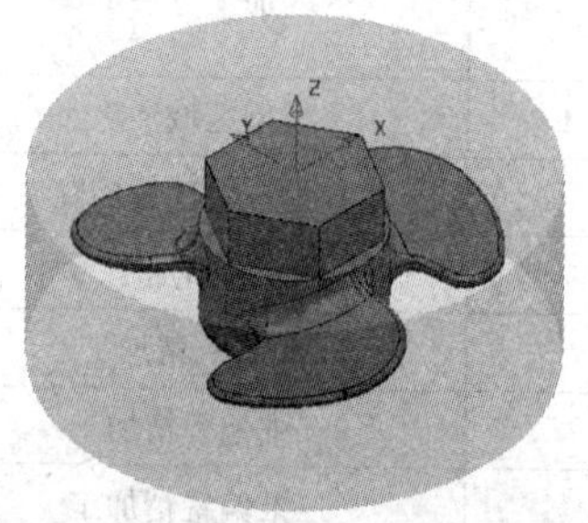


图 6—3—4　创建完成的毛坯

（3）创建刀具

在资源管理器中右键【刀具】｜【产生刀具】，分别产生 R3 球头刀、R2 球头刀、D12 端铣刀和 D6 端铣刀。

（4）设置快进高度、开始点和结束点

在主工具栏中依次点击设置快进高度、开始点和结束点。

（5）设置进给和转速

在主工具栏中点击进给和转速按钮，依次设置刀具的主轴转速、切削进给率、下切进给率和掠过进给率。

3. 生成 A 面刀具轨迹

（1）模型区域清除（开粗）

激活 D12 端铣刀，在主工具栏中单击刀具路径策略按钮，弹出策略选择器对话框，选择【三维区域清除】｜【模型区域清除】，点击接受，弹出模型区域清除表格，主参数表格按照图 6—3—5 所示设置。在剪裁选项卡中设置最低加工点为 - 21 mm（叶片的最低点为 - 17 mm，为保证球头刀精加工叶片其侧刃切削最低点时刀具与工件不发生碰撞，所以深度方向增加球头刀的一个刀半径值），修改切入切出为水平圆弧，角度为 90°，半径为 6 mm，短连接设置为直，长连接设置为掠过，缺省设置为相对，其余设置选择默认值。点击计算，生成模型区域清除刀具轨迹，如图 6—3—6 所示。

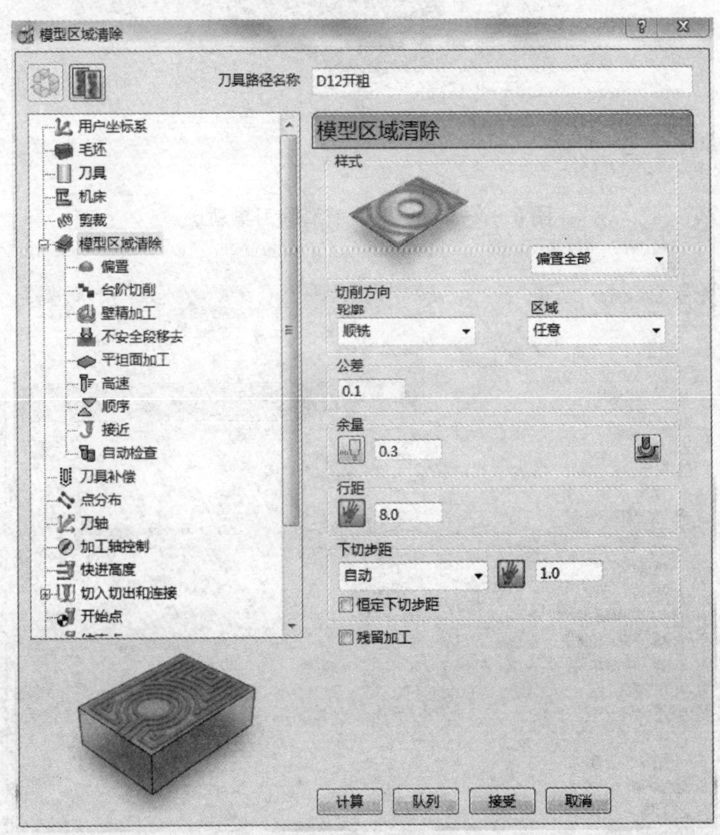


图 6—3—5　模型区域清除参数设置

（2）模型残留区域清除（二次开粗）

激活 D6 端铣刀，在主工具栏中单击刀具路径策略按钮，弹出策略选择器对话框，点击【三维区域清除】｜【模型残留区域清除】，点击接受，弹出模型残留区域清除表格，主参数表格按照图 6—3—7 所示设置。残留选项卡如图 6—3—8 所示进行设置，修改切入切出和连接，设置切入切出为水平圆弧，角度为 60°，半径为 4 mm，短连接设置为直即可，其余设置选择默认值。点击计算，生成模型残留区域清除刀具轨迹，如图 6—3—9 所示。

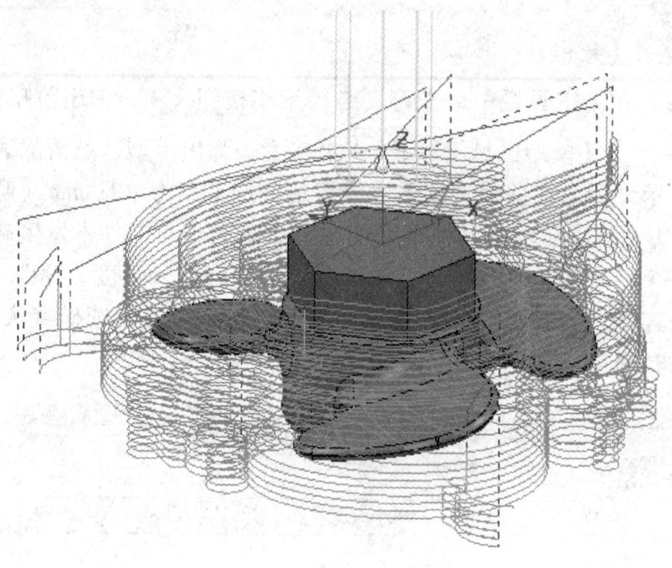

图 6—3—6　模型区域清除刀具轨迹

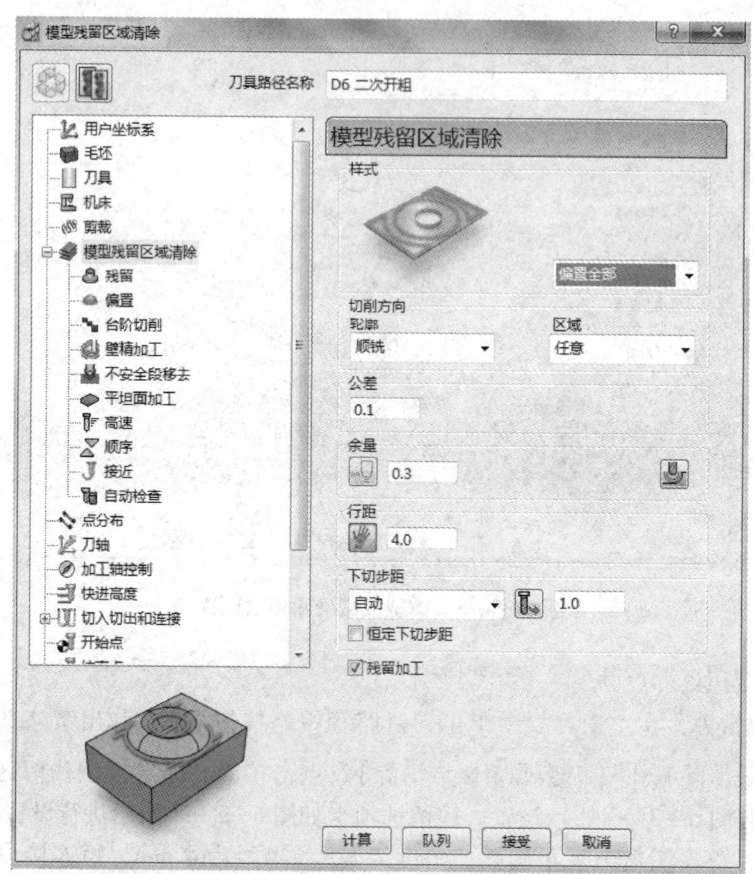


图 6—3—7　模型残留区域清除参数设置（A 面）

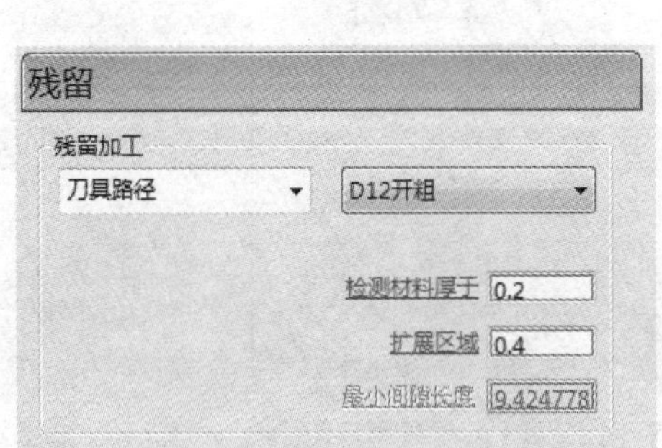


**图 6—3—8　残留设置（A 面）**

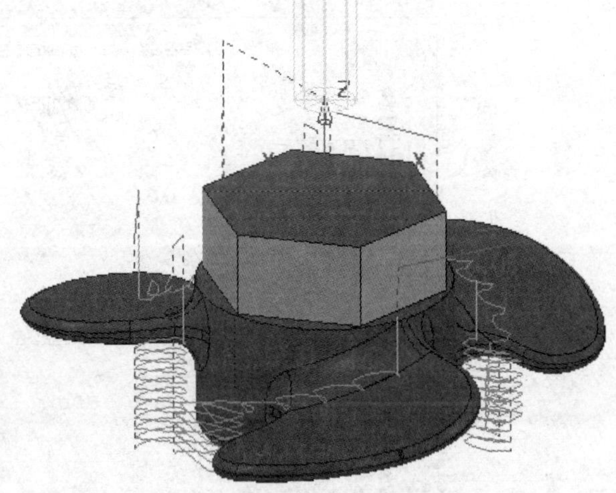


**图 6—3—9　模型残留区域清除刀具轨迹（A 面）**

（3）轮廓精加工（六边形侧壁、底面精加工）

激活 D6 端铣刀，在生成刀具路径前选择需要加工的表面如图6 3 10 所示。在主工具栏中单击刀具路径策略按钮 ，弹出策略选择器对话框，点击【精加工】｜【轮廓精加工】，点击接受，弹出轮廓精加工表格，主参数表格按照图6—3—11 所示设置。修改切入切出为水平圆弧，角度为 90°，半径为 6 mm，短连接设置为直，长连接设置为掠过，缺省设置为相对，其余设置选择默认值。点击计算，生成轮廓精加工刀具轨迹，如图 6—3—12 所示。

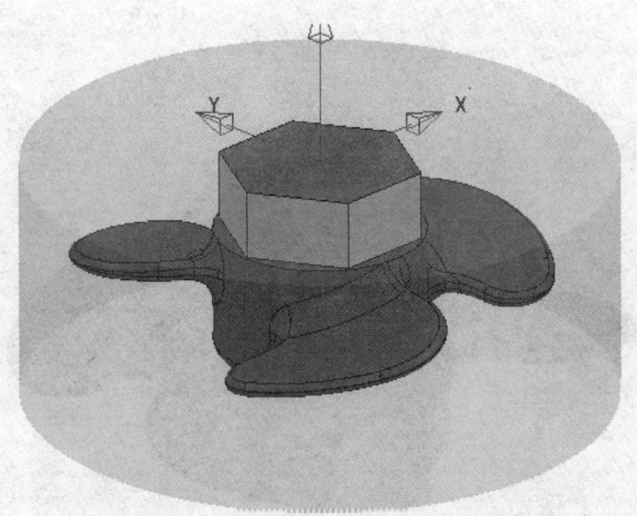


**图 6—3—10　已选需要加工的表面**

图 6—3—11　轮廓精加工参数设置

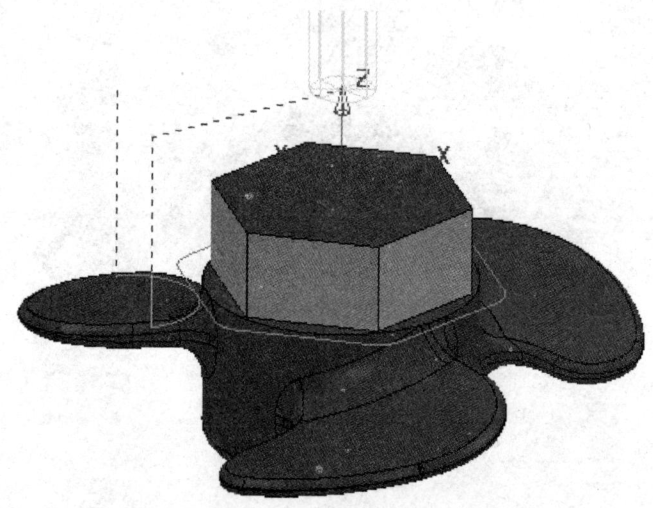


图 6—3—12　轮廓精加工刀具轨迹

（4）SWARF 精加工（圆柱侧壁精加工）

激活 D6 端铣刀，在生成刀具路径前选择需要加工的圆柱表面。在主工具栏中单击刀具路径策略按钮，弹出策略选择器对话框，点击【精加工】｜【SWARF 精加工】，点击接受，弹出 SWARF 精加工表格，主参数表格按照图 6—3—13 所示设置。位置选项卡中需限制刀具路径最低点，如图 6—3—14 所示。由于此加工策略为多轴加工策略，需要将刀轴选项卡中刀轴设置为垂直，如图 6—3—15 所示。修改切入切出和连接，设置切入切出为水平圆弧，角度为 60°，半径为 4 mm，短连接设置为直即可，其余设置均选择默认值。点击计算，生成 SWARF 精加工刀具轨迹，如图 6—3—16 所示。

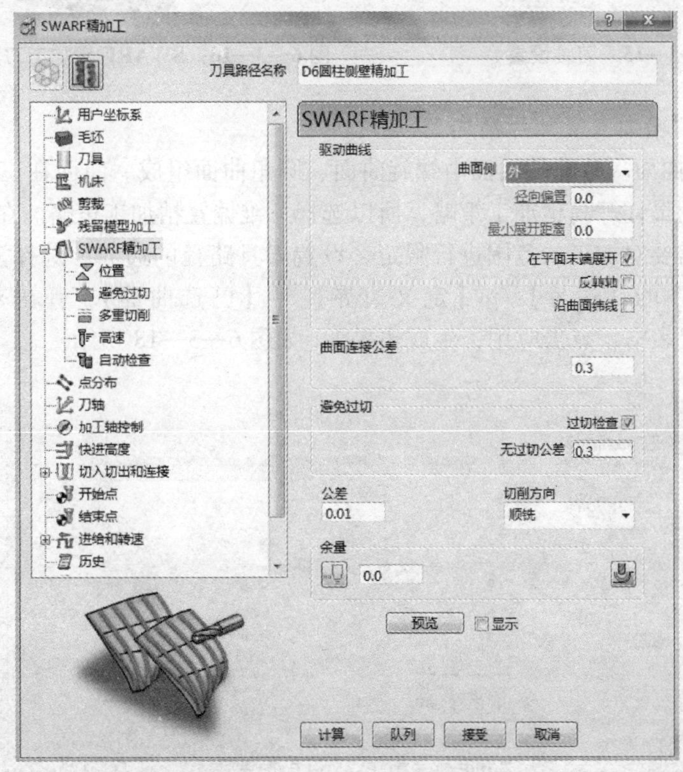


图 6—3—13　SWARF 精加工参数设置

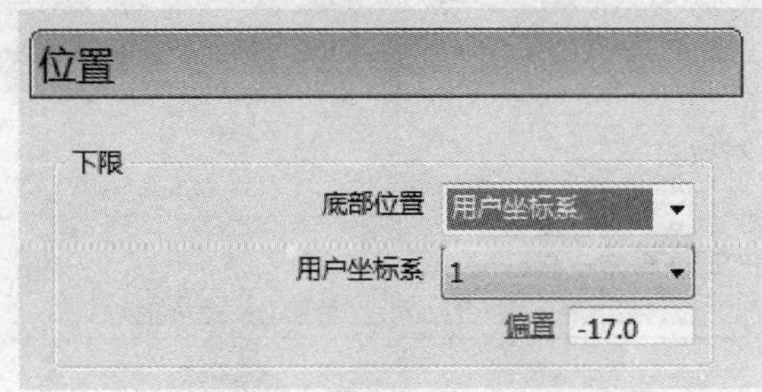


图 6—3—14　位置设置

图 6—3—15　刀轴设置

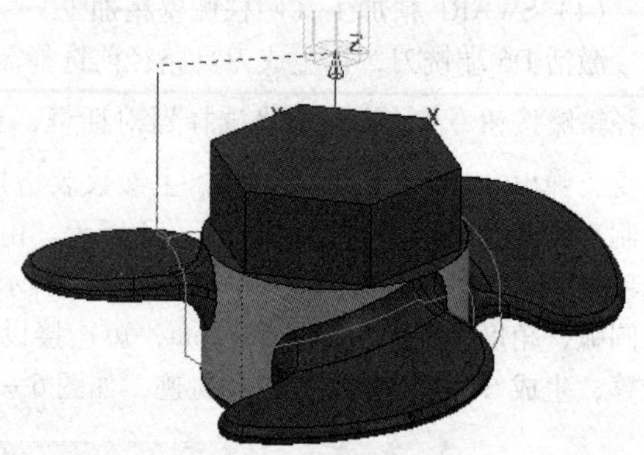

图 6—3—16　SWARF 精加工刀具轨迹（A 面）

（5）三维偏置精加工（叶片精加工）

1）分析叶片曲面。叶片的曲面由螺旋曲面、圆角曲面组成。曲面在三维空间内分布无规则，不适合使用最佳等高精加工策略，所以选择三维偏置精加工策略。在生成复杂曲面精加工刀具路径前需要对加工的范围进行限定，设置刀具路径的边界。选择需要加工的表面，右击资源管理器中的【边界】｜【定义边界】｜【已选曲面】，弹出对话框，根据图 6—3—17所示设置表格，点击应用，生成边界 1，如图 6—3—18 所示。

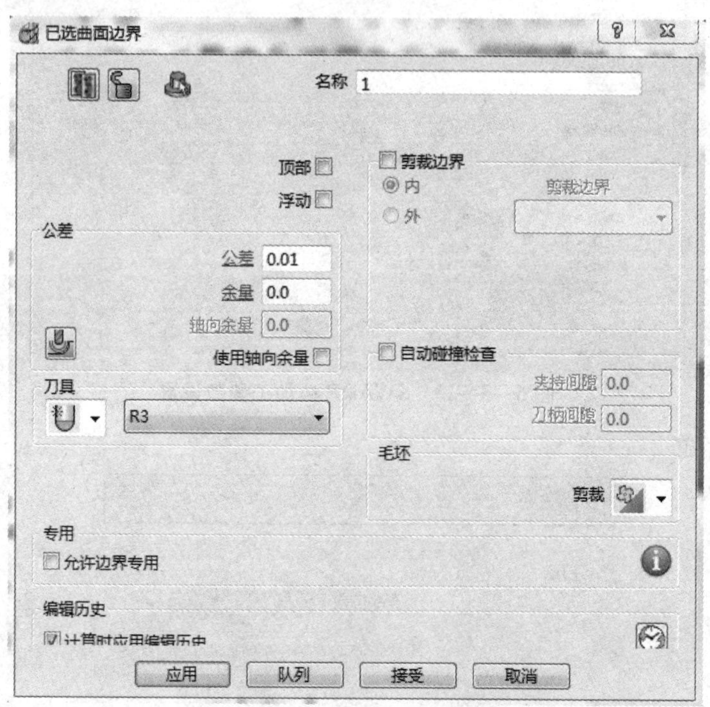


图 6—3—17　已选曲面边界参数设置

2）激活 R3 球头刀，在主工具栏中单击刀具路径策略按钮，弹出策略选择器对话框，点击【精加工】|【三维偏置精加工】，点击接受，弹出三维偏置精加工表格，主参数表格按照图 6—3—19 所示设置。剪裁选项卡中选择边界 1，修改切入切出和连接，设置初次切入切出为水平圆弧，角度为 90°，半径为 4 mm，设置切入切出为无，短连接设置为曲面上即可，其余设置均选择默认值。然后点击计算，生成三维偏置精加工刀具轨迹，如图 6—3—20 所示。

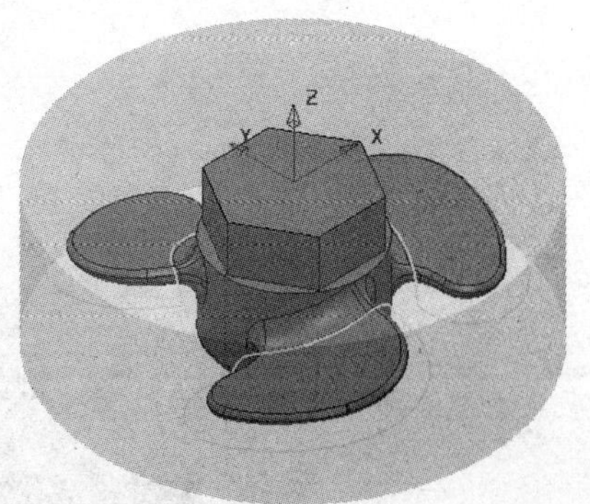


**图 6—3—18　叶片边界 1**

**图 6—3—19　三维偏置精加工参数设置**

（6）三维偏置精加工（叶片倒角精加工）

具体加工方法、边界的设置，刀具路径的切入切出和连接与（5）中所述的叶片精加工方法相同。唯一不同的是选择 R2 球头刀加工 R3 倒角，生成的刀具路径如图 6—3—21 所示。

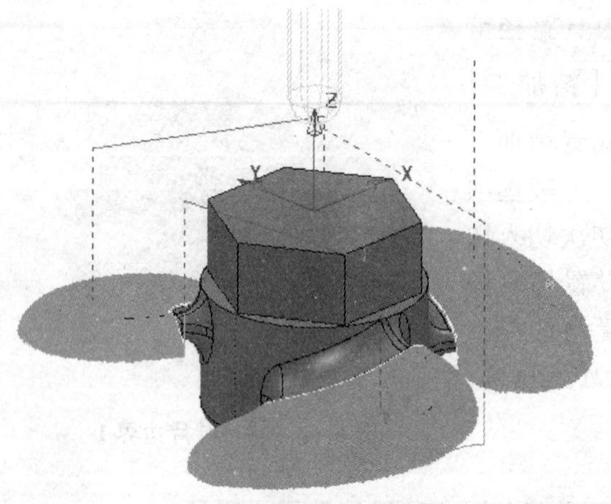

图 6—3—20　叶片三维偏置精加工刀具轨迹

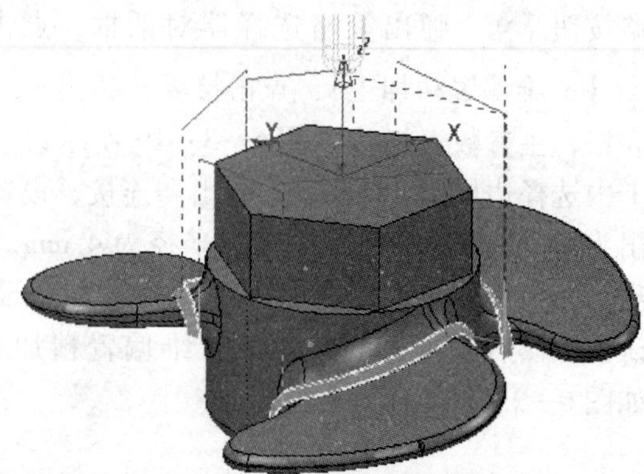

图 6—3—21　叶片倒角三维偏置精加工刀具轨迹

4. 设置 B 面公共参数

（1）设置坐标系

在资源管理器中右击【1 号坐标系】｜【复制用户坐标系】，将复制的坐标系重命名为 2 号坐标系，然后右击【2 号坐标系】｜【用户坐标系编辑器】，在弹出对话框中选择绕 $X$ 轴旋转 180°，保证与 A 面加工坐标系相对称，点击确定，然后双击激活 2 号坐标系。

（2）创建毛坯

在主工具栏中点击毛坯，弹出毛坯对话框，将毛坯大小的设置与加工 A 面时所设毛坯相一致。

（3）设置快进高度、开始点和结束点

在主工具栏中依次点击设置快进高度、开始点和结束点。

（4）设置残留模型

在资源管理器中右击【残留模型】｜【产生残留模型】，点击接受，产生 1 号残留模型。然后按住 SHIFT 键选中所有已生成的加工刀具路径右击【增加到】｜【残留模型】。返回 1 号残留模型右击计算，得到的残留模型如图 6—3—22 所示。也可以切换显示效果和显示材料条件，右击【1 号残留模型】｜【显示选项】，例如选择【阴影】｜【显示残留材料】，如图 6—3—23 所示。

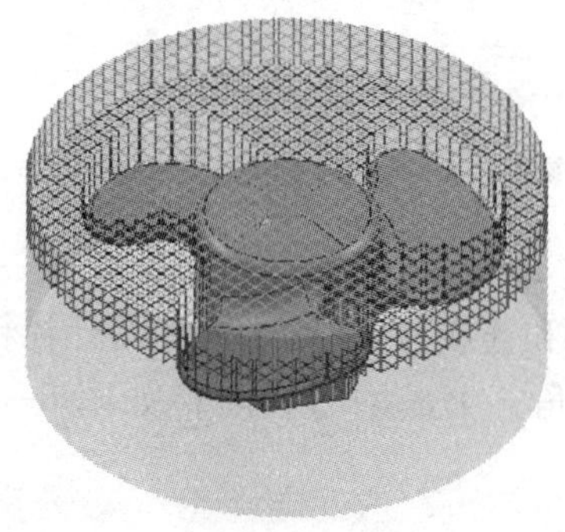
图 6—3—22　残留模型

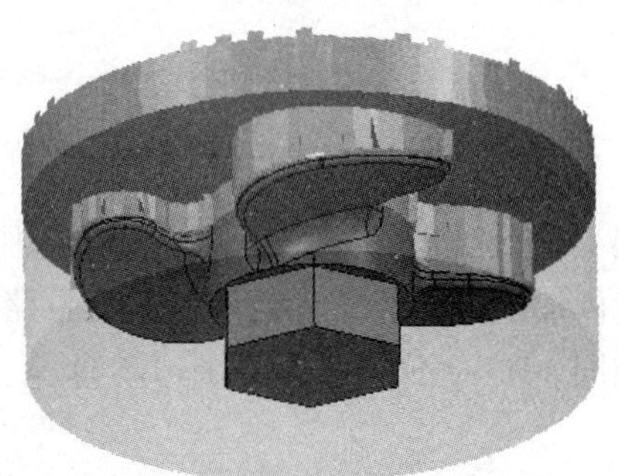
图 6—3—23　残留模型阴影显示

5. 生成 B 面刀具轨迹

(1) 模型残留区域清除（开粗，残留模型）

激活 D12 端铣刀，选择【三维区域清除】|【模型残留区域清除】，点击接受，弹出模型残留区域清除表格，主参数表格按照图 6—3—24 所示设置。剪裁选项卡中设置最低加工点为 11 mm，如图 6—3—25 所示。残留选项卡中的残留加工选择残留模型，选择 1 号残留模型，如图 6—3—26 所示。修改切入切出和连接，设置切入切出为水平圆弧，角度为 90°，半径为 6 mm，短连接设置为直即可，其余设置均选择默认值。点击计算，生成模型残留区域清除刀具轨迹，如图 6—3—27 所示。

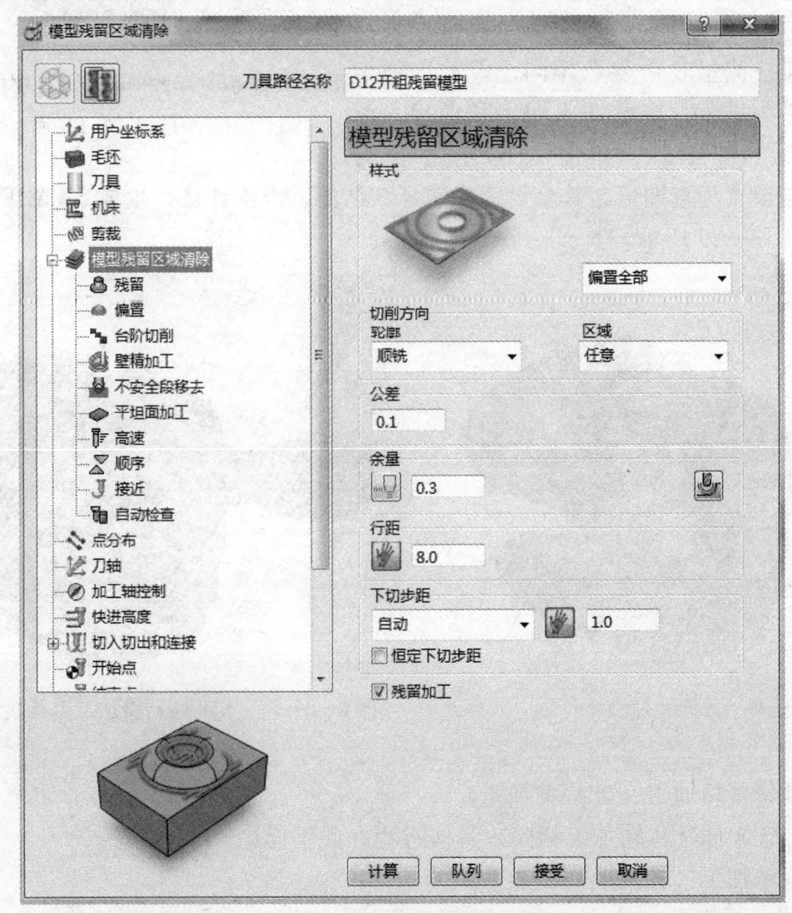


图 6—3—24　模型残留区域清除参数设置（B 面）

图 6—3—25　剪裁设置

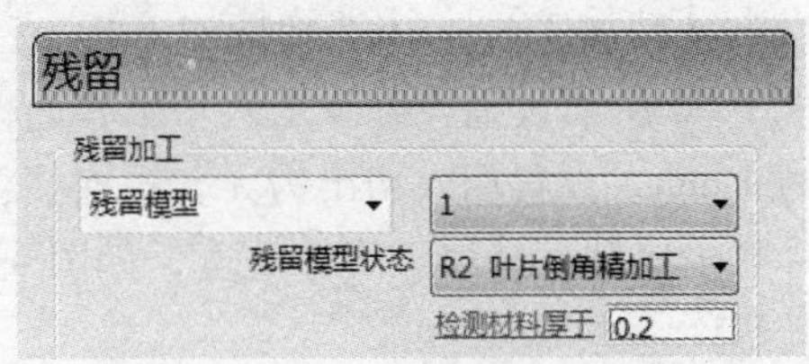


图 6—3—26　残留设置（B 面）

（2）SWARF 精加工（圆柱侧壁精加工）

加工方法与 A 面圆柱侧壁精加工相同，具体过程在此不详述。

（3）SWARF 精加工（叶片侧壁精加工）

激活 D6 端铣刀，在生成刀具路径前选择需要加工的叶片侧壁表面，如图 6—3—28 所示。在主工具栏中单击刀具路径策略按钮 ，弹出策略选择器对话框，点击【精加工】｜【SWARF 精加工】，点击接受，弹出 SWARF 精加工表格，表格设置与上述圆柱侧壁表格参数相同，刀轴选项卡中将刀轴设置为垂直，修改切入切出和连接，设置切入切出为水平圆弧，角度为 60°，半径为 4 mm，短连接设置为直即可，其余设置均选择默认值。点击计算，生成 SWARF 精加工刀具轨迹，如图 6—3—29 所示。

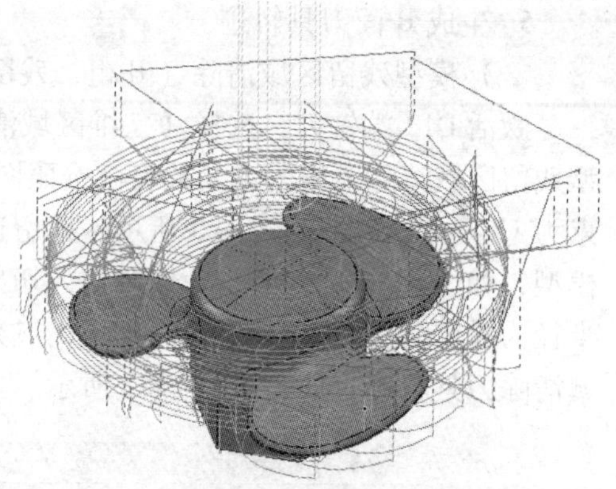

图 6—3—27　模型残留区域清除刀具轨迹（B 面）

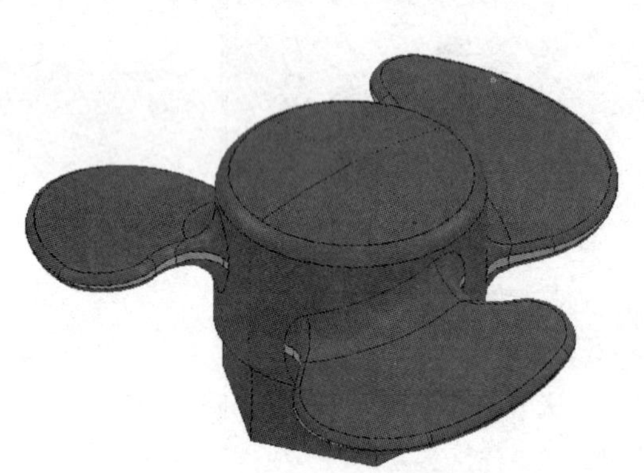

图 6—3—28　已选叶片侧壁表面

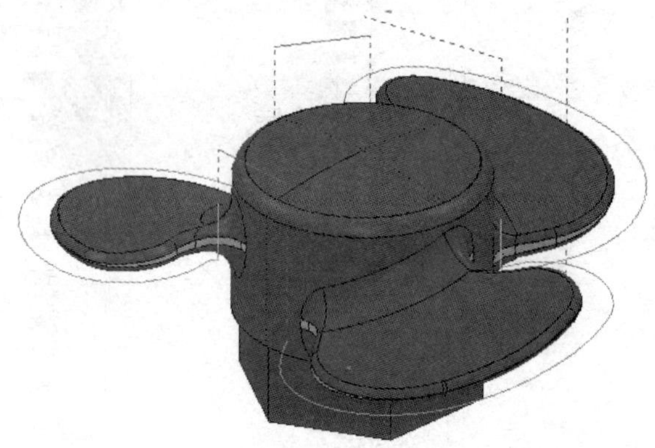

图 6—3—29　SWARF 精加工刀具轨迹（B 面）

（4）三维偏置精加工（叶片精加工）

加工方法与 A 面叶片精加工相同，具体过程在此不详述。

（5）螺旋精加工（圆柱曲面精加工）

1）圆柱曲面圆弧方向由中心向四周负向规则均匀分布，适合选用螺旋精加工策略。

2）激活 R3 球头刀，在主工具栏中单击刀具路径策略按钮 ，弹出策略选择器对话框，点击【精加工】｜【螺旋精加工】，点击接受，弹出螺旋精加工表格，主参数表格按照图 6—3—30 所示设置。修改切入切出和连接，设置初次切入切出为水平圆弧，角度为 90°，半径为 4 mm，设置切入切出为无，短连接设置为曲面上即可，其余设置均选择默认值，点击计算，生成螺旋精加工刀具轨迹，如图 6—3—31 所示。

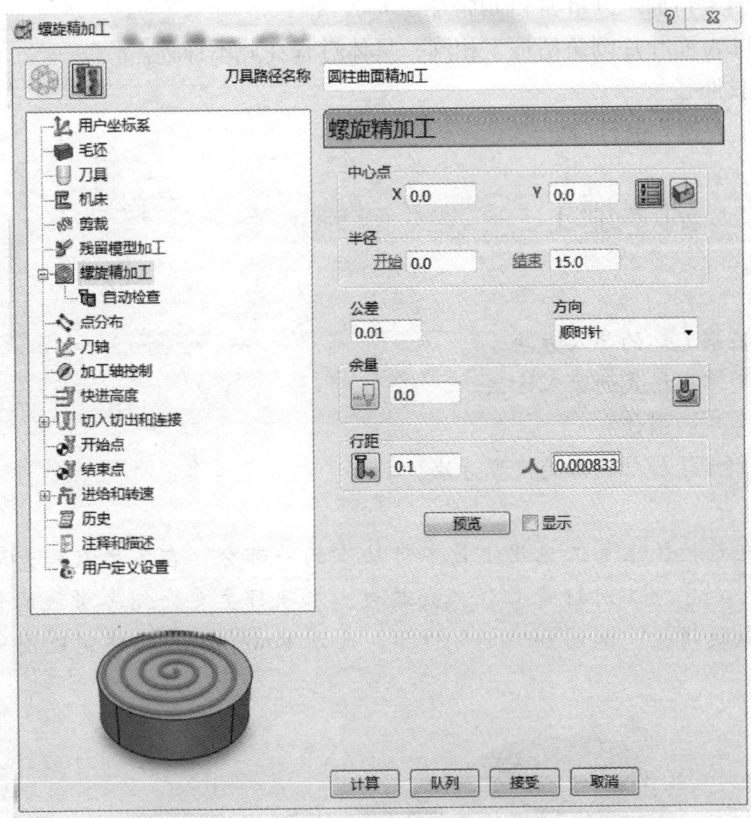


图 6—3—30 螺旋精加工参数设置

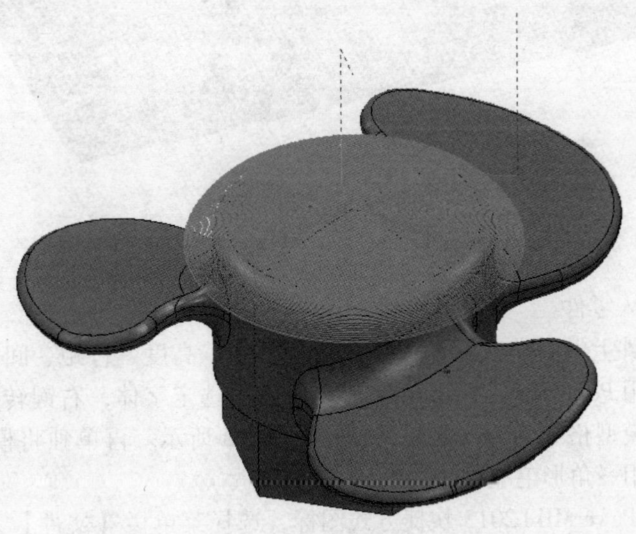

图 6—3—31 螺旋精加工刀具轨迹

（6）三维偏置精加工（叶片倒角精加工）

加工方法与 A 面叶片倒角精加工相同，具体过程在此不详述。

6. 仿真刀具路径

7. 产生 NC 程序并进行后处理

# 项目四　刻字加工

**项目目标**

1. 掌握三角形毛坯的导入方法。
2. 掌握模型不同格式的输入方法。
3. 掌握参考线的创建。
4. 掌握参考线精加工策略的设置方法。

**项目描述**

刻字加工在数控铣床加工应用上是不可缺少的一部分，在各类数控大赛上也频繁出现。学生在学习刻字加工时好奇心强，兴趣大。本项目主要介绍参考线的创建与参考线精加工策略参数的设置。如图 6—4—1 所示，应用 PowerMILL 软件完成图中模型的刻字加工。

图 6—4—1　刻字模型

**项目实施**

1. 启动软件导入零件

（1）在设计软件上做出模型后，选择合适的字体、高度、行距、间距，在要刻字的位置进行定位。若是用 PowerShape 定义文字，完成后需选定字体，右键转换成线框。将模型与字体选定后输出模型格式为 igs 格式，如图 6—4—2 所示。再单独将模型输出为 . dmt 格式，便于加工时选用三角形毛坯。

（2）双击桌面 PowerMILL2015 快捷方式图标，选择菜单栏【文件】｜【输入模型】命令，系统弹出输入模型对话框，将文件类型选择 IGES 格式，找到保存目录，打开模型，如图 6—4—3 所示。

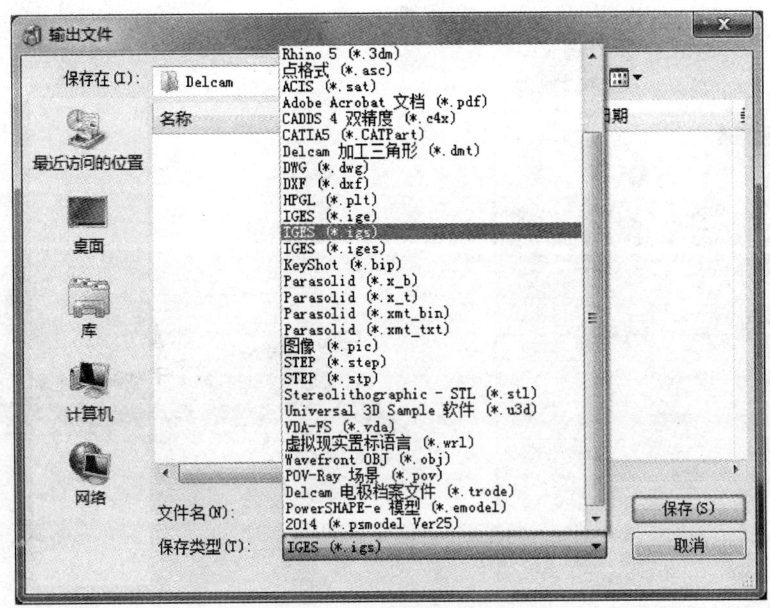


图 6—4—2　输出模型

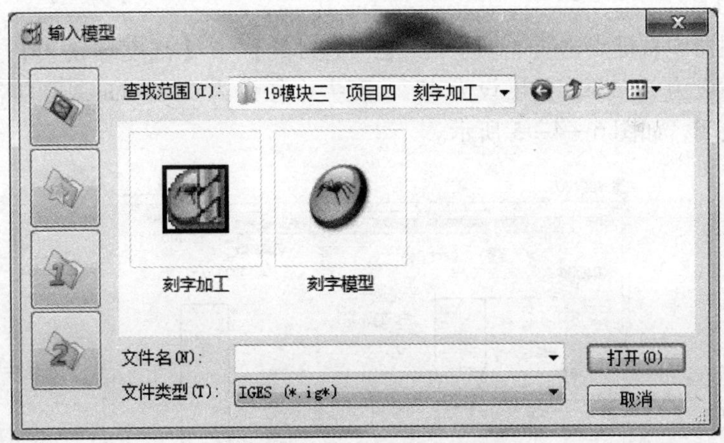


图 6—4—3　输入模型

2. 设置公共参数

(1) 创建用户坐标系

选定整个模型，在资源管理器中右键点击【用户坐标系】｜【产生并定向用户坐标系】｜【用户坐标系在选项顶部】，双击激活用户坐标系。

(2) 创建毛坯

在主工具栏中点击毛坯，弹出毛坯对话框，由三角形定义毛坯，点击，找到保存的三角形毛坯，选择合适的坐标系将其与模型重合，点击接受完成毛坯创建，如图6—4—4所示。

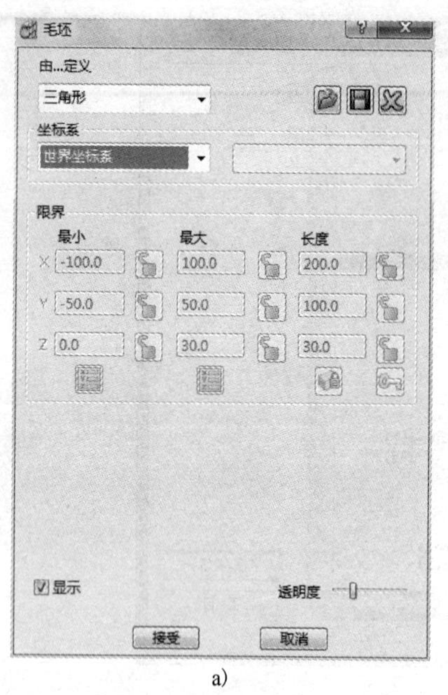


a)

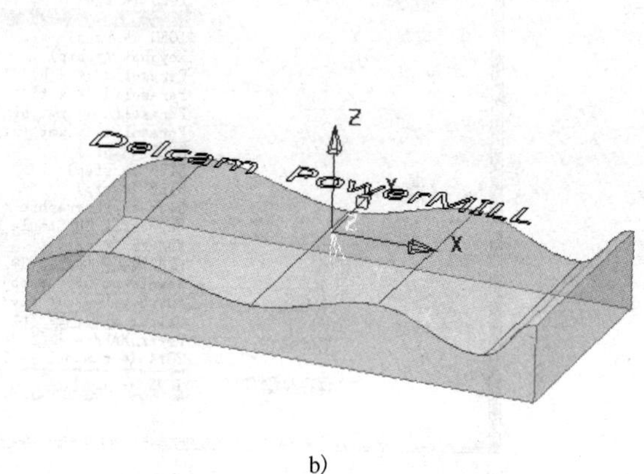


b)

**图 6—4—4　创建毛坯**

（3）创建刀具

在资源管理器中右键点击【刀具】｜【产生刀具】｜【锥度球铣刀】，弹出锥度球铣刀对话框，直径设为 10 mm，角度设为 45°，刀尖半径设为 0.01 mm，刀具名称设置为 D10 刻字刀，点击关闭，如图 6—4—5 所示。

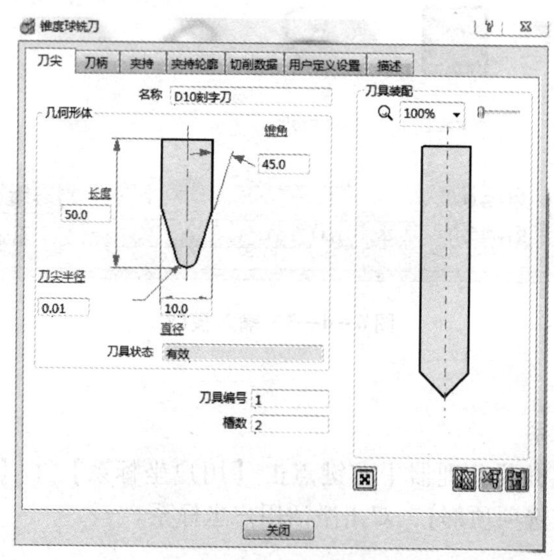


**图 6—4—5　创建刀具**

（4）设置快进高度

在主工具栏中点击快进高度，弹出快进高度对话框，按照默认设置，点击计算、接受，完成快进高度的设置，如图 6—4—6 所示。

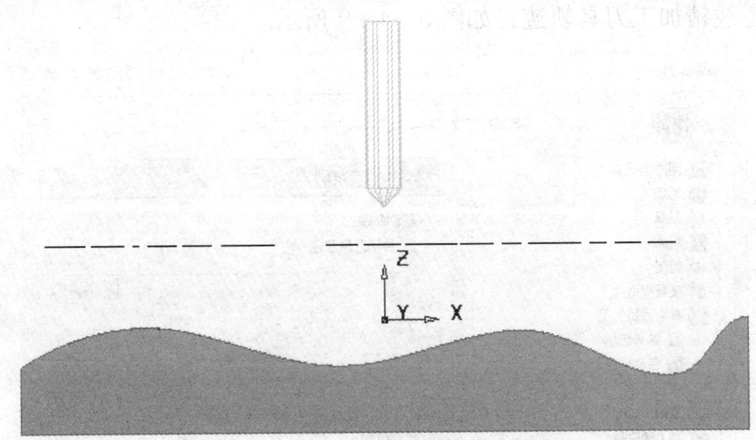


图 6—4—6　快进高度的设置

（5）设置进给和转速

在主工具栏中点击进给和转速，设置刀具的主轴转速、切削进给率、下切进给率和掠过进给率。

（6）设置开始点和结束点

在主工具栏中点击开始点和结束点，开始点和结束点按照默认设置即可，点击接受，完成设置。

3. 生成参考线精加工刀具轨迹

（1）参考线的创建

在资源管理器中右键点击【参考线】｜【产生参考线】，产生出一条空的参考线 1，右键点击参考线 1，点击曲线编辑器，弹出曲线编辑器对话框，点击获取曲线命令，将视图调整到主视图，框选全部字体，点击获取曲线对话框中的接受获取的曲线，再点击曲线编辑器中的接受改变，完成参考线 1 的创建，如图 6—4—7 所示。

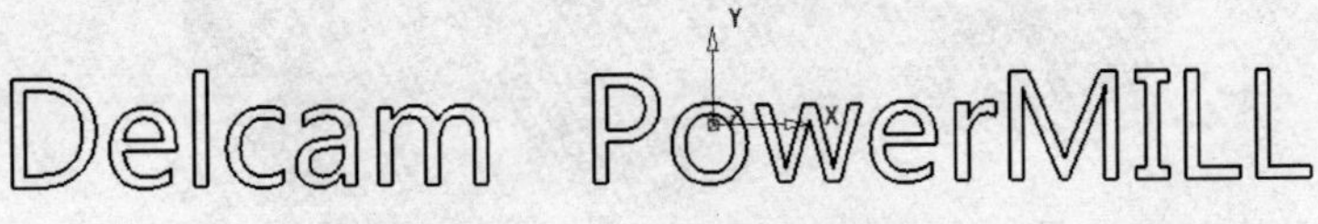

Delcam PowerMILL

图 6—4—7　参考线 1 的创建

（2）参数设置及刀具轨迹生成

在主工具栏中单击刀具路径策略按钮，弹出策略选择器对话框，点击【精加工】｜【参考线精加工】，点击接受，弹出参考线精加工表格，将刀具路径命名为刻字加工，主参数表格按照图 6—4—8 所示设置。当要加工的字在曲面上时，底部位置选择自动或者投影的方式都可。余量的轴向余量为负值。在切入切出和连接选项卡中将切入切出设置为无，短连接设置为直，长连接设置为掠过，缺省设置为相对，其余参数按照默认设置。点击计算，生成参考线精加工刀具轨迹，如图 6—4—9 所示。

图 6—4—8　参考线精加工参数设置

图 6—4—9　参考线精加工刀具轨迹

4. 仿真模拟

（1）调整视图，将模型调整到一个尽可能查看到全部结构的视角，以便看清刀具路径切削零件的情况。

（2）调整视图在资源管理器中，右键点击【刀具路径刻字加工】｜【自开始仿真】，点击开/关 ViewMILL 图标，再点击光泽阴影图标，点击运行按钮，拖动滑块调整仿真速度，模型刻字加工仿真如图 6—4—10 所示。

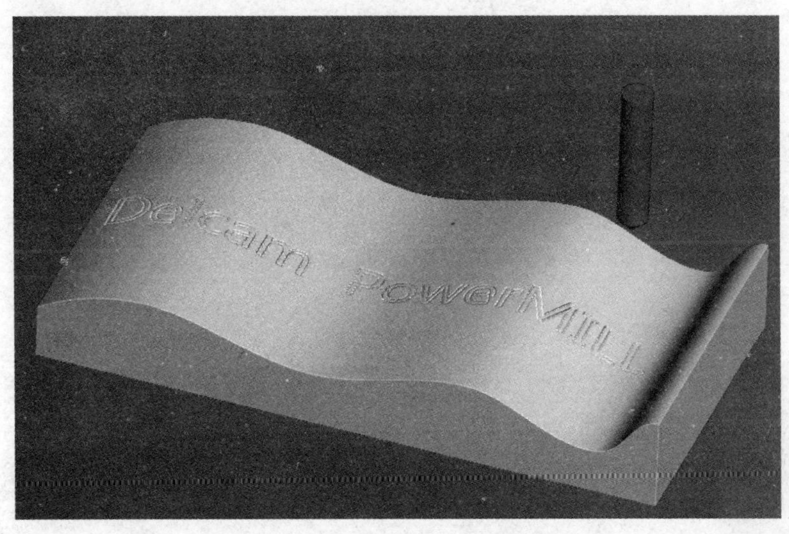


**图 6—4—10 刻字加工仿真模拟结果**

5. 后处理 NC 程序

后处理参数的设置及后处理的选择参考前面章节的设置，本项目不做详细介绍。在资源管理器中，右键点击【刀具路径】|【刻字加工】，点击产生独立的 NC 程序，此时右键点击【NC 程序】|【刻字加工】，点击写入，弹出处理 NC 程序的信息对话框，完成后产生 NC 程序代码。同时资源管理器中的【NC 程序】|【刻字加工】前的图标由蓝色变为绿色。